www.ingramcontent.com/pod-product-compliance
Ingram Content Group UK Ltd.
Pitfield, Milton Keynes, MK11 3LW, UK
UKHW022214230426
12048UKWH00016BA/835

# FAZAIL E AMAAL

## IN THE MONTH OF RAMADAN

Virtues, Amaal and Masail in the Month of Ramadan

Urdu Version

تالیف مفتی محمد سلمان

BY
ISLAMIC BOOK STORE

Published By:
Islamic Book Store
302 Saad Residency
M G Road Bardoli
Surat Gujarat
India
394601
Ph.: 0091 9979353876

Mufti Muhammad Salman

# فہرست مضامین

| مَضامین | صفحہ | مَضامین | صفحہ |
|---|---|---|---|
| باب اول : فضائل | 16 | رَمضان اللہ تعالیٰ کا مہینہ ہے | 31 |
| ماہِ رمضان کے فضائل | 17 | رَمضان کی بے اِحترامی کی وَعیدیں | 33 |
| رَمضان تمام مہینوں کا سردار ہے | 18 | ہلاکت وبَربادی | 33 |
| رَمضان سب سے افضل مہینہ ہے | 18 | شَقاوت اور بد بختی | 35 |
| رَمضان نزولِ قرآن کریم کا مہینہ ہے | 18 | رَمضان میں گناہ کا وَبال بھی زیادہ ہے | 36 |
| رَمضان عظیم اور بابرکت مہینہ ہے | 19 | رَمضان کا روزہ ترک کرنے کی سخت اور شدید وعیدیں اور عذاب | 37 |
| رَمضان رحمتوں والا مہینہ ہے | 20 | | |
| آسمان کے دروازے کھل جاتے ہیں | 21 | روزوں کے فضائل | 42 |
| جنّت کے دروازے کھل جاتے ہیں | 21 | روزے کے برابر کوئی چیز نہیں | 42 |
| جہنّم کے دروازے بند ہو جاتے ہیں | 22 | روزہ دار کی دعاء قبول ہوتی ہے | 42 |
| شیاطین قید کر دیے جاتے ہیں | 23 | روزہ دار کیلئے جنّت کا خاص دروازہ | 45 |
| رمضان مغفرت و بخشش کا مہینہ ہے | 25 | روزہ دار کی مغفرت کر دی جاتی ہے | 45 |
| رَمضان جہنم سے نجات کا مہینہ ہے | 27 | روزہ دار کیلئے روزِ مَحشر دستر خوان لگائے جائیں گے | 49 |
| رَمضان قبولیتِ دُعاء کا مہینہ ہے | 27 | | |
| جنّت اور حور کو آراستہ کیا جاتا ہے | 28 | روزہ دار کو جہنم سے دور کر دیا جاتا ہے | 49 |
| رَمضان میں اَعمال کا اجر بڑھ جاتا ہے | 29 | روزہ دار کا اَجر خود اللہ تعالیٰ دیتے ہیں | 51 |
| مؤمن کا رزق بڑھ جاتا ہے | 31 | روزہ دار کو بغیر حساب اَجر دیا جائے گا | 52 |

| صفحہ | مَضامین | صفحہ | مَضامین |
|---|---|---|---|
| 64 | روزہ جہاد جیسی عبادت کے قریب ہے | 53 | روزہ کا ثواب اللہ تعالٰی کے علاوہ کوئی نہیں جانتا |
| 65 | روزہ دار کیلئے جنّت کے بالاخانے ہیں | | |
| 65 | رمضان کے روزے عذابِ الٰہی سے بچنے کا ذریعہ ہیں | 54 | روزہ کی حیثیت ڈھال کی طرح ہے |
| | | 56 | روزہ رکھنا دنیا اور آخرت کی خوشیوں کا باعث ہے |
| 66 | **سحری کے فضائل** | | |
| 66 | سحری ایک بابرکت کھانا ہے | 56 | روزہ دار کے منہ کی بو مشک سے زیادہ پسندیدہ ہے |
| 67 | سحری کھانے والوں پر اللہ تعالٰی اور اس کے فرشتوں کی رحمتیں | | |
| | | 57 | روزہ ایک مقبول سفارشی ہے |
| 68 | سحری کرنے والوں پر نبی کریم ﷺ کا رحمت کی دُعاء کرنا | 58 | روزہ جسم کی صحت اور زکوٰۃ ہے |
| | | 59 | روزہ دار کا سونا اور خاموش رہنا بھی عبادت ہے |
| 69 | سحری کھانا نبی کریم ﷺ کا پسندیدہ اور محبوب عمل ہے | | |
| | | 59 | روزہ ریاکاری سے پاک عبادت ہے |
| 69 | سحری اس اُمّت کی خصوصیت ہے | 60 | روزہ عفت اور پاکدامنی کے حصول کا بہترین ذریعہ ہے |
| 70 | سحری سے روزہ پر قوت حاصل ہوتی ہے | | |
| 71 | **اِفطاری کے فضائل** | 62 | روزہ دار کیلئے مچھلیاں اور فرشتے بھی رحمت کی دعا کرتے ہیں |
| 71 | اِفطاری کے وقت دُعاء کا قبول ہونا | | |
| 72 | اِفطار کے وقت فرحت کا حاصل ہونا | 63 | روزہ دار کو اللہ تعالٰی جنّت کے پھل کھلائیں گے |
| 72 | اِفطار کے وقت بکثرت لوگوں کا جہنّم سے نجات پانا | | |
| | | 63 | جنّت میں سلامتی کے ساتھ داخلہ |

## فہرستِ مَضامین

| صفحہ | مَضامین | صفحہ | مَضامین |
|---|---|---|---|
| 85 | تلاوت دل کی صفائی کا بہترین ذریعہ | 74 | **اِفطاری کرانے کے فضائل** |
| 86 | تلاوت میں مشغول شخص کیلئے افضل ترین عطیہ خداوندی | 74 | فرشتوں کا رحمت کی دُعاء کرنا |
|  |  | 74 | اِفطاری کرانے والے سے حضرت جبریل علیہ السلام کا شبِ قدر میں مُصافحہ کرنا |
| 87 | **اِعتکاف کے فضائل** | 75 | روزہ دار جیسے ثواب کا حاصل ہونا |
| 87 | اِعتکاف آپ ﷺ کی دائمی سُنّت ہے | 75 | مغفرت اور جہنّم سے خلاصی |
| 90 | معتکف گناہوں سے محفوظ رہتا ہے | 76 | حوضِ کوثر کا جام پلایا جائے گا |
| 91 | معتکف کو تمام نیکیوں کا اَجر ملتا ہے | 77 | اِفطار کرانے والے کیوں دُعاء دے |
| 91 | دس دن کا اِعتکاف دو حج اور دو عُمروں کے برابر ہے | 78 | **تَراویح کے فضائل** |
| 92 | ہر دن کا اِعتکاف ایک حج کے برابر ہے | 78 | تراویح کا اہتمام مغفرت کا باعث ہے |
| 92 | مُعتکف کی ایک بہترین مثال | 79 | صدّیقین اور شہداء کے درجہ کا حصول |
| 92 | معتکف اور جہنم کے درمیان تین خندقیں حائل ہو جاتی ہیں | 80 | تراویح نبی کریم ﷺ کی سُنّت اور ایک قابلِ رغبت عمل ہے |
| 93 | مغرب سے عشاء تک کے اِعتکاف پر جنّت کے محل کا سودا | 83 | **قرآن کریم کی تلاوت کے فضائل** |
|  |  | 83 | تلاوت کرنا اللہ سے باتیں کرنا ہے |
| 93 | اِعتکاف مغفرت و بخشش کا ذریعہ ہے | 84 | تلاوت سب سے بڑی عبادت ہے |
| 94 | اِعتکاف کے عظیم فوائد و منافع | 84 | تلاوت سب سے افضل عبادت ہے |
| 98 | **شبِ قدر کے فضائل** | 84 | تلاوت کرنے نہ کرنے والے کی مثال |
| 98 | شبِ قدر میں قرآن کریم نازل ہوا | 85 | ہر حرف کے بدلے میں دَس نیکی |

| صفحہ | مَضامین | صفحہ | مَضامین |
|---|---|---|---|
| 110 | مصیبت کبھی صدقہ سے آگے نہیں بڑھ سکتی | 98 | شبِ قدر ہزار مہینوں سے اَفضل ہے |
| | | 99 | شبِ قدر میں فرشتے نازل ہوتے ہیں |
| 110 | صدقہ کرنے والوں کیلئے روزانہ فرشتے کی دعاء | 100 | شبِ قدر میں فرشتوں کا مُصافحہ کرنا اور لوگوں کی دُعاؤں پر آمین کہنا |
| 111 | صدقہ اللہ تعالیٰ کے غضب اور بُرے خاتمہ سے بچانے والا ہے | 101 | شبِ قدر میں فرشتے رحمت وسلامتی کی دُعاء کرتے ہیں |
| 111 | صدقہ قبر اور محشر کی گرمی سے بچانے والا ہے | 102 | شبِ قدر برکت اور قدر و منزلت والی رات ہے |
| 112 | صدقہ خطاؤں کیلئے بہترین کفارہ ہے | 103 | شبِ قدر سلامتی والی رات ہے |
| 112 | صدقہ نیکی کا سب سے بہترین باب ہے | 104 | شبِ قدر میں عبادت کرنے سے اگلے پچھلے گناہ معاف ہو جاتے ہیں |
| 112 | صدقہ محتاج سے پہلے اللہ تعالیٰ کے ہاتھ میں جاتا ہے | 105 | شبِ قدر سے محرومی ہر خیر سے محرومی ہے |
| 114 | **صدقہ فطر کے فضائل** | 105 | شبِ قدر اِس اُمّت کی خصوصیت ہے |
| 114 | صدقہ فطر روزوں میں ہونے والی کوتاہیوں کی تلافی کا بہترین ذریعہ ہے | 106 | شبِ قدر اللہ کی منتخب کردہ رات ہے |
| 114 | صدقہ فطر کے ذریعہ غرباء و مَساکین کے کھانے کا اِنتظام ہوتا ہے | 107 | **صدقہ کے فضائل** |
| | | 107 | اللہ تعالیٰ صدقہ کو بڑھاتے ہیں |
| 115 | صدقہ فطر روزوں کی قبولیت کا ذریعہ | 109 | صدقہ آگ سے بچنے کا ذریعہ ہے |
| 115 | فطرہ سے مال کی پاکیزگی اور برکت | 110 | صدقہ سے مال کم نہیں ہوتا |

| صفحہ | مَضامین | صفحہ | مَضامین |
|---|---|---|---|
| 129 | ☆......روزہ رکھنے کے آداب......☆ | 116 | صدقہ فطر سے موت کی سختی اور عذابِ قبر سے نجات |
| 130 | (۱) اِخلاصِ نیّت کا اہتمام | | |
| 132 | (۲) روزہ اَعمالِ صالحہ کے ساتھ گزارنا | 117 | **عید الفطر کی رات کے فضائل** |
| 133 | (۳) تمام گناہوں سے کُلی اجتناب | 117 | عید الفطر کی رات انعام کی رات ہے |
| 136 | (۴) آنکھ، کان اور زبان کی بطورِ خاص حفاظت کا اہتمام | 117 | اِس رات میں عبادت کرنے والے کا دل بروزِ قیامت مردہ نہیں ہو گا |
| 142 | (۵) لڑائی جھگڑے سے گریز | 118 | اِس رات میں عبادت کرنے والے کیلئے جنّت واجب ہو جاتی ہے |
| 146 | (۶) حرام اور مشتبہ مال سے اجتناب | | |
| 146 | (۷) اِفطار و سحر میں میانہ روی اور اِعتدال کے ساتھ کھانا | 118 | اِس رات کی دعا رد نہیں ہوتی |
| | | 119 | **عید الفطر کے دن کے فضائل** |
| 150 | (۸) ڈرتے رہنا | 119 | عید الفطر کا دن اِنعام کا دن ہے |
| 150 | (۹) سحری کھانا | 119 | یہ دن مذہبی خوشی کا دن ہے |
| 151 | سحری کے آداب | 120 | عید الفطر کا دن اللہ کی رضا، مغفرت اور دُعاء کی قبولیت کا دن ہے |
| 152 | سحری کی چند عُمومی کوتاہیاں | | |
| 153 | (۵) اِفطاری کرنا | 122 | ❀ **باب دوم: اعمال** ❀ |
| 153 | اِفطاری کے آداب | 123 | (۱) رمضان سے پہلے اس کی تیاری |
| 155 | اِفطاری کے وقت کی چند دُعائیں | 126 | (۲) رمضان کا ادب و اِحترام |
| 157 | اِفطاری کی چند عُمومی کوتاہیاں | 127 | (۳) رمضان کے ادب کی صورتیں |
| 158 | (۶) روزہ دار کو اِفطار کرانا | 128 | (۴) روزے رکھنا |

| صفحہ | مَضامین | صفحہ | مَضامین |
|---|---|---|---|
| 184 | ۱۶ اِعتِکاف کرنا | 159 | اِفطاری کرانے کے آداب |
| 185 | ۱۷ شبِ قدر کی تلاش اور اس میں | 160 | ۷ تراویح پڑھنا |
| | عبادت کا خصوصی اہتمام کرنا | 161 | ۸ عبادت کی کثرت کرنا |
| 186 | شبِ قدر کو کیسے حاصل کیا جائے | 162 | عبادت کی صورتیں |
| 190 | شبِ قدر سے محروم رہ جانے والے | 162 | آخری عشرہ میں عبادت کی کثرت |
| | چار بدنصیب افراد | 164 | ۹ فرائض و واجبات کا اہتمام |
| 191 | ۱ پہلا شخص: شراب کا عادی | 167 | ۱۰ ہر قسم کے گناہوں سے بچنا |
| 191 | ۲ دوسرا شخص: والدین کا نافرمان | 169 | ۱۱ سنن و نوافل کا اہتمام کرنا |
| 192 | ۳ تیسرا شخص: قطعِ رحمی کرنے والا | 171 | نوافل کے اہتمام کی برکتیں |
| 192 | ۴ چوتھا شخص: کینہ پرور | 172 | ۱۲ قرآن کریم کی بکثرت تلاوت |
| 198 | مُبارک راتوں میں کی جانے والی چند | 173 | ۱۳ کثرت سے اللہ کا ذکر کرنا |
| | عُمومی کوتاہیاں اور ان کی اِصلاح | 174 | ذکر کے فوائد و منافع |
| 192 | مُبارک راتوں کو کیسے گزارا جائے اس | 175 | رمضان میں چار چیزوں کی کثرت |
| | بارے میں چند ہدایات | 177 | ۱۴ کثرت سے دُعاؤں کا اہتمام |
| 193 | ۱ توبہ و اِستغفار | 178 | دُعا کیسے مانگی جائے |
| 193 | توبہ کی قبولیت کی شرائط | 180 | دُعا کے فضائل و فوائد |
| 194 | ۲ قضاء نمازوں کی ادائیگی | 181 | ۱۵ صدقہ و خیرات کی کثرت کرنا |
| 195 | قضاء نمازیں پڑھنے کا طریقہ | 183 | رمضان المُبارک میں نبی کریم ﷺ |
| 196 | ۳ نماز با جماعت کی ادائیگی | | کی کثرتِ سخاوت کی حکمتیں |

| صفحہ | مَضامِین | صفحہ | مَضامِین |
|---|---|---|---|
| 210 | ☆ پہلا طبقہ: جن پر فی الحال رکھنا لازم نہیں، بعد میں قضاء لازم ہے | 196 | ④ فضیلت والے اَعمال کا اہتمام |
| 210 | مُسافر | 200 | ⑱ عید الفطر کی رات کی عبادت کا خصوصی اہتمام |
| 211 | مَریض | 200 | ⑲ صدقہ فطر ادا کرنا |
| 212 | حاملہ اور مُرضعہ | 201 | صدقہ فطر کے فوائد |
| 212 | حائضہ اور زچہ | 201 | ⑳ عید الفطر کے دن خوشی منانا |
| 213 | ☆ دوسرا طبقہ: جن پر بعد میں بھی قضاء لازم نہیں، بلکہ فدیہ لازم ہے | 202 | عید کی سُنّتیں اور مستحبات |
| | | 203 | ﴿ بابِ سوم: مسائل ﴾ |
| 213 | فدیہ کے مسائل | 204 | ① روزہ کی فرضیت، اقسام اور اس کی شرائط کا تفصیلی تذکرہ |
| 214 | ☆ تیسرا طبقہ: جن پر فی الحال رکھنا، قضاء کرنا اور فدیہ دینا کچھ لازم نہیں | 205 | صوم کا معنی اور اس کا شرعی حکم |
| 214 | نابالغ اور کافر | 206 | روزے کی اَقسام |
| 215 | مَجنون | 208 | روزہ رکھنا کس پر فرض ہے |
| 215 | ③ روزے کی نیت کے مسائل | 208 | ☆......روزے کی شرائط......☆ |
| 216 | ① روزہ بغیر نیت کے نہیں ہوتا | 208 | ① روزے کی فرضیت کی شرائط |
| 216 | ② نیت کیسے کی جائے | 208 | ② ادائیگی لازم ہونے کی شرائط |
| 216 | ③ نیت کا یقینی یعنی تردّد اور شک سے محفوظ ہونا ضروری ہے | 209 | ③ روزے کے صحیح ہونے کی شرائط |
| | | 209 | ② روزہ کن لوگوں پر فی الحال یا بعد میں رکھنا لازم نہیں۔ |
| 217 | ④ روزے کی نیت کب کرنا بہتر ہے | | |

| صفحہ | مضامین | صفحہ | مضامین |
|---|---|---|---|
| 229 | ④ کفارہ لازم ہونے کی شرائط | 217 | ⑤ نیت کب تک کی جاسکتی ہے |
| 231 | ⑦ روزہ توڑ دینے کے شرعی أعذار | 217 | ⑥ صبح صادق سے پہلے کھانا پینا یا نیت کو تبدیل کر لینا درست ہے |
| 233 | ⑧ تراویح کی رکعات اور مسائل | | |
| 233 | ① تراویح بیس رکعت ہی سنّت ہے | 217 | ④ سحری کے مسائل |
| 238 | ② بیس رکعات تراویح کی حکمت | 218 | ① سحری کا حکم اور اس کی تاکید |
| 238 | ③ تراویح میں پیش آمدہ مسائل | 218 | ② سحری کھانے کا وقت |
| 240 | ④ تراویح کے چند قابلِ اِصلاح أمور | 219 | ③ سحری میں کیا کھایا جائے |
| 241 | ⑨ اعتکاف کے مسائل | 220 | ④ جنابت میں سحری کرنا صحیح ہے |
| 241 | ① اعتکاف کی تعریف اور اقسام | 220 | ⑤ سحری کی چند عمومی کوتاہیاں |
| 242 | ② اعتکاف کے صحیح ہونے کی شرائط | 221 | ⑤ روزے کی حالت میں کیے جانے والے جائز، مکروہ اور مستحب کام |
| 243 | ③ اعتکاف کو فاسد کرنے والے کام | | |
| 245 | ④ اعتکاف کے جائز کام | 221 | ① روزے کے جائز کام |
| 248 | ⑤ اعتکاف کے ناجائز کام | 223 | ② روزے کے مکروہ کام |
| 250 | ⑥ عورت کے اعتکاف کے مسائل | 224 | ③ روزے کے مستحب کام |
| 253 | ⑦ اعتکاف کی چند اہم کوتاہیاں | 226 | ⑥ روزے کو فاسد کرنے والی چیزیں اور اس کے کفارہ کی تفصیل |
| 256 | ⑩ صدقہ فطر کے مسائل | | |
| 256 | ① صدقہ فطر کا حکم اور اُسکی شرائط | 227 | ① قضا لازم کرنے والے مفسدات |
| 257 | ② صدقہ فطر کا نصاب اور مقدار | 228 | ② قضا و کفارہ دونوں کب ہوتے ہیں |
| 260 | ③ صدقہ فطر کس کی طرف سے | 229 | ③ روزے کا کفارہ اور چند وضاحتیں |

| مَضامین | صفحہ |
|---|---|
| ④ صدقہ فطر کے وجوب اور ادائیگی کا وقت (وقتِ جائز، مستحب، مکروہ) | 261 |
| ⑤ صدقہ فطر کا مستحق | 263 |
| ⑥ زکوۃ اور صدقہ فطر میں فرق | 264 |
| ⑦ فطرہ کے بارے میں چند کوتاہیاں | 265 |
| ⑧ فطرہ کس شکل میں اداء کیا جائے | 266 |
| ⓫ رمضان اور بچوں کی تربیت | 266 |
| ① صلاحیت ہو تو روزہ رکھوانا چاہیئے | 266 |
| ② بچے میں اگر روزہ رکھنے کی ہمّت و صلاحیت نہ ہو تو روزہ رکھوانے میں زبردستی نہیں کرنی چاہیئے | 267 |
| ③ سمجھدار بچوں کو تربیت کی غرض سے کچھ دیر تک کا روزہ رکھوائیں | 267 |
| ④ بچوں کے سامنے کھانے سے بچیں | 268 |
| ⑤ بچوں کو کھلم کھلا سب کے سامنے کھانے پینے سے روکیں | 268 |
| ⑥ اِفطار میں بچوں کو بھی دُعاء کرنے کی تلقین کریں | 269 |
| ⑦ تَراویح پڑھنے کی تلقین کریں | 269 |
| ⑧ بچوں کو رَمضان المُبارک کے عظیم فضائل سنائیں | 269 |
| کِتابیات | 271 |

الله

أشهد أن لا إله إلا الله    أشهد أن محمدًا رسول الله

# ﴿کلماتِ دُعائیہ﴾

فقیہ العصر اُستاذ الأساتذہ، حضرت **مفتی عبد المنّان** صاحب زید مجد ہم

نائب مُفتی و اُستاذ جامعہ دار العلوم کراچی

نَحمَدُہٗ وَ نُصَلّی عَلیٰ رَسُولِہِ الْکَرِیْمِ ، وَعَلیٰ آلِہٖ وَصَحْبِہٖ وَ أَہْلِ بَیْتِہٖ أَجْمَعِیْن ، اِلیٰ یَوْمِ الدِّیْن ۔ أَمَّا بَعْد!

روزہ اَرکانِ اِسلام میں شامل ہے، قرآن کریم اور اَحادیثِ نبویہ میں اس کی بڑی فضیلت بتائی گئی ہے، چنانچہ اللہ تعالیٰ کا اِرشاد ہے:

﴿یَاأَیُّھَا الَّذِینَ آمَنُوا کُتِبَ عَلَیْکُمُ الصِّیَامُ کَمَا کُتِبَ عَلَی الَّذِینَ مِنْ قَبْلِکُمْ لَعَلَّکُمْ تَتَّقُونَ﴾۔(سورۃ البقرۃ:183)

اے ایمان والو! تم پر روزے فرض کیے گئے ہیں جیسا کہ تم سے پہلے والوں پر فرض کیے گئے تھے، تاکہ تم متقی بن جاؤ۔

ایک حدیثِ نبوی میں ہے: ”اَلصَّوْمُ لِي وَأَنَا أَجْزِي بِهِ“ یعنی روزہ اللہ تعالیٰ کیلئے ہے اور اللہ تعالیٰ ہی اس کا بدلہ دیں گے۔

زیرِ نظر کتاب ”اَنوارِ رَمضان“ جس کے مرتب مولانا مفتی سلمان صاحب ہیں جو کہ جامعہ دار العلوم کراچی کے فاضل اور جامعہ انوار العلوم ملیر کراچی کے اُستاد ہیں، موصوف نے روزے کے فضائل و اَحکام نیز اس سے متعلّقہ فقہی مسائل کے بارے میں بڑی تفصیل سے گفتگو کی ہے اور موضوع کے حوالے سے تقریباً تمام مَباحث کے

بارے میں قرآن و سنّت کے اَنمول خزانے جمع فرمادیے ہیں اور اِس طرح یہ عَوام و خَواص کیلئے بہت عُمدہ ذخیرہ جمع ہو گیا ہے، نیز مؤلّف نے جن جن کتابوں سے اِستفادہ کیا ہے اُن کا حوالہ بھی درج کر دیا ہے۔

مولائے کَریم سے اِلتجاء ہے کہ وہ اپنے فضل و کرم سے موصوف کی اِس کوشش کو اپنی بارگاہ میں قبول فرمائے اور اُمّتِ مسلمہ کو اِس سے فائدہ اُٹھانے کی توفیق عطاء فرمائے۔

آمین، یاربّ العالمین۔ واللہ المُستعان

محمد عبد المنان عفی عنہ

نائب مفتی و اُستاذ جامعہ دار العلوم کراچی

13/4/2017

بسم اللہ الرحمٰن الرحیم

# حرفِ آغاز

اللہ تعالیٰ نے اپنے بندوں پر جو بے انتہاء کرم اور نوازشوں کی بارش کررکھی ہے اُن میں سے ایک اہم ترین نعمت "ماہِ رمضان المُبارک" کی نعمتِ عُظمیٰ ہے۔ یہ اِتنی بڑی نعمت ہے کہ بندے صحیح طور پر اِس نعمت کی عظمت و اہمیت کو مکمّل سمجھ بھی نہیں سکتے، حق اداء کرنا تو بہت دور کی بات ہے۔ تاہم پھر بھی ہر دَور میں اللہ کے نیک، محبوب اور قدر دان بندوں کا یہ طریقہ رہا ہے کہ وہ اِس ماہِ مبارک کی قدر دانی اور شکر گزاری میں اپنی مقدور بھر تمام کوششوں کو بَروئے کار لاتے ہوئے اپنے شوق ورَغبت کا بھرپور اِظہار کرتے ہیں اور اِتباعِ سنت میں اپنی بساط اور قوّت کے مطابق اِس مہینے کی قدر کرنے کی کوشش کرتے ہیں، اور کرنا بھی چاہیئے کیونکہ:

یہی تو وہ مہینہ ہے جس کو تمام مہینوں کا سردار اور سب سے افضل کہا گیا ہے۔

یہی تو وہ مہینہ ہے جس میں نفل فرض کے اور فرض ستر فرضوں کے برابر ہو جاتا ہے۔

یہی تو وہ مہینہ ہے جس کو قرآن کریم اور تمام آسمانی کتابوں کے نزول کیلئے منتخب کیا گیا۔

یہی تو وہ مہینہ ہے جس میں آسمان اور جنّت کے دروازے کھل جاتے ہیں۔

یہی تو وہ مہینہ ہے جس میں جہنم کے دروازے بند ہو جاتے ہیں۔

یہی تو وہ مہینہ ہے جس کو رحمتوں، برکتوں، بخششوں اور نجات کا مہینہ کہا گیا ہے۔

یہی تو وہ مہینہ ہے جس میں سَرکش جنّات اور شیاطین کو قید کر دیا جاتا ہے۔

یہی تو وہ مہینہ ہے جس میں شبِ قدر جیسی عظیم المرتبت رات رکھی گئی ہے۔

یہی تو وہ مہینہ ہے جس میں بکثرت جہنمیوں کی گردنوں کو جہنم سے آزاد کیا جاتا ہے۔

یہی تو وہ مہینہ ہے جس کے پہلے عشرہ کو رحمت، دوسرے کو مغفرت اور تیسرے کو جہنم سے خلاصی کا عشرہ کہا گیا ہے۔

یہی تو وہ مہینہ ہے جس میں بندوں کی دُعائیں بکثرت قبول کی جاتی ہیں۔

زیرِ نظر کتاب "اَنوارِ رَمضان" اِسی مقصد کو پیشِ نظر رکھتے ہوئے ترتیب دی گئی ہے کہ کس طرح رمضان المُبارک کو قیمتی بنایا جاسکتا ہے اور ایک مسلمان کیسے اِس کی قدر دانی کرکے اس عظیم اور بابرکت مہینے کے اَنوارات کو حاصل کر سکتا ہے۔اِس کیلئے بنیادی طور پر اِس کتاب کے اندر تین باب قائم کیے گئے ہیں:

(1) پہلا باب رمضان سے متعلّق مختلف اُمور کے فضائل کے بیان میں ہے۔

(2) دوسرا باب رمضان کے اعمال اور اُس کے آداب کے بیان میں ہے۔

(3) تیسرا باب رمضان المُبارک میں پیش آمدہ مسائل کے بیان میں ہے۔

اللہ تعالیٰ سے دُعاء ہے کہ اِس کتاب کو اپنی بارگاہ میں قبول و منظور فرمائے، زیادہ سے زیادہ لوگوں کیلئے مُفید، نافع اور سود مند بنائے، کتاب کے مُرتّب اور اس کی طباعت میں مُعاون بننے والوں کیلئے، بالخصوص "سیّد اَلطاف عَزیز صاحب (مَرحوم)" اور اُن کے اہلِ خانہ کیلئے صدقہ جارِیہ بنائے۔آمین، بِحُرمۃِسَیِّدِ الْأَنْبِيَاءِ وَالْمُرْسَلِيْن۔

بندہ محمد سلمان غفرلہ

۲رجب المرجّب ۱۴۳۸ھ۔ بمطابق۔ 30مارچ2017

☆.........بابِ اوّل.........☆

رمضان المُبارک سے متعلّق

# فضائل

| | |
|---|---|
| ❶ ماہِ رمضان کے فضائل۔ | ❷ رَمضان کے روزوں کے فضائل۔ |
| ❸ سحری کے فضائل۔ | ❹ اِفطاری کے فضائل۔ |
| ❺ اِفطاری کرانے کے فضائل۔ | ❻ تَراویح کے فضائل۔ |
| ❼ تلاوتِ قرآن کے فضائل۔ | ❽ اِعتکاف کے فضائل۔ |
| ❾ شبِ قدر کے فضائل۔ | ❿ صدقہ کے فضائل۔ |
| ⓫ صدقہ فطر کے فضائل۔ | ⓬ عید الفطر کی رات کے فضائل۔ |
| ⓭ عید الفطر کے دن کے فضائل۔ | |

# ﴿ماہِ رمضان کے فضائل﴾

حضرت ابو مسعود غفاری رضی اللہ عنہ سے مَروی ہے، آپ صلی اللہ علیہ وسلم نے اِرشاد فرمایا:

"لَوْ يَعْلَمُ الْعِبَادُ مَا رَمَضَانُ لَتَمَنَّتْ أُمَّتِي أَنْ تَكُونَ السَّنَةُ كُلُّهَا"

اگر لوگوں کو یہ معلوم ہو جائے کہ رمضان کیا چیز ہے تو میری اُمت یہ تمنا کرے کہ سارا سال رمضان ہی ہو جائے۔ (شعب الایمان:3361)

مشہور تابعی حضرت کعب احبار رحمۃ اللہ علیہ فرماتے ہیں:

"اللہ تعالیٰ نے رات اور دن کی کچھ ساعتوں کو منتخب کر کے اُن میں سے فرض نمازیں بنائیں، اور دنوں کو منتخب کر کے اُن میں سے جمعہ بنایا، مہینوں کو منتخب کر کے اُن میں سے رمضان کا مہینہ بنایا، راتوں کو منتخب کر کے اُن میں سے شبِ قدر بنائی اور جگہوں کو منتخب کر کے اُن میں سے مساجد بنائی"۔ (شعب الایمان:3363)

اِس سے معلوم ہوا کہ رمضان کا مہینہ اللہ تعالیٰ کا منتخب کردہ ہے اور تمام مہینوں میں بطورِ خاص اِس کا انتخاب کیا گیا ہے۔ یہی وجہ ہے کہ نبی کریم صلی اللہ علیہ وسلم اِس کی آمد کا رجب کے مہینے سے ہی اِشتیاق فرمانا شروع کر دیتے تھے، چنانچہ حضرت انس رضی اللہ عنہ سے مروی ہے کہ جب رجب کا مہینہ داخل ہوتا تو نبی کریم صلی اللہ علیہ وسلم یہ دعاء پڑھا کرتے تھے:

"اَللّٰهُمَّ بَارِكْ لَنَا فِي رَجَبَ وَشَعْبَانَ وَبَلِّغْنَا رَمَضَانَ"

ترجمہ: اے اللہ! رجب اور شعبان کے مہینے میں ہمیں برکت عطا فرما اور اور ہمیں (بخیر و عافیت) رمضان المبارک تک پہنچا دیجئے۔ (شعب الایمان:3534)

ایک روایت میں ہے، نبی کریم صلی اللہ علیہ وسلم نے اِرشاد فرمایا:

"نِعْمَ الشَّهْرُ شَهْرُ رَمَضَانَ"

رمضان کا مہینہ کیا ہی بہترین مہینہ ہے!!۔(کنز العمّال:23701)

رمضان المُبارک کے چند فضائل وبرکات بالترتیب مندرجہ ذیل ہیں:

## ❶ رَمضان المبارک تمام مہینوں کا سردار ہے:

رمضان المُبارک کا مہینہ سال کے تمام مہینوں کا سردار ہے، چنانچہ حدیث میں ہے، حضرت ابوسعید خدری رَضِیَ اللہُ عَنْہُ نبی کریم صَلَّی اللہُ عَلَیْہِ وَسَلَّم کا یہ اِرشاد نقل فرماتے ہیں:

"سَيِّدُ الشُّهُورِ شَهْرُ رَمَضَانَ وَأَعْظَمُهَا حُرْمَةً ذُو الْحِجَّةِ"

رمضان المُبارک کا مہینہ تمام مہینوں کا سردار ہے اور حرمت کے اعتبار سے ذوالحجہ سب سے زیادہ عظمت والا ہے۔(شعب الایمان:3479)

## ❷ رمضان المبارک سب سے بہتر اور افضل مہینہ ہے:

ایک اور روایت میں ہے، نبی کریم صَلَّی اللہُ عَلَیْہِ وَسَلَّم کا اِرشاد ہے:

"مَا مَرَّ عَلَى الْمُسْلِمِينَ شَهْرٌ خَيْرٌ لَهُمْ مِنْهُ
وَلَا يَأْتِي عَلَى الْمُنَافِقِينَ شَهْرٌ شَرٌّ لَهُمْ مِنْهُ"

مسلمانوں پر کوئی مہینہ ایسا نہیں گزرا جو رمضان سے بہتر ہو اور منافقین پر کوئی مہینہ ایسا نہیں گزرا جو رمضان سے زیادہ بُرا ہو۔(شعب الایمان:3335)

## ❸ رمضان المبارک نزولِ قرآن کا مہینہ ہے:

رمضان کا مہینہ وہ عظیم مہینہ ہے جس میں سید الکتب، افضل الکلام، کلامِ الٰہی "قرآن مجید فرقانِ حمید" نازل ہوا، جیسا کہ سورۃ البقرۃ:185 میں اللہ تعالیٰ نے اِرشاد فرمایا:

﴿شَهْرُ رَمَضَانَ الَّذِي أُنْزِلَ فِيهِ الْقُرْآنُ﴾ رمضان کا مہینہ وہ مہینہ ہے جس میں قرآن کریم اُتارا گیا۔ اور صرف یہی نہیں بلکہ اللہ تعالیٰ نے ہر آسمانی کتاب اور صحائفِ مقدّسہ کے نزول کیلئے اِسی مہینہ کا انتخاب فرمایا، اِس سے معلوم ہوا کہ بنی نوعِ انسان کی ہدایت کیلئے اور آسمانی ہدایات کے نزول کیلئے اِسی مہینے کا انتخاب کیا گیا، پس آج بھی اگر کوئی شخص اِس مہینے کو اپنی ہدایت کا سامان بنانا اور اپنی حیاتِ چند روزہ کو نورِ ہدایت سے منوّر کرنا چاہے تو اس کیلئے رمضان ایک بہترین مہینہ ثابت ہو سکتا ہے۔

حضرت واثلہ بن اَسقع رَضِیَ اللہُ عَنْہُ کی ایک حدیثِ مرفوع میں ہے: حضرت ابراہیم عَلَیْہِ السَّلَام کے صحیفے رمضان المُبارک کی پہلی شب میں ، تورات 6 رمضان کو ، اِنجیل 13 رمضان کو ، زبور 18 رمضان کو اور قرآن کریم 24 رمضان کو نازل ہوا۔ (طبرانی اوسط:3740)

آسمانی کتابوں کیلئے اِس مہینے کا اِنتخاب اِس مہینے کی عظمت اور برکت کی ایک بڑی دلیل ہے جس سے اِس مہینہ کی عظمت و اہمیت کا پتہ چلتا ہے۔

## ۴ رمضان المُبارک عظیم اور بابرکت مہینہ ہے:

رمضان کا مہینہ بہت ہی بابرکت مہینہ ہے ، چنانچہ حضرت سلمان فارسی رَضِیَ اللہُ عَنْہُ فرماتے ہیں نبی کریم صَلَّی اللہُ عَلَیْہِ وَسَلَّم نے شعبان کی آخری تاریخ کو خطبہ دیتے ہوئے اِرشاد فرمایا:

"يَاأَيُّهَا النَّاسُ قَدْ أَظَلَّكُمْ شَهْرٌ عَظِيمٌ، شَهْرٌ مُبَارَكٌ" اے لوگو! تم پر ایک عظیم مہینہ سایہ فگن ہو رہا ہے ، جو بڑا بابرکت مہینہ ہے۔ (شعب الایمان:3336)

ایک روایت میں ہے آپ صَلَّی اللہُ عَلَیْہِ وَسَلَّم نے اِرشاد فرمایا: "أَتَاكُمْ رَمَضَانُ شَهْرٌ مُبَارَكٌ" تمہارے پاس رمضان آیا ہے جو ایک مُبارک مہینہ ہے۔ (نسائی:2106)

ایک روایت میں ہے: "أَتَاكُمْ شَهْرُ رَمَضَانَ شَهْرُ خَيْرٍ وَّ بَرَكَةٍ"

تمہارے پاس رمضان کا مہینہ آیا ہے جو خیر و برکت کا مہینہ ہے۔(کنزالعمال:23691)

ایک اور روایت میں ہے کہ ایک دفعہ نبی کریم صَلَّی اللّٰہُ عَلَیْہِ وَسَلَّم نے رمضان المُبارک کے قریب اِرشاد فرمایا: "أَتَاكُم رَمَضَانُ شَهْرُ بَرَكَةٍ"

رمضان کا مہینہ آگیا ہے جو بڑی برکت والا ہے۔(الترغیب والترھیب:1490)

## ۵ رمضان المُبارک رحمتوں والا مہینہ ہے:

حضرت ابوہریرہ رَضِیَ اللّٰہُ عَنْہُ سے مَروی ہے کہ نبی کریم صَلَّی اللّٰہُ عَلَیْہِ وَسَلَّم کا اِرشاد ہے:

"إِذَا كَانَ رَمَضَانُ فُتِحَتْ أَبْوَابُ الرَّحْمَةِ"

جب رمضان المُبارک کا مہینہ آتا ہے تو (اللہ تعالیٰ کی جانب سے اپنے بندوں کیلئے) رحمت کے دروازے کھول دیے جاتے ہیں۔(مسلم:1079)(نسائی:2100)

ویسے تو پورا مہینہ ہی رحمتوں کے نزول اور رحمتِ خداوندی کے متوجہ ہونے کا ہے لیکن اِس ماہِ مُبارک کے پہلے عشرہ میں حدیث کے مطابق اور بھی زیادہ رحمتیں نازل ہوتی ہیں چنانچہ حضرت سلمان فارسی رَضِیَ اللّٰہُ عَنْہُ کی مذکورہ بالا روایت میں ہے کہ نبی کریم صَلَّی اللّٰہُ عَلَیْہِ وَسَلَّم نے اِس مہینے کے پہلے حصہ یعنی دس دن کو خصوصیت کے ساتھ رحمتِ خداوندی کے نازل ہونے کا عَشرہ قرار دیا، چنانچہ اِرشادِ نبوی ہے: "وَهُوَ شَهْرٌ أَوَّلُهُ رَحْمَةٌ"

رمضان وہ مہینہ ہے جس کا پہلا حصہ (عشرہ) رحمت ہے۔(شعب الایمان:3336)

پس جب اِس مہینے کو رحمتوں والا مہینہ قرار دیا گیا ہے تو بندوں کو بھی اِس مہینے کی قدر دانی کرتے ہوئے اللہ تعالیٰ کی رحمتوں سے اپنی جھولیاں بھرنی چاہیئے۔

### ❻ رمضان المُبارک میں آسمان کے دروازے کھل جاتے ہیں:

حضرت ابو ہریرہ رَضِیَ اللہُ عَنْہُ نبی کریم صَلَّی اللہُ عَلَیْہِ وَسَلَّم کا یہ اِرشاد نقل فرماتے ہیں:

"إِذَا دَخَلَ شَهْرُ رَمَضَانَ فُتِحَتْ أَبْوَابُ السَّمَاءِ" جب رمضان کا مہینہ داخل ہوتا ہے تو آسمان کے دروازے کھول دیے جاتے ہیں۔(بخاری:1899)

حضرت ابو ہریرہ رَضِیَ اللہُ عَنْہُ نبی کریم صَلَّی اللہُ عَلَیْہِ وَسَلَّم کا یہ اِرشاد نقل فرماتے ہیں:"أَتَاكُمْ رَمَضَانُ شَهْرٌ مُبَارَكٌ، فَرَضَ اللَّهُ عَزَّ وَجَلَّ عَلَيْكُمْ صِيَامَهُ، تُفْتَحُ فِيهِ أَبْوَابُ السَّمَاءِ" تمہارے پاس رمضان کا مُبارک مہینہ آیا ہے، اللہ عزّ و جلّ نے اس کے روزوں کو فرض کیا ہے، اس میں آسمان کے دروازے کھول دیے جاتے ہیں۔(نسائی:2106)

### آسمان کے دروازے کھلنے کا مطلب:

اِس کے دو مطلب ہیں:

ایک مطلب یہ ذکر کیا گیا ہے کہ رحمتوں کے نازل ہونے کیلئے آسمان کے دروازے کھل جاتے ہیں، اور دوسرا مطلب یہ ہے کہ آسمان کے دروازے اَعمال کے بلند (یعنی قبول ہونے) کیلئے کھول دیے جاتے ہیں جس کی وجہ سے اعمال کی توفیق بھی خوب ملتی ہے اور اُن کی قبولیت بھی نہایت اعلیٰ درجہ کی ہوتی ہے۔(فتح الباری:4/114)

### ❼ رمضان المُبارک میں جنّت کے دروازے کھل جاتے ہیں:

حضرت ابو ہریرہ رَضِیَ اللہُ عَنْہُ سے مَروی ہے کہ نبی کریم صَلَّی اللہُ عَلَیْہِ وَسَلَّم نے اِرشاد فرمایا:

"إِذَا جَاءَ رَمَضَانُ فُتِحَتْ أَبْوَابُ الجَنَّةِ" جب رمضان المُبارک کا مہینہ آتا ہے تو (اللہ تعالیٰ کی جانب سے) جنت کے دروازے کھول دیئے جاتے ہیں۔(بخاری:1898)

ایک اور روایت میں ہے، نبی کریم ﷺ نے اِرشاد فرمایا:

"وَفُتِحَتْ أَبْوَابُ الْجَنَّةِ، فَلَمْ يُغْلَقْ مِنْهَا بَابٌ وَيُنَادِي مُنَادٍ:

يَابَاغِيَ الخَيْرِ أَقْبِلْ، وَ يَابَاغِيَ الشَّرِّ أَقْصِرْ"

رمضان المُبارک کی پہلی رات میں جنّت کے دروازے کھول دیے جاتے ہیں اور اُس کا کوئی دروازہ بند نہیں ہوتا، اور ایک پکارنے والا صدا لگاتا ہے: اے خیر کے طلبگار! متوجّہ ہو جا اور اے شرّ کے طلبگار! باز آجا۔(ترمذی:682)

حضرت ابن عباس رضی اللہ عنہما کی ایک روایت میں نبی کریم ﷺ کا یہ اِرشاد مروی ہے، اللہ تعالیٰ رمضان کی پہلی رات میں جنت اور جہنم کے داروغوں سے اِرشاد فرماتے ہیں:

"يَارِضْوَانُ! افْتَحْ أَبْوَابَ الْجِنَانِ، وَيَامَالِكُ! أَغْلِقْ أَبْوَابَ الْجَحِيمِ عَلَى الصَّائِمِينَ مِنْ أُمَّةِ مُحَمَّدٍ"

اے رِضوان! جنّت کے دروازے کھول دو اور اے مالک! جہنّم کے دروازے امتِ محمدیہ کے روزہ داروں پر بند کر دو۔(شعب الایمان:3421)

## ⑧ رمضان المُبارک میں جہنّم کے دروازے بند ہو جاتے ہیں:

اَس مہینے کی ایک بہت بڑی عَظمت یہ ہے کہ اِس ماہِ مبارک میں جہنم کے دروازے بند کردیے جاتے ہیں۔چنانچہ حدیث میں ہے، حضرت ابوہریرہ رضی اللہ عنہ سے مَروی ہے، آپ ﷺ نے اِرشاد فرمایا: "وَغُلِّقَتْ أَبْوَابُ النَّارِفَلَمْ يُفْتَحْ مِنْهَا بَابٌ"

رمضان المُبارک کی پہلی شب میں جہنم کے (تمام) دروازے بند کر دیے جاتے ہیں، پس اُس کا کوئی دروازہ کھلا نہیں رہتا۔(ترمذی:682)

حضرت ابو ہریرہ رضی اللہ عنہ سے ہی ایک دوسری روایت میں نبی کریم صلی اللہ علیہ وسلم کا یہ اِرشاد نقل کیا گیا ہے: "وَتُغْلَقُ فِيهِ أَبْوَابُ الْجَحِيمِ" رمضان المُبارک میں "جحیم" یعنی جہنم کے دروازے بند کر دیے جاتے ہیں۔(نسائی:2106)

ایک اور روایت میں ہے، نبی کریم صلی اللہ علیہ وسلم نے اِرشاد فرمایا:

"إِذَا دَخَلَ شَهْرُ رَمَضَانَ فُتِحَتْ أَبْوَابُ السَّمَاءِ، وَغُلِّقَتْ أَبْوَابُ جَهَنَّمَ" جب رمضان کا مہینہ داخل ہوتا ہے تو آسمان کے دروازے کھل جاتے ہیں، جہنم کے دروازے بند کر دیے جاتے ہیں۔(بخاری:1899)

حضرت ابن عباس رضی اللہ عنہما کی روایت میں ہے، اللہ تعالیٰ رمضان کی پہلی شب میں جہنم کے داروغے "مالک" سے کہتے ہیں:

"يَا مَالِكُ! أَغْلِقْ أَبْوَابَ الْجَحِيمِ عَلَى الصَّائِمِينَ مِنْ أُمَّةِ مُحَمَّدٍ" اے مالک! جہنم کے دروازے اُمتِ محمدیہ کے روزہ داروں پر بند کر دو۔(شعب الایمان:3421)

## ۹ سرکش شیاطین اور جنّات قید کر دیے جاتے ہیں:

حضرت ابو ہریرہ رضی اللہ عنہ سے مروی ہے کہ آپ صلی اللہ علیہ وسلم نے اِرشاد فرمایا:

"إِذَا كَانَ أَوَّلُ لَيْلَةٍ مِنْ شَهْرِ رَمَضَانَ صُفِّدَتِ الشَّيَاطِينُ وَمَرَدَةُ الجِنِّ" جب رمضان المُبارک کی پہلی رات ہوتی ہے تو شیاطین اور سرکش جنات کو قید کر دیا جاتا ہے۔(ترمذی:682)

بخاری شریف کی روایت میں ہے: "وَسُلْسِلَتِ الشَّيَاطِينُ" یعنی شیاطین کو زنجیروں میں جکڑ دیا جاتا ہے۔(بخاری:1899)

نَسائی شریف کی روایت میں ہے:"وَتُغَلُّ فِيهِ مَرَدَةُ الشَّيَاطِينِ" رمضان المُبارک میں سَرکش شَیاطین کو طوق ڈال دیا جاتا ہے۔(نسائی:2106)

حضرت سیدنا ابوہریرہ رضی اللہ عنہ سے ہی ایک دوسری روایت میں مَروی ہے کہ نبی کریم صلی اللہ علیہ وسلم نے رمضان المُبارک کی پانچ ایسی خصوصیات بیان فرمائی جو صرف اِس اُمّت کو عطاء کی گئی ہیں، پچھلی اُمتوں کو وہ خصوصیات نصیب نہ تھیں، اُن میں سے ایک خصوصیت یہ بھی بیان کی گئی ہے:

"وَتُصَفَّدُ فِيهِ الشَّيَاطِينُ، فَلَا يَخْلُصُونَ فِيهِ إِلَى مَا يَخْلُصُونَ فِي غَيْرِهِ"

اِس مہینے میں سرکش شیاطین قید کر دیئے جاتے ہیں، جس کے نتیجے میں لوگ رمضان میں اُن بُرائیوں کی طرف نہیں پہنچ سکتے جن کی طرف وہ رمضان کے علاوہ دوسرے مہینوں میں پہنچ سکتے ہیں۔(شعب الایمان:3330)(مسند احمد:7917)

ایک اورروایت میں ہے، حضرت سیدنا عبد اللہ بن عباس رضی اللہ عنہما نبی کریم صلی اللہ علیہ وسلم کا یہ اِرشاد نقل فرماتے ہیں: اللہ تعالیٰ رمضان المُبارک کی پہلی رات میں حضرت جبریل امین علیہ السلام سے فرماتے ہیں:

"يَا جِبْرِيلُ اهْبِطْ إِلَى الْأَرْضِ فاصْفِدْ مَرَدَةَ الشَّيَاطِينِ، وَغُلَّهُمْ بالْأَغْلَالِ، ثُمَّ اقْذِفْهُمْ فِي الْبِحَارِ حَتَّى لَا يُفْسِدُوا عَلَى أُمَّةِ مُحَمَّدٍ حَبِيبِيْ صِيَامَهُمْ"

اے جبریل! جاؤ زمین میں اترو اور سرکش شیاطین کو جکڑلو اور اُنہیں طوق پہنادو اور پھر اُنہیں سمندروں میں ڈال دو تاکہ وہ میرے محبوب صلی اللہ علیہ وسلم کی امّت کے روزوں کو خراب نہ کریں۔(شعب الایمان:3421)

## ⑩ رمضان المُبارک مغفرت اور بخشش کا مہینہ ہے:

حضرت ابو ہریرہ رَضِیَ اللہُ عَنْہُ سے مروی ہے کہ نبی کریم صَلَّی اللہُ عَلَیْہِ وَسَلَّم نے اِرشاد فرمایا: "الصَّلَوَاتُ الْخَمْسُ، وَالْجُمُعَةُ إِلَى الْجُمُعَةِ، وَرَمَضَانُ إِلَى رَمَضَانَ، مُكَفِّرَاتٌ مَا بَيْنَهُنَّ إِذَا اجْتَنَبَ الْكَبَائِرَ" پانچوں نمازیں، جمعہ سے جمعہ تک اور ایک رمضان سے لیکر دوسرے رمضان تک اُن تمام گناہوں کا کفارہ ہیں جو اُن کے درمیان ہوتے ہیں، جبکہ کبیرہ گناہوں سے بچا جائے۔(مسلم:233)

حضرت ابو ہریرہ رَضِیَ اللہُ عَنْہُ سے نبی کریم صَلَّی اللہُ عَلَیْہِ وَسَلَّم کا یہ اِرشاد منقول ہے:

"شَهْرُ رَمَضَانَ يُكَفِّرُ مَا بَيْنَ يَدَيْهِ إِلَى شَهْرِ رَمَضَانَ الْمُقْبِلِ"

رمضان کا مہینہ آنے والے رمضان کے مہینے تک ہونے والوں گناہوں کیلئے کفارہ ہے۔(فضائل رمضان لابن ابی الدنیا:36)

اِس سے معلوم ہوا کہ رمضان المُبارک کا مہینہ سال کے گیارہ مہینوں کے صغیرہ گناہوں کی بخشش کا ذریعہ ہوتا ہے، اور اِسی کے ساتھ اگر توبہ کرکے کبیرہ گناہ بھی معاف کروالیے جائیں تو کیا ہی کہنا!!۔

ایک روایت میں ہے، نبی کریم صَلَّی اللہُ عَلَیْہِ وَسَلَّم نے اِرشاد فرمایا: "وَهُوَ شَهْرٌ أَوَّلُهُ رَحْمَةٌ، وَأَوْسَطُهُ مَغْفِرَةٌ، وَآخِرُهُ عِتْقٌ مِنَ النَّارِ" اِس مہینے کا پہلا عشرہ رحمت کا، دوسرا مغفرت کا اور تیسرا جہنم سے نجات کا عشرہ ہے۔(شعب الایمان:3336)

حضرت ابو ہریرہ رَضِیَ اللہُ عَنْہُ کی روایت میں رمضان المُبارک کی اُن خصوصیات میں سے جو صرف اِس اُمّت کو دی گئی ہیں، ایک خصوصیت یہ بھی بیان کی گئی ہے:

"وَيُغْفَرُ لَهُمْ فِي آخِرِ لَيْلَةٍ، قِيلَ:يَا رَسُولَ اللهِ!أَهِيَ لَيْلَةُ الْقَدْرِ؟ قَالَ:لَا، وَلَكِنَّ الْعَامِلَ إِنَّمَا يُوَفَّى أَجْرَهُ إِذَا قَضَى عَمَلَهُ"رمضان المبارک کی آخری شب میں سب کی مغفرت کردی جاتی ہے، کسی نے دریافت کیا: یارسول اللہ! کیا یہ شبِ قدر ہے؟ آپ ﷺ نے اِرشاد فرمایا: نہیں بلکہ دستور یہ ہے کہ مزدور جب اپنا کام ختم کرلے تو اُس کو اُجرت چُکادی جاتی ہے۔(مسند احمد:7917)

حضرت عبادہ بن صامت رضی اللہ عنہ سے مروی ہے کہ ایک دفعہ نبی کریم ﷺ نے رمضان کے قریب اِرشاد فرمایا:

"أَتَاكُم رَمَضَانُ شَهْرُ بَرَكَةٍ يَغْشَاكُمُ اللهُ فِيهِ فَيُنْزِلُ الرَّحْمَةَ وَ يَحُطُّ الْخَطَايَا وَيَسْتَجِيبُ فِيهِ الدُّعَاءَ"رمضان کا مہینہ آگیا ہے جو بڑی برکت والا ہے، اللہ تعالیٰ اس میں تمہاری طرف متوجہ ہوتے ہیں، اپنی رحمتِ خاصہ نازل فرماتے ہیں، خطاؤں کو معاف کرتے ہیں اور دعاء کو قبول کرتے ہیں۔(الترغیب والترھیب:1490)

حضرت ابوہریرہ رضی اللہ عنہ فرماتے ہیں کہ نبی کریم ﷺ نے اِرشاد فرمایا:

"نِعْمَ الشَّهْرُ شَهْرُ رَمَضَانَ، تُفْتَحُ فِيهِ أَبْوَابُ الْجِنَانِ، وَتُصَفَّدُ فِيهِ مَرَدَةُ الشَّيَاطِينِ، وَيُغْفَرُ فِيهِ إِلَّا لِمَنْ أَبَى"

رمضان کا مہینہ کیا ہی بہترین مہینہ ہے!!اس میں جنت کے دروازے کھولے جاتے ہیں، سرکش شیاطین کو قید کردیا جاتا ہے اور اس میں (عُمومی طور پر سب ہی کی) مغفرت کردی جاتی ہے سوائے اُس شخص کے جو(اپنی بد اَعمالیوں کے ذریعہ مغفرت کے حصول سے)انکار کرے۔(کنز العمال:23701)

## ⑪ رمضان المُبارک جہنّم سے نجات کامہینہ ہے:

حضرت ابو سعید خدری رضی اللہ عنہ نبی کریم صلی اللہ علیہ وسلم کا یہ اِرشاد نقل فرماتے ہیں:

**”إِنَّ لِلَّهِ تَبَارَكَ وَتَعَالَى عُتَقَاءَ فِي كُلِّ يَوْمٍ وَلَيْلَةٍ يَعْنِي:فِي رَمَضَانَ وَإِنَّ لِكُلِّ مُسْلِمٍ فِي كُلِّ يَوْمٍ وَلَيْلَةٍ دَعْوَةً مُسْتَجَابَةً“**

رمضان المُبارک کی ہر شب و روز میں اللہ تعالیٰ کے یہاں سے (جہنم کے )قیدی چھوڑے جاتے ہیں، اور ہر مسلمان کیلئے ہر شب و روز میں ایک دعاء ضرور قبول ہوتی ہے۔(کشف الاستار عن زوائد البزار:963)

ایک اور روایت میں ہے:

**”وَلِلَّهِ عُتَقَاءُ مِنَ النَّارِ، وَذَلِكَ كُلُّ لَيْلَةٍ“** رمضان المُبارک میں اللہ تعالیٰ کی جانب سے ہر شب کو جہنم سے لوگوں کو آزاد کیا جاتا ہے۔(ترمذی:682)

حضرت ابو امامہ رضی اللہ عنہ نبی کریم صلی اللہ علیہ وسلم کا اِرشاد نقل فرماتے ہیں: **”إِنَّ لِلَّهِ عَزَّ وَجَلَّ عِنْدَ كُلِّ فِطْرَةٍ عُتَقَاءَ مِنَ النَّارِ“** بیشک اللہ تعالیٰ کی جانب سے ہر اِفطاری کے قت جہنم سے لوگوں کو آزاد کیا جاتا ہے۔(شعب الایمان:3333)

## ⑫ رمضان المُبارک دعاؤں کی قبولیت کامہینہ ہے:

حضرت ابو سعید خدری رضی اللہ عنہ نبی کریم صلی اللہ علیہ وسلم کا یہ اِرشاد نقل فرماتے ہیں: **”وَإِنَّ لِكُلِّ مُسْلِمٍ فِي كُلِّ يَوْمٍ وَلَيْلَةٍ دَعْوَةً مُسْتَجَابَةً“** رمضان المُبارک کی ہر شب و روز میں اللہ تعالیٰ کے یہاں سے (جہنم کے )قیدی چھوڑے جاتے ہیں، اور ہر مسلمان کیلئے ہر شب و روز میں ایک دعاء ضرور قبول ہوتی ہے۔(کشف الاستار عن زوائد البزار:963)

حضرت عبادہ بن صامت رضی اللہ عنہ سے مروی ہے کہ ایک دفعہ رمضان کے قریب اِرشاد فرمایا: "أَتَاكُم رَمَضَانُ شَهْرُ بَرَكَةٍ يَغْشَاكُمُ اللهُ فِيهِ فَيُنْزِلُ الرَّحْمَةَ وَ يَحُطُّ الْخَطَايَا وَيَسْتَجِيْبُ فِيهِ الدُّعَاءَ"

رمضان کا مہینہ آگیا ہے جو بڑی برکت والا ہے، اللہ تعالیٰ اس میں تمہاری طرف متوجہ ہوتے ہیں اور اپنی رحمتِ خاصہ نازل فرماتے ہیں، خطاؤں کو معاف کرتے ہیں، دعاء کو قبول کرتے ہیں۔ (الترغیب والترھیب:1490)

## ۱۳ جنت اور حور کو رمضان المُبارک کیلئے آراستہ کیا جاتا ہے:

حضرت ابن عبّاس رضی اللہ عنہما سے مرفوعاً منقول ہے:

"إِنَّ الْجَنَّةَ لَتُزَيَّنُ مِنَ السَّنَةِ إِلَى السَّنَةِ لِشَهْرِ رَمَضَانَ، وَإِنَّ الْحُورَ الْعِينَ لَتَتَزَيَّنُ مِنَ السَّنَةِ إِلَى السَّنَةِ لِشَهْرِ رَمَضَانَ" جنت ایک سال سے دوسرے سال تک (یعنی پورے سال) رمضان کے مہینے کیلئے آراستہ کی جاتی ہے، اور حورِ عین بھی ایک سال سے دوسرے سال تک رمضان کے مہینے کیلئے آراستہ ہوتی ہے۔

پھر جب رمضان کا مہینہ داخل ہوتا ہے تو جنّت کہتی ہے:

"اللَّهُمَّ اجْعَلْ لَنَا فِي هَذَا الشَّهْرِ مِنْ عِبَادِكَ سُكَّانًا"

اے اللہ! اِس مہینے میں اپنے بندوں میں سے ہمارے ساتھ رہنے والے مقرر کر دیجئے۔

اور حورِ عین بھی کہتی ہے:

"اللَّهُمَّ اجْعَلْ لَنَا فِي هذا الشَّهْرِ مِنْ عِبَادِكَ أَزْوَاجًا" اے اللہ! ہمارے لئے اِس مہینے میں اپنے بندوں میں سے جوڑے بنا دیجئے۔ (طبرانی اوسط:3688)

حضرت ابن عمر رضی اللہ عنہما سے مروی ہے کہ نبی کریم صلی اللہ علیہ وسلم نے اِرشاد فرمایا:

"إِنَّ الْجَنَّةَ لَتُزَخْرَفُ لِرَمَضَانَ مِنْ رَأْسِ الْحَوْلِ إِلَى حَوْلٍ قَابِلٍ"

جنت کو رمضان کیلئے سال کے شروع سے آنے والے سال تک مزیّن کیا جاتا ہے پھر جب رمضان کا پہلا دن ہوتا ہے تو عرش کے نیچے سے ایک ہوا چلتی ہے جو جنت کے پتوں سے ہوتی ہوئی حورِ عین پر پھیل جاتی ہے، پس وہ کہتی ہیں:

"يَا رَبِّ!اجْعَلْ لَنَا مِنْ عِبَادِكَ أَزْوَاجًا تَقَرُّ بِهِمْ أَعْيُنُنَا وَتُقِرُّ أَعْيُنَهُمْ بِنَا"

اے پروردگار! اپنے بندوں میں سے ہمارے لئے خاوند بنادیجئے جن سے ہماری آنکھیں اور ہم سے اُن کی آنکھیں ٹھنڈی ہوں۔(شعب الایمان:3360)

حضرت ابوہریرہ رضی اللہ عنہ کی روایت میں رمضان المُبارک کی اُن خصوصیات میں سے جو صرف اِس اُمّت کو دی گئی ہیں، ایک خصوصیت یہ بھی بیان کی گئی ہے:

"وَيُزَيِّنُ اللهُ عَزَّ وَجَلَّ كُلَّ يَوْمٍ جَنَّتَهُ، ثُمَّ يَقُولُ:يُوشِكُ عِبَادِي الصَّالِحُونَ أَنْ يُلْقُوا عَنْهُمُ الْمَئُونَةَ وَالْأَذَى وَيَصِيرُوا إِلَيْكِ" اللہ تعالیٰ ہر دن جنت کو مزیّن کرتے ہیں اور پھر اِرشاد فرماتے ہیں: قریب ہے کہ میرے نیک بندے (دنیا کی) مشقتیں اپنے اوپر سے پھینک کر تیری طرف آئیں۔(مسند احمد:7917)

## ⑭ رمضان المُبارک میں اعمال کا اجر و ثواب بڑھ جاتا ہے:

اِس مُبارک مہینے میں نفل کا ثواب دوسرے مہینوں کے فرض کے برابر اور فرض کا ثواب دوسرے مہینوں کے 70 فرائض کے برابر ہوجاتا ہے، چنانچہ حضرت سلمان

فارسی رَضِیَ اللہُ عَنْہُ کی وہ طویل حدیث جس میں آپ صَلَّی اللہُ عَلَیْہِ وَسَلَّم نے شعبان کے آخر میں خطبہ دیا تھا اُس میں رمضان کی ایک فضیلت یہ بھی ذکر کی گئی ہے، آپ صَلَّی اللہُ عَلَیْہِ وَسَلَّم نے اِرشاد فرمایا:

”مَنْ تَقَرَّبَ فِيهِ بِخَصْلَةٍ مِنَ الْخَيْرِ كَانَ كَمَنْ أَدَّى فَرِيضَةً فِيمَا سِوَاهُ، وَمَنْ أَدَّى فَرِيضَةً فِيهِ كَانَ كَمَنْ أَدَّى سَبْعِينَ فَرِيضَةً فِيمَا سِوَاهُ“

جو شخص اِس مہینے میں کسی نیکی کے ساتھ اللہ تعالیٰ کا قرب حاصل کرے وہ ایسا ہے جیسا کہ اُس نے غیر رمضان میں فرض کو اداء کیا اور جو شخص اِس مہینے میں کسی فرض کو اداء کرے وہ ایسا ہے جیسے غیر رمضان میں 70 فرض اداء کرے۔(شعب الایمان:3336)

حضرت ابوہریرہ رَضِیَ اللہُ عَنْہُ سے مَروی ہے کہ نبی کریم صَلَّی اللہُ عَلَیْہِ وَسَلَّم اِرشاد فرماتے ہیں:

”فَاتَّقُوا شَهْرَ رَمَضَانَ، فَإِنَّ الْحَسَنَاتِ تُضَاعَفُ فِيهِ مَا لَا تُضَاعَفُ فِيمَا سِوَاهُ وَكَذَلِكَ السَّيِّئَاتُ“ رمضان کے مہینے میں (اللہ تعالیٰ سے) ڈرتے رہنا کیونکہ اِس مہینے میں نیکیوں (کے اجر) کو اِس قدر بڑھادیا جاتا ہے جتنا رمضان کے علاوہ کسی مہینے میں نہیں بڑھایا جاتا، اِسی طرح گناہوں (کے وَبال) کو بھی (اِس قدر بڑھادیا جاتا ہے جتنا رمضان کے علاوہ کسی مہینے میں نہیں بڑھایا جاتا)۔(طبرانی اوسط:4827)

حضرت سیدنا عبد اللہ ابن عمر رَضِیَ اللہُ عَنْہُمَا فرماتے ہیں کہ نبی کریم صَلَّی اللہُ عَلَیْہِ وَسَلَّم رمضان المُبارک کے آنے سے پہلے لوگوں کو خطبہ دیتے اور اِرشاد فرماتے:

”أَتَاكُمْ شَهْرُ رَمَضَانَ فَشَمِّرُوْا لَهُ وَأَحْسِنُوْا نِيَاتِكُمْ فِيهِ، وَعَظِّمُوْا حُرْمَتَهُ، فَإِنَّ حُرْمَتَهُ عِنْدَ اللهِ مِنْ أَعْظَمِ الْحُرُمَاتِ فَلَا تَنْتَهِكُوا فَإِنَّ الْحَسَنَاتِ وَالسَّيِّئَاتِ تُضَاعَفُ فِيْهِ“ تمہارے پاس رمضان کا مہینہ آرہا ہے پس تم اُس کیلئے

تیاری کرواور اُس میں اپنی نیتوں کو درست کرلو اور اُس کی حُرمت کی تعظیم کرو اِس لئے کہ اِس کی حُرمت اللہ تعالیٰ کے نزدیک سب سے بڑی حرمت ہے، پس تم اُسے پامال مت کرنا، بیشک رمضان میں نیکیاں اور بُرائیاں دونوں بڑھادی جاتی ہیں (یعنی اُن کا ثواب اور وَبال بڑھادیا جاتا ہے)۔(کنز العمال عن الدّیلمی: 24269)

### ⑮ رمضان المُبارک میں مؤمن کا رزق بڑھادیا جاتا ہے:

اِس عظیم اور بابرکت مہینے کی برکتوں کا ظہور مؤمن کے رزق میں بھی ہوتا ہے، چنانچہ حضرت سلمان فارسی رَضِیَ اللہُ عَنْہُ کی اُسی طویل حدیث میں آپ صَلَّی اللہُ عَلَیْہِ وَسَلَّم کا یہ اِرشاد منقول ہے: ”شَهْرٌ يَزْدَادُ فِيهِ رِزْقُ الْمُؤْمِنِ“ رمضان المُبارک کا مہینہ وہ عظیم مہینہ ہے جس میں مؤمن کا رزق بڑھ جاتا ہے۔(صحیح ابن خزیمہ 1888)(شعب الایمان: 3336)

اور یہ ایک ایسی حقیقت ہے جس کا ہر شخص کھلی آنکھوں مشاہدہ کرتا ہے کہ ایک غریب اور مفلس شخص کو بھی رمضان المُبارک میں وہ عُمدہ اور بیش بہا کھانے نصیب ہوتے ہیں جس کی بعض اوقات اُسے سال بھر شکل دیکھنے کو بھی نہیں ملتی، یہ سب یقیناً رمضان المبارک کی برکتیں ہیں جو اللہ تعالیٰ ہر صاحبِ ایمان کو نصیب فرماتے ہیں۔

### ⑯ رمضان المُبارک اللہ تعالیٰ کا مہینہ ہے:

یہ وہ عظیم اور بابرکت مہینہ ہے جس کی نسبت اللہ تعالیٰ کی طرف کی گئی ہے، نبی کریم صَلَّی اللہُ عَلَیْہِ وَسَلَّم نے رمضان المُبارک کو اللہ تعالیٰ کا مہینہ قرار دیا ہے، چنانچہ اِرشاد فرمایا:

”شَعْبَانُ شَهْرِيْ وَ رَمَضَانُ شَهْرُ اللهِ“

شعبان میرا مہینہ اور رمضان اللہ تعالیٰ کا مہینہ ہے۔(کنز العمّال عن الدّیلمی: 35172)

حضرت ابن عباس رضی اللہ عنہما کی ایک روایت میں نبی کریم صلی اللہ علیہ وسلم کا یہ اِرشاد نقل کیا گیا ہے:

**"فَاتَّقُوا شَهْرَ رَمَضَانَ، فَإِنَّهِ شَهْرُ اللهِ"**

رمضان المُبارک کے مہینے میں (اللہ تعالیٰ سے) ڈرتے رہنا، اِس لئے کہ یہ اللہ تعالیٰ کا مہینہ ہے۔ (شعب الایمان:3359)

## ماہِ رمضان کی بے اَدبی اور بے احترامی کی وعیدیں

جب کسی چیز کی فضیلت زیادہ ہوتی ہے تو یقیناً اُس کی بے ادبی و بے احترامی اور ناقدری کرنے کی وجہ سے عذاب اور پکڑ بھی زیادہ ہوتی ہے، یہی وجہ ہے کہ رمضان المُبارک کی ناقدری کرنے والے کیلئے احادیث طیبہ میں بڑی سخت اور شدید وعیدیں ذکر کی گئی ہیں، جن سے معلوم ہوتا ہے کہ رمضان المبارک کی ناقدری صرف ایک ناجائز عمل ہی نہیں بلکہ گناہِ کبیرہ اور دنیا و آخرت کی ہلاکت کا باعث ہے۔

حدیثِ پاک میں ہے، حضرت سیّد تنا امّاں عائشہ صدیقہ رضی اللہ عنہا فرماتی ہیں:

”كَانَ رَسُولُ اللهِ صَلَّى اللّٰهُ عَلَيْهِ وَسَلَّمَ إِذَا دَخَلَ رَمَضَانُ تَغَيَّرَ لَوْنُهُ وَكَثُرَتْ صَلَاتُهُ، وَابْتَهَلَ فِي الدُّعَاءِ، وَأَشْفَقَ مِنْهُ“ جب رمضان المُبارک آتا تو نبی کریم صلی اللہ علیہ وسلم کا رنگ متغیر ہو جاتا، آپ کی نمازیں زیادہ ہو جاتیں، آپ دعاء میں گڑ گڑانے لگتے، اور آپ پر خوف طاری ہو تا۔ (شعب الایمان:3353)

ذیل میں رمضان کی بے ادبی، بے احترامی اور ناقدری کی چند وعیدیں ذکر کی جارہی ہیں جن سے کسی قدر اس ماہِ مبارک کی ناقدری کی قباحت کا اندازہ لگایا جاسکتا ہے:

### ❶ پہلی وَعید: ہلاکت اور بَربادی:

حضرت کعب بن عُجرہ رضی اللہ عنہ سے مَروی ہے کہ ایک مرتبہ نبی کریم صلی اللہ علیہ وسلم نے اِرشاد فرمایا: ”اُحْضَرُوا الْمِنْبَرَ“ منبر کے قریب ہو جاؤ، ہم لوگ حاضر ہوگئے، جب حضور صلی اللہ علیہ وسلم نے منبر کی پہلی سیڑھی پر قدم رکھا تو فرمایا: ”آمین“، جب دوسری سیڑھی پر قدم رکھا تو فرمایا: ”آمین“، جب تیسری سیڑھی پر قدم رکھا تو فرمایا: ”آمین“۔ جب

آپ ﷺ خطبہ سے فارغ ہو کر نیچے اُترے تو ہم نے عرض کیا: ”لَقَدْ سَمِعْنَا مِنْكَ الْيَوْمَ شَيْئًا مَا كُنَّا نَسْمَعُهُ“ ہم نے آج آپ سے (منبر پر چڑھتے ہوئے) ایسی بات سنی جو پہلے کبھی نہیں سنی، آپ نے اِرشاد فرمایا: اس وقت جبریل میرے پاس آئے تھے (جب پہلی سیڑھی پر میں نے پاؤں رکھا تو) اُنہوں نے کہا:

”بُعْدًا لِمَنْ أَدْرَكَ رَمَضَانَ فَلَمْ يَغْفَرْ لَهُ“

ہلاک ہو جائے وہ شخص جس نے رمضان کا مہینہ پایا پھر بھی اُس کی مغفرت نہیں ہوئی، میں نے کہا ”آمین“۔

پھر جب میں نے دوسری سیڑھی پر پاؤں رکھا تو اُنہوں نے کہا: ”بُعْدًا لِمَنْ ذُكِرْتَ عِنْدَهُ فَلَمْ يُصَلِّ عَلَيْكَ“ ہلاک ہو جائے وہ شخص جس کے سامنے آپ کا ذکر مُبارک ہو اور وہ آپ (ﷺ) پر درود نہ بھیجے، میں نے کہا: ”آمین“۔

پھر میں جب میں نے تیسری سیڑھی پر پاؤں رکھا تو اُنہوں نے کہا:

”بُعْدًا لِمَنْ أَدْرَكَ أَبَوَاهُ الْكِبَرَ عِنْدَهُ أَوْ أَحَدُهُمَا فَلَمْ يُدْخِلَاهُ الْجَنَّةَ“

ہلاک و برباد ہو جائے وہ شخص جس کے سامنے اس کے والدین یا اُن میں سے کوئی ایک بڑھاپے کی حالت میں پہنچے اور وہ اُن کی خدمت کر کے جنت میں داخل نہ ہو میں نے کہا: ”آمین“۔(مستدرکِ حاکم:7256)

سارے فرشتوں کے سردار حضرت جبریل علیہ السلام کی بد دُعاء اور سید الانبیاء حضرت محمّد ﷺ کا اُس پر آمین کہنا، اس کے بعد اس کی قبولیت میں کیا شک رہ جاتا ہے۔۔۔!!

اللہ تعالیٰ تمام مسلمانوں کو اِس بد دُعاء کا مِصداق بننے سے محفوظ فرمائے۔ آمین

### ❷ دوسری وَعید: شقاوت اور بد بختی:

حضرت عبادہ بن صامت رَضِیَ اللّٰہُ عَنہُ سے مروی ہے کہ ایک دفعہ رمضان کے قریب اِرشاد فرمایا: ”يَنْظُرُ اللهُ تَعَالَى إِلَى تَنافُسِكُمْ فِيهِ وَيُبَاهِي بِكُمْ مَلَائِكَته فَأَرُوا اللهَ مِنْ أَنْفُسِكُمْ خَيْراً فَإِن الشَّقِيَّ مَنْ حَرُمَ فِيهِ رَحْمَةَ اللهِ عَزَّ وَجَلَّ“

اللہ تعالیٰ رمضان کے مہینے میں (عبادت اور خیر کے کام میں) تمہارے ایک دوسرے سے آگے بڑھنے کو دیکھتے ہیں اور تمہارے ذریعہ فرشتوں پر فخر کرتے ہیں، پس تم اللہ تعالیٰ کو اپنی نیکی دکھاؤ، بد نصیب ہے وہ شخص جو اِس مہینے میں اللہ تعالیٰ کی رحمت سے محروم رہ جائے۔ (الترغیب والترھیب:1490)

### ❸ تیسری وعید: رمضان میں مغفرت نہ ہوئی تو کب ہوگی:

حضرت انس رَضِیَ اللّٰہُ عَنہُ نبی کریم صَلَّی اللّٰہُ عَلَیہِ وَسَلَّم کا یہ اِرشاد نقل فرماتے ہیں:

”بُعْدًا لِمَنْ أَدْرَكَ رَمَضَانَ لَمْ يُغْفَرْ لَهُ فِيهِ، إِذَا لَمْ يُغْفَرْ لَهُ فِيهِ فَمَتَى“

ہلاکت ہو اُس شخص کیلئے جو رمضان کا مہینہ پائے اور اُس کی مغفرت نہ ہو، جب رمضان میں بھی اُس کی مغفرت نہ ہوئی تو پھر کب ہوگی...!!۔ (ابن ابی شیبہ: 8871)

### ❹ چوتھی وعید: رمضان میں مغفرت نہ چاہنے والے کی مغفرت نہیں ہوتی:

حضرت ابو ہریرہ رَضِیَ اللّٰہُ عَنہُ فرماتے ہیں کہ نبی کریم صَلَّی اللّٰہُ عَلَیہِ وَسَلَّم نے اِرشاد فرمایا:

”نِعْمَ الشَّهْرُ شَهْرُ رَمَضَانَ، تُفْتَحُ فِيهِ أَبْوَابُ الْجِنَانِ، وَتُصَفَّدُ فِيهِ مَرَدَةُ الشَّيَاطِينِ وَيُغْفَرُ فِيهِ إِلا لِمَنْ أَبَى. قَالُوا: وَمَنْ يَأْبَى يَا أَبَا هُرَيْرَةَ؟ قَالَ: الَّذِي يَأْبَى أَنْ يَسْتَغْفِرَ اللَّهَ عَزَّ وَجَلَّ“ رمضان کا مہینہ کیا ہی بہترین مہینہ ہے!! اس میں

جنت کے دروازے کھولے جاتے ہیں سرکش شیاطین کو قید کر دیا جاتا ہے اور اس میں مغفرت کر دی جاتی ہے سوائے اُس شخص کے جو انکار کرے، لوگوں نے دریافت کیا کہ انکار کون کرتا ہے؟ حضرت ابوہریرہ رَضِیَ اللّٰہُ عَنۡہُ نے فرمایا: جو (اپنے قول یا عمل سے) یہ چاہتا ہی نہ ہو کہ اللہ تعالیٰ اُس کی مغفرت کرے۔ (کنز العمّال: 23701)

**⑤ پانچویں وعید: رمضان میں گناہوں کا وَبال اور عذاب بڑھ جاتا ہے:**

حضرت ابوہریرہ رَضِیَ اللّٰہُ عَنۡہُ سے مروی ہے کہ نبی کریم صَلَّی اللّٰہُ عَلَیۡہِ وَسَلَّم اِرشاد فرماتے ہیں:

"إِنَّ أُمَّتِي لَنْ تَخْزَى مَا أَقَامُوا صِيَامَ رَمَضَانَ" بیشک میری امّت ہرگز ذلیل نہیں ہوگی جب تک وہ رمضان المبارک کے روزوں کو قائم رکھے گی۔ کسی نے دریافت کیا: "وَمَا خِزْيُهُمْ فِي إِضَاعَةِ شَهْرِ رَمَضَانَ؟" یا رسول اللہ! رمضان کے مہینے کو ضائع کرنے میں لوگوں کی ذلّت کیا ہے؟ آپ صَلَّی اللّٰہُ عَلَیۡہِ وَسَلَّم نے اِرشاد فرمایا:

"اِنْتِهَاكُ الْمَحَارِمِ فِيهِ" رمضان کے مہینے میں حرام کاموں کا ارتکاب کرنا۔

اس کے بعد آپ صَلَّی اللّٰہُ عَلَیۡہِ وَسَلَّم نے رمضان کے مہینے میں گناہ کرنے کی سخت وعید بیان کرتے ہوئے اِرشاد فرمایا: "مَنْ عَمِلَ فِيهِ زِنًى أَوْ شَرِبَ خَمْرًا لَعَنَهُ اللَّهُ، وَمَنْ فِي السَّمَوَاتِ إِلَى مِثْلِهِ مِنَ الْحَوْلِ، فَإِنْ مَاتَ قَبْلَ أَنْ يُدْرِكَ شَهْرَ رَمَضَانَ، فَلَيْسَتْ لَهُ عِنْدَ اللَّهِ حَسَنَةٌ يَتَّقِي بِهَا النَّارَ" جو رمضان کے مہینے میں زنا کرے یا شراب پیئے اللہ تعالیٰ اور آسمان کے فرشتے اُس پر ایک سال تک لعنت کرتے رہتے ہیں پس اگر وہ (اگلے سال) رمضان کے مہینے کو پانے سے پہلے پہلے مر جائے تو اللہ تعالیٰ کے حضور اُس کے پاس کوئی ایسی نیکی نہ ہوگی جس کے ذریعہ وہ جہنم کی آگ سے بچ سکے۔

پھر اِرشاد فرمایا:"فَاتَّقُوا شَهْرَ رَمَضَانَ، فَإِنَّ الْحَسَنَاتِ تُضَاعَفُ فِيهِ مَا لَا تُضَاعَفُ فِيمَا سِوَاهُ وَكَذٰلِكَ السَّيِّئَاتُ" رمضان کے مہینے میں (اللہ تعالیٰ سے) ڈرتے رہنا کیونکہ اِس میں نیکیوں (کے اجر) کو اِس قدر بڑھایا جاتا ہے جتنا رمضان کے علاوہ کسی مہینے میں نہیں بڑھایا جاتا، اِسی طرح گناہوں (کے وَبال) کو بھی (اتنا بڑھادیا جاتا ہے جتنا رمضان کے علاوہ کسی مہینے میں نہیں بڑھایا جاتا)۔(طبرانی اوسط:4827)

حضرت ابن عمر رضی اللہ عنہما فرماتے ہیں کہ نبی کریم صلی اللہ علیہ وسلم رمضان سے پہلے خطبہ دیتے اور اس میں اِرشاد فرماتے: "فَإِنَّ الْحَسَنَاتِ وَالسَّيِّئَاتِ تُضَاعَفُ فِيْهِ" بیشک رمضان میں نیکیاں اور بُرائیاں بڑھادی جاتی ہیں۔(کنز العمال عن الدّیلمی:24269)

مذکورہ بالا روایات سے معلوم ہوا کہ رمضان المُبارک کی ناقدری کس قدر خطرناک معاملہ ہے جس کی وجہ سے ہلاکت، بد بختی اور بربادی اِنسان کا مقدّر ہو جاتی ہے۔

## روزہ نہ رکھنے کی سخت اور شدید وعیدیں

رمضان المُبارک کی ناقدری کی ایک بہت بڑی شکل یہ ہے کہ اِنسان ہٹا کٹا ہونے کے باوجود روزہ نہ رکھے، جیسا کہ عُموماً دیکھنے میں آتا ہے کہ معمولی معمولی عُذر جیسے پان سگریٹ وغیرہ کے نشہ کی وجہ سے لوگ روزہ چھوڑ دیتے ہیں، بلکہ بعض تو بغیر کسی وجہ کے بھی روزہ ترک کر دیتے ہیں اور اِس سے بھی بڑا گناہ اور ظلم یہ ہے کہ کھلم کھلا اور علی الاِعلان سڑکوں اور شاہراہوں پر روزہ خوری کی جائے جیسے بعض علاقوں میں ہوٹل چل رہے ہوتے ہیں، کھانے پینے کی دوکانیں چل رہی ہوتی ہیں، یاد رکھیں! یہ سب اللہ کے عذاب کو دَعوت دینے اور اُس کے قہر و غضب کو متوجہ کرنے والے کام ہیں۔

ذیل میں احادیثِ طیّبہ سے ماخوذ روزہ ترک کرنے کی چند وعیدیں ذکر کی جارہی ہیں جن کو پڑھ کر اِس گناہ کی شدّت کا کسی قدر اَندازہ کیا جاسکتا ہے۔ اللہ تعالیٰ تمام مسلمانوں کو رَمضان کی اِس بے ادبی سے اور اِس جرمِ عظیم سے محفوظ فرمائے۔

## پہلی وعید: اِسلام کے ستون کو ضائع کرنا:

حضرت عبد اللہ بن عُمر رَضِیَ اللہُ عَنْہُمَا سے مَروی ہے کہ نبی کریم صَلَّی اللہُ عَلَیْہِ وَسَلَّمَ نے اِرشاد فرمایا:

”بُنِيَ الْإِسْلَامُ عَلَى خَمْسٍ، شَهَادَةِ أَنْ لَا إِلَهَ إِلَّا اللهُ، وَأَنَّ مُحَمَّدًا عَبْدُهُ وَرَسُولُهُ، وَإِقَامِ الصَّلَاةِ، وَإِيتَاءِ الزَّكَاةِ،وَحَجِّ الْبَيْتِ، وَصَوْمِ رَمَضَانَ“

اسلام کی بنیاد پانچ چیزوں پر ہے: یہ گواہی دینا کہ اللہ تعالی کے علاوہ کوئی معبود برحق نہیں، اور حضرت محمد صَلَّی اللہُ عَلَیْہِ وَسَلَّمَ اللہ تعالی کے رسول ہیں، اور نماز قائم کرنا، زکوۃ ادا کرنا، حج کرنا، اور رمضان المبارک کے روزے رکھنا۔ (بخاری:8)

حدیثِ مذکور سے معلوم ہوا کہ روزہ دینِ اِسلام کا ستون ہے، اور اس پر اِسلام کی بنیاد قائم ہے، اس پر اِسلام کی پوری عمارت کا مدار رکھا گیا ہے، لہٰذا جو شخص روزہ نہیں رکھتا وہ دراصل اِسلام کی بنیاد اور اُس کے ستون ہی کو پامال کر دیتا ہے، پس ایسے شخص سے دین کے دوسرے اَعمال کی کیا اُمید کی جاسکتی ہے؟

## دوسری وعید: روزہ نہ رکھنا کافرانہ طرزِ عمل ہے:

نبی کریم صَلَّی اللہُ عَلَیْہِ وَسَلَّمَ کا اِرشاد ہے:

”عُرَى الْإِسْلَامِ وَقَوَاعِدُ الدِّينِ ثَلَاثَةٌ عَلَيْهِنَّ أُسِّسَ الْإِسْلَامُ
مَنْ تَرَكَ مِنْهُنَّ وَاحِدَةً فَهُوَ بِهَا كَافِرٌ حَلَالُ الدَّمِ: شَهَادَةُ

أَنْ لَا إِلَهَ إِلَّا اللَّهُ وَالصَّلَاةُ الْمَكْتُوبَةُ وَصَوْمُ رَمَضَانَ"

اسلام کے (مضبوط) کڑے اور دین کی بنیاد تین چیزیں ہیں جن پر دین اسلام کی اساس (یعنی بنیاد) قائم کی گئی ہے جس نے بھی ان میں سے کسی ایک کو بھی ترک کر دیا وہ کافر ہے اور اس کا خون حلال ہے، اور وہ تین چیزیں یہ ہیں: اس بات کی گواہی دینا کہ اللہ تعالیٰ کے علاوہ کوئی عبادت کے لائق نہیں، فرض نماز اداء کرنا اور رمضان شریف کے روزے رکھنا۔ (مسند ابویعلیٰ موصلی:2349)

**تیسری وعید: روزہ ترک کرنے والا ساری زندگی اُس کی تلافی نہیں کر سکتا:**

نبی کریم صَلَّی اللّٰہُ عَلَیْہِ وَسَلَّم کا اِرشاد ہے:

"مَنْ أَفْطَرَ يَوْمًا مِنْ رَمَضَانَ مِنْ غَيْرِ رُخْصَةٍ وَلَا مَرَضٍ
لَمْ يَقْضِ عَنْهُ صَوْمُ الدَّهْرِ كُلِّهِ وَإِنْ صَامَهُ"

جس نے رمضان کا ایک روزہ بھی بغیر کسی رخصت اور بیماری کے ترک کر دیا تو ساری زندگی بھی وہ روزہ رکھے تو اُس کو پورا نہیں کر سکتا۔ (ترمذی:723)

**چوتھی وعید: روزہ نہ رکھنے والا نبی کریم صَلَّی اللّٰہُ عَلَیْہِ وَسَلَّم کا حقیقی دُشمن ہے:**

نبی کریم صَلَّی اللّٰہُ عَلَیْہِ وَسَلَّم نے اِرشاد فرمایا:

"ثَلَاثٌ مَنْ حَفِظَهُنَّ فَهُوَ وَلِيِّي حَقًّا، وَمَنْ ضَيَّعَهُنَّ فَهُوَ عَدُوِّي حَقًّا: الصَّلَاةُ وَالصِّيَامُ وَالْجَنَابَةُ" تین چیزیں ایسی ہیں کہ جو شخص ان چیزوں کی حفاظت کرے وہ میرا حقیقی دوست ہے اور جو انہیں ضائع کر دے وہ میرا حقیقی دشمن ہے: ایک نماز کا پڑھنا، دوسرا روزہ رکھنا اور تیسرا جنابت کا غسل کرنا۔ (طبرانی اوسط:8961)

## پانچویں وعید: ایک سخت اور عبرتناک عذاب:

حضرت ابو امامہ باہلی رضی اللہ عنہ فرماتے ہیں کہ میں نے نبی کریم صلی اللہ علیہ وسلم سے سنا ہے:

"بَيْنَا أَنَا نَائِمٌ إِذْ أَتَانِي رَجُلَانِ فَأَخَذَا بِضَبْعَيَّ فَأَتَيَا بِي جَبَلًا وَعْرًا فَقَالَا لِي: اصْعَدْ حَتَّى إِذَا كُنْتُ فِي سَوَاءِ الْجَبَلِ فَإِذَا أَنَا بِصَوْتٍ شَدِيدٍ فَقُلْتُ: مَا هَذِهِ الْأَصْوَاتُ؟ قَالَ: هَذَا عُوَاءُ أَهْلِ النَّارِ، ثُمَّ انْطَلَقَ بِي فَإِذَا بِقَوْمٍ مُعَلَّقِينَ بِعَرَاقِيبِهِمْ مُشَقَّقَةٍ أَشْدَاقُهُمْ تَسِيلُ أَشْدَاقُهُمْ دَمًا، فَقُلْتُ: مَنْ هَؤُلَاءِ؟ فَقِيلَ: هَؤُلَاءِ الَّذِينَ يُفْطِرُونَ قَبْلَ تَحِلَّةِ صَوْمِهِمْ"

میں سویا ہوا تھا کہ میرے پاس دو شخص آئے اور میرے بازو پکڑ کر مجھے سخت اور دشوار گزار پہاڑ کے پاس لائے اور کہنے لگے: اس پر چڑھیے، یہاں تک کہ جب میں اس پہاڑ کے درمیان پر پہنچا تو میں نے بڑی سخت اور شدید آواز سنی، میں نے کہا: یہ کیسی آوزیں ہیں؟ وہ کہنے لگے: یہ جہنمیوں کی آہ و بکا ہے، پھر وہ مجھے آگے لے گئے جہاں پر کچھ لوگ ایڑیوں کے بل لٹک رہے تھے اور ان کی باچھیں کٹی ہوئی تھیں، اور ان کی باچھوں سے خون بہہ رہا تھا، میں نے کہا یہ لوگ کون ہیں؟ مجھے بتایا گیا کہ یہ وہ لوگ ہیں جو افطاری کا وقت ہونے سے پہلے ہی اپنے روزے افطار کر لیا کرتے تھے۔ (صحیح ابن حبان: 7491)

سوچنے کی بات ہے کہ جب روزہ رکھ کر وقت سے پہلے اِفطار کر لینے (یعنی توڑ دینے) کا یہ عذاب ہے تو بالکل سرے سے روزہ نہ رکھنے کا عذاب کس قدر ہو گا۔

## چھٹی وعید: روزہ خوری اُمّت کے ذلیل ہونے کا باعث ہے:

حضرت سیّدنا ابو ہریرہ رضی اللہ عنہ سے مَروی ہے کہ نبی کریم صلی اللہ علیہ وسلم اِرشاد فرماتے ہیں:

"إِنَّ أُمَّتِي لَنْ تَخْزَى مَا أَقَامُوا صِيَامَ رَمَضَانَ"

بیشک میری امّت ہر گز ذلیل نہیں ہو گی جب تک وہ رمضان المبارک کے روزوں کو قائم رکھے گی۔(طبرانی اوسط:4827)

اِس سے معلوم ہوا کہ رمضان المُبارک کے روزوں کو قائم کرنے میں جب اُمّت کے اندر سستی اور کمزوری آجائے اور یہ اُمّت بغیر کسی عُذر کے روزے چھوڑنے لگ جائے جیسا کہ آج کل بکثرت یہ دیکھنے میں آنے لگا ہے تو اُس اُمّت پر ذلّت و رُسوائی مسلّط کر دی جائے گی۔

## رمضان المُبارک کے روزوں کے فضائل

رمضان المُبارک کے تمام اَعمال اور کاموں میں سب سے اہم کام روزے رکھنا ہے، احادیثِ طیبہ میں اس کے بڑی کثرت سے فضائل ذکر کیے گئے ہیں:

### ① روزے کے برابر کوئی چیز نہیں:

حضرت ابو امامہ رَضِیَ اللّٰہُ عَنْہُ فرماتے ہیں کہ میں نے کہا: "یَارَسُولَ اللّٰهِ دُلَّنِي عَلَى عَمَلٍ" یارسول اللہ! مجھے کسی (بہترین) عمل کی راہنمائی فرمائیے، آپ صَلَّی اللّٰہُ عَلَیْہِ وَسَلَّمَ نے اِرشاد فرمایا: "عَلَيْكَ بِالصَّوْمِ فَإِنَّهُ لَا عِدْلَ لَهُ" روزہ رکھنے کو اپنے اوپر لازم کرلو کیونکہ اس کے برابر کوئی چیز نہیں۔ (مستدرکِ حاکم:1533)

نسائی شریف کی روایت میں حضرت ابو امامہ رَضِیَ اللّٰہُ عَنْہُ کا نبی کریم صَلَّی اللّٰہُ عَلَیْہِ وَسَلَّمَ سے یہ سوال نقل کیا گیا ہے: "أَيُّ الْعَمَلِ أَفْضَلُ؟" کون سا عمل سب سے افضل ہے؟ آپ صَلَّی اللّٰہُ عَلَیْہِ وَسَلَّمَ نے یہی جواب عنایت فرمایا: "عَلَيْكَ بِالصَّوْمِ فَإِنَّهُ لَا عِدْلَ لَهُ" روزہ رکھنے کو اپنے اوپر لازم کرلو کیونکہ اس کے برابر کوئی چیز نہیں۔ (نسائی:2222)

ایک اور روایت میں یہ الفاظ نقل کیے گئے ہیں: "عَلَيْكَ بِالصَّوْمِ فَإِنَّهُ لَا مِثْلَ لَهُ" روزہ رکھنے کو اپنے اوپر لازم کرلو کیونکہ اس جیسی کوئی چیز نہیں۔ (نسائی:2220)

### ② روزہ دار کی دعاء قبول ہوتی ہے:

حضرت ابو ہریرہ رَضِیَ اللّٰہُ عَنْہُ نبی کریم صَلَّی اللّٰہُ عَلَیْہِ وَسَلَّمَ کا یہ اِرشاد نقل فرماتے ہیں:

"اَلصَّائِمُ لَا تُرَدُّ دَعْوَتُهُ" روزے دار کی دعاء کو ردّ نہیں کیا جاتا۔ (مسند احمد:10183)

ایک دوسری روایت میں ہے، نبی کریم صَلَّی اللّٰہُ عَلَیْہِ وَسَلَّمَ نے اِرشاد فرمایا:

”ثَلَاثُ دَعَوَاتٍ مُسْتَجَابَاتٌ: دَعْوَةُ الصَّائِمِ، وَدَعْوَةُ الْمُسَافِرِ، وَدَعْوَةُ الْمَظْلُومِ“ تین دعائیں (اللہ کے حضور بہت زیادہ) قبول ہوتی ہیں: روزہ دار کی دعاء، مسافر کی دعاء اور مظلوم کی بد دُعاء۔(شعب الایمان:3323)

حضرت عبد اللہ بن ابی اوفیٰ رَضِیَ اللّٰہُ عَنْہُ نبی کریم صَلَّی اللّٰہُ عَلَیْہِ وَسَلَّمَ کا یہ اِرشاد نقل فرماتے ہیں:

”نَوْمُ الصَّائِمِ عِبَادَةٌ، وَصَمْتُهُ تَسْبِيحٌ، وَعَمَلُهُ مُضَاعَفٌ، وَدُعَاؤُهُ مُسْتَجَابٌ، وَذَنْبُهُ مَغْفُور“ روزہ دار کا سونا عبادت ہے، اُس کی خاموشی تسبیح ہے، اُس کے عمل (کے اَجر و ثواب) کو بڑھا دیا جاتا ہے، اُس کی دعاء قبول ہوتی ہے اور اُس کا گناہ معاف کیا جاتا ہے۔(شعب الایمان:3652)

حضرت ابوہریرہ رَضِیَ اللّٰہُ عَنْہُ سے مَروی ہے کہ نبی کریم صَلَّی اللّٰہُ عَلَیْہِ وَسَلَّمَ نے اِرشاد فرمایا:

”ثَلَاثَةٌ لَا تُرَدُّ دَعْوَتُهُمْ: الصَّائِمُ حَتَّى يُفْطِرَ، وَالإِمَامُ العَادِلُ، وَدَعْوَةُ المَظْلُومِ يَرْفَعُهَا اللَّهُ فَوْقَ الغَمَامِ وَيَفْتَحُ لَهَا أَبْوَابَ السَّمَاءِ وَيَقُولُ الرَّبُّ: وَعِزَّتِي لَأَنْصُرَنَّكِ وَلَوْ بَعْدَ حِينٍ“

تین آدمیوں کی دعاء ردّ نہیں ہوتی: ایک روزہ دار کی دعاء اِفطار کے وقت، دوسرے عادل بادشاہ کی دعاء اور تیسرے مظلوم کی بد دعاء جس کو اللہ تعالیٰ بادلوں سے اوپر اُٹھالیتے ہیں، آسمان کے دروازے اس کیلئے کھول دیتے ہیں اور باری تعالیٰ کی جانب سے اِرشاد ہوتا ہے کہ میں تیری مدد ضرور کروں گا اگرچہ (کسی مصلحت سے) کچھ دیر ہی کیوں نہ ہو جائے۔(ترمذی:3598،2526)

ایک اور حدیث میں ہے، نبی کریم صَلَّی اللّٰہُ عَلَیْہِ وَسَلَّمَ کا اِرشاد ہے:

"لِلصَّائِمِ عِنْدَ إِفْطَارِهِ دَعْوَةٌ مُسْتَجَابَةٌ" اِفطار کے وقت روزہ دار کی دعاء قبول ہوتی ہے۔ حضرت عبد اللہ بن عمرو رضی اللہ عنہ کے بارے میں آتا ہے کہ وہ اِفطار کے وقت اپنے اہل و عیال کو لے کر دعاء کیا کرتے تھے۔(مسند طیالسی:2376)(شعب الایمان:3624)

مشہور تابعی حضرت کعب احبار رحمۃ اللہ علیہ جن کو پچھلی کتابوں کا بھی خوب علم تھا، وہ فرماتے ہیں کہ اللہ تعالیٰ نے حضرت موسیٰ علیہ السلام کی طرف وحی بھیج کر یہ اِرشاد فرمایا:

"يَا مُوسَى إِنِّي آمُرُ حَمَلَةَ الْعَرْشِ إِذَا دَخَلَ شَهْرُ رَمَضَانَ أَنْ يُمْسِكُوا عَنِ الْعِبَادَةِ وَكُلَّمَا دَعَا صَائِمُو رَمَضَانَ بِدَعْوَةٍ أَنْ يَقُولُوا آمِينَ، وَإِنِّي أَوْجَبْتُ عَلَى نَفْسِي أَنْ لَا أَرُدَّ دَعْوَةَ صَائِمِي رَمَضَانَ"

اے موسیٰ! جب رمضان داخل ہوتا ہے تو مَیں عرش کے حاملین(فرشتوں) کو حکم دیتا ہوں کہ وہ اپنی عبادت کو موقوف کردیں اور جہاں کہیں بھی رمضان کے روزے رکھنے والے کوئی دعاء مانگیں تو وہ اُن کی دعاء پر آمین کہیں، اور مَیں نے اپنے اوپر اِس بات کو لازم کرلیا ہے کہ مَیں رمضان کے روزے رکھنے والوں کی دعاء ردّ نہیں کروں گا۔(شعب الایمان:3445)

حضرت سیدنا عمر بن خطاب رضی اللہ عنہ سے روایت ہے کہ نبی کریم صلی اللہ علیہ وسلم اِرشاد فرماتے ہیں:

"ذَاكِرُ اللَّهِ فِي رَمَضَانَ مَغْفُورٌ لَهُ، وَسَائِلُ اللَّهِ فِيهِ لَا يَخِيبُ"

رمضان میں اللہ کا ذکر کرنے والے کی مغفرت ہوتی ہے اور اللہ تعالیٰ سے سوال کرنے والا محروم نہیں رہتا۔(طبرانی اوسط:6170)(شعب الایمان:3355)

لہٰذا روزہ داروں کو اِس مہینے کی قدر کرتے ہوئے خوب دعاء مانگنے کا اِہتمام کرنا چاہیئے۔

### ③ روزہ داروں کیلئے جنت کا ایک دروازہ مخصوص کیا گیا ہے:

حضرت سہل بن سعد رَضِیَ اللّٰہُ عَنْہُ نبی کریم صَلَّی اللّٰہُ عَلَیْہِ وَسَلَّم کا اِرشاد نقل فرماتے ہیں:

”فِي الْجَنَّةِ ثَمَانِيَةُ أَبْوَابٍ، فِيهَا بَابٌ يُسَمَّى الرَّيَّانَ،لَايَدْخُلُهُ إِلَّا الصَّائِمُونَ“

جنت میں آٹھ دروازے ہیں جس میں سے ایک دروازہ ”رَیّان“ ہے اُس میں سے صرف روزہ دار داخل ہوں گے۔(بخاری:3257)

مسلم کی روایت میں ہے آپ صَلَّی اللّٰہُ عَلَیْہِ وَسَلَّم نے اِرشاد فرمایا: بیشک جنّت میں ایک دروازہ ہے جس کو ”ریّان“ کہا جاتا ہے اُس میں سے قیامت کے دن صرف روزہ دار داخل ہوں گے، اُن کے ساتھ اُن کے علاوہ کوئی اور داخل نہ ہو گا، چنانچہ (قیامت کے دن) آواز لگائی جائے گی کہ روزہ دار کہاں ہیں؟ پس روزہ دار اُس دروازے میں سے داخل ہوں گے، جب سب داخل ہو جائیں گے تو وہ دروازہ بند کر دیا جائے گا پھر اُس دروازے سے کوئی داخل نہ ہو گا۔(مسلم:1152)

ترمذی شریف کی روایت میں اُس ”رَیّان“ دروازے سے جنّت میں داخل ہونے کی فضیلت یہ ذکر کی گئی ہے: ”وَمَنْ دَخَلَهُ لَمْ يَظْمَأْ أَبَدًا“

یعنی جو اُس ”ریّان“ دروازے سے داخل ہو گیا وہ کبھی پیاسا نہیں ہو گا۔(ترمذی:765)

### ④ روزہ دار کی بخشش و مغفرت کر دی جاتی ہے:

روزہ کی ایک بڑی فضیلت یہ ہے کہ یہ گناہوں کی بخشش کا ذریعہ ثابت ہوتا ہے، چنانچہ حدیثِ میں ہے، حضرت ابو ہریرہ رَضِیَ اللّٰہُ عَنْہُ نبی کریم صَلَّی اللّٰہُ عَلَیْہِ وَسَلَّم کا یہ اِرشاد نقل فرماتے ہیں:

”مَنْ صَامَ رَمَضَانَ إِيْمَانًا وَاحْتِسَابًا، غُفِرَ لَهُ مَا تَقَدَّمَ مِنْ ذَنْبِهِ“

جس نے رمضان کے روزے ایمان کی حالت میں اجر و ثواب کی نیت سے رکھے اُس کے پچھلے تمام گناہ معاف کر دیے جاتے ہیں۔(مسلم:760)

ایک روایت میں پچھلے گناہوں کے ساتھ ساتھ اگلے گناہوں کی مغفرت بھی ذکر کی گئی ہے، چنانچہ نبی کریم ﷺ نے اِرشاد فرمایا:

**"مَنْ صَامَ شَهْرَ رَمَضَانَ إِيْمَانًا وَاحْتِسَابًا غُفِرَ لَهُ مَا تَقَدَّمَ مِنْ ذَنْبِهِ وَمَا تَأَخَّرَ"** جس نے رمضان المُبارک کے روزے ایمان کی حالت میں ثواب کی نیت سے رکھے اُس کے اگلے پچھلے تمام گناہ معاف کر دیے جاتے ہیں۔(السنن الکبریٰ للنسائی:3405)

مُحدّثِ کبیر علّامہ ابن حجر عسقلانی رحمۃ اللہ علیہ فرماتے ہیں: پچھلے گناہوں کی معافی تو واضح ہے اگلے گناہوں کی معافی کا ایک مطلب تو یہ ہے کہ اگر گناہ ہو جائیں تو اللہ تعالیٰ کی جانب سے معاف کر دیا جائے گا اور دوسرا مطلب یہ ہے کہ آئندہ اللہ تعالیٰ کبیرہ گناہوں سے محفوظ رہنے کی توفیق عطاء فرمائیں گے۔(فتح الباری:4/252)

واضح رہے کہ مذکورہ حدیث اور اس جیسی دیگر احادیث میں بخشش سے مراد یہ ہے کہ صغیرہ گناہ معاف ہوتے ہیں۔(شرح النووی علی مسلم) تاہم روزہ دار روزہ رکھنے کے ساتھ ساتھ کبیرہ گناہوں سے بھی توبہ کرلے تو وہ بھی معاف ہو جائیں گے۔

حضرت معاذ بن جبل رضی اللہ عنہ سے مَروی ہے کہ نبی کریم ﷺ کا اِرشاد ہے:

**"مَنْ صَامَ رَمَضَانَ، وَصَلَّى الصَّلَوَاتِ الْخَمْسَ، وَحَجَّ الْبَيْتَ–لَا أَدْرِي ذَكَرَ الزَّكَاةَ أَمْ لَا–كَانَ حَقًّا عَلَى اللَّهِ أَنْ يَغْفِرَ لَهُ"** جس نے رمضان کے روزے رکھے، پانچ نمازوں کا اہتمام کیا، بیت اللہ کا حج کیا_راوی کہتے ہیں کہ مجھے یاد

نہیں کہ زکوۃ کو بھی ذکر کیا تھا یا نہیں_ تو اللہ تعالیٰ نے اپنے ذمّہ لازم کرلیا ہے کہ اُس کی مغفرت کریں گے، میں نے کہا: کیا میں لوگوں کو اِس (عظیم خوشخبری) کی خبر دیدوں؟ آپ ﷺ نے فرمایا: "ذَرِ النَّاسَ يَعْمَلُونَ" لوگوں کو (ان کے حال پر) چھوڑدو تاکہ وہ عمل کرتے رہیں۔ (مجمع الزوائد:136) (کشف الأستار عن زوائد البزار:36)

حضرت عبد اللہ بن ابی اوفیٰ رضی اللہ عنہ سے مَروی ہے کہ آپ ﷺ نے اِرشاد فرمایا:

"نَوْمُ الصَّائِمِ عِبَادَةٌ، وَصَمْتُهُ تَسْبِيحٌ، وَعَمَلُهُ مُضَاعَفٌ، وَدُعَاؤُهُ مُسْتَجَابٌ، وَذَنْبُهُ مَغْفُور"

روزہ دار کا سونا عبادت ہے، اُس کا خاموش رہنا تسبیح (یعنی اللہ تعالیٰ کا ذکر) ہے، اُس کے عمل (کے اَجر وثَواب) کو بڑھادیا جاتا ہے، اُس کی دعاء (بارگاہِ الٰہی میں) قبول ہوتی ہے اور اُس کا گناہ معاف کردیا جاتا ہے۔ (شعب الایمان:3652)

حضرت ابوہریرہ رضی اللہ عنہ سے موقوفاً مَروی ہے:

"أَوَّلُ مَا يُصِيبُ صَاحِبُ رَمَضَانَ الَّذِي يُحْسِنُ قِيَامَهُ، وَصِيَامَهُ أَنْ يَفْرُغَ مِنْهُ وَهُوَ كَيَوْمِ وَلَدَتْهُ أُمُّهُ مِنَ الذُّنُوبِ"

اچھے طریقے سے روزہ اور تراویح پڑھنے والے اور روزہ رکھنے والے کو سب سے پہلے جو چیز ملتی ہے وہ یہ ہے کہ رمضان سے اِس حالت میں فارغ ہوتا ہے کہ وہ گناہوں سے اپنے پیدا ہونے والے دن کی طرح پاک وصاف ہوجاتا ہے۔ (ابن ابی شیبہ:8874)

حضرت ابوسلمہ اپنے والد حضرت عبد الرحمن بن عوف رضی اللہ عنہ سے نقل کرتے ہیں کہ نبی کریم ﷺ نے ایک دفعہ رمضان کا تذکرہ کرتے ہوئے فرمایا:

”شَهْرٌ كَتَبَ اللّٰهُ عَلَيْكُمْ صِيَامَهُ،وَسَنَنْتُ لَكُمْ قِيَامَهُ، فَمَنْ صَامَهُ وَقَامَهُ إِيْمَانًا وَاحْتِسَابًا خَرَجَ مِنْ ذُنُوبِهِ كَيَوْمِ وَّلَدَتْهُ أُمُّهُ“

رمضان المبارک ایک ایسا مہینہ ہے جس کے روزے کو اللہ تعالیٰ نے تم پر فرض کیا ہے اور میں نے اُس کے قیام (تراویح) کو تمہارے لئے سنت قرار دیا ہے، پس جس نے اس مہینہ میں ایمان کی حالت میں اجر و ثواب کی نیت سے روزہ رکھا اور تراویح پڑھی وہ اپنے گناہوں سے اُس دن کی طرح (صاف ہوکر) نکل جاتا ہے جس دن اُس کی ماں نے اُسے جَنا تھا۔(ابن ماجہ:1328)(نسائی:2210)

شعب الایمان کی روایت میں ہے:

”فَمَنْ صَامَهُ إِيْمَانًا وَاحْتِسَابًا وَيَقِينًا كَانَ كَفَّارَةً لِمَا مَضَى أَوْ لِمَا سَلَفَ“

جس نے اس (رمضان کے) مہینہ میں ایمان کی حالت میں اجر و ثواب کی نیت سے اور یقین کے ساتھ روزہ رکھا اور تراویح پڑھی تو یہ عمل اُس کیلئے گذشتہ تمام گناہوں کیلئے کفارہ بن جاتا ہے۔(شعب الایمان:3342)

حضرت ابوسعید خدری رضی اللہ عنہ نبی کریم صلی اللہ علیہ وسلم کا یہ اِرشاد نقل فرماتے ہیں:

”مَنْ صَامَ رَمَضَانَ،وَعَرَفَ حُدُودَهُ، وَتَحَفَّظَ مِمَّا كَانَ يَنْبَغِي لَهُ أَنْ يَتَحَفَّظَ فِيهِ،كَفَّرَ مَا قَبْلَهُ“

جس نے رمضان المُبارک کے روزے رکھے، اُس کی حدود (یعنی آداب اور حقوق) کو پہچانا اور اُس چیز سے محفوظ رہا جس سے محفوظ رہنا چاہیئے (یعنی گناہوں سے) تو یہ اُس کے پچھلے گناہوں کیلئے کفّارہ ہوجاتا ہے۔(مسند احمد:11524)

**۵ روزہ داروں کیلئے روزِ محشر دستر خوان لگائے جائیں گے:**

قیامت کے ہولناک مناظر میں جبکہ ہر طرف افراتفری اور نفسا نفسی کا عالَم ہوگا، لوگ حساب و کتاب میں پھنسے ہوں گے اُس وقت اللہ تعالیٰ کے محبوب اور پسندیدہ روزہ رکھنے والے بندوں کیلئے بیش بہا نعمتوں کے دستر خوان چنے جائیں گے۔

حضرت عبد اللہ بن رباح رحمۃ اللہ علیہ جو کبار تابعین میں شمار ہوتے ہیں وہ فرماتے ہیں:

**"تُوضَعُ الْمَوَائِدُ يَوْمَ الْقِيَامَةِ لِلصَّائِمِينَ فَيَأْكُلُونَ وَالنَّاسُ فِي الْحِسَابِ"**

قیامت کے دن جبکہ لوگ حساب و کتاب میں ہوں گے، اُس وقت روزہ داروں کیلئے دستر خوان لگائے جائیں گے اور وہ لوگ (دستر خوانوں میں لگے ہوئے بیش بہا کھانوں کے) کھانے میں مصروف ہوں گے۔ (شعب الایمان:3642)

**۶ روزہ دار کو جہنم سے دور کر دیا جاتا ہے:**

حضرت ابو سعید خدری رضی اللہ عنہ فرماتے ہیں کہ نبی کریم صلی اللہ علیہ وسلم نے اِرشاد فرمایا:

**"مَا مِنْ عَبْدٍ يَصُومُ يَوْمًا فِي سَبِيلِ اللهِ إِلَّا بَاعَدَ اللهُ بِذَلِكَ الْيَوْمِ وَجْهَهُ عَنِ النَّارِ سَبْعِينَ خَرِيفًا"**

جو بندہ اللہ کے راستے میں ایک دن کا روزہ بھی رکھے تو اللہ تعالیٰ اُس کی برکت سے اُس کو جہنم سے ستر سال کی مَسافت دور کر دیتے ہیں۔ (مسلم:1153)(نسائی:2244)

حضرت سلمہ بن قیصر نبی کریم صلی اللہ علیہ وسلم سے روایت نقل کرتے ہیں:

**"مَنْ صَامَ يَوْمًا ابْتِغَاءَ وَجْهِ اللَّهِ بَاعَدَهُ اللَّهُ مِنْ جَهَنَّمَ كَبُعْدِ غُرَابٍ طَارَ وَهُوَ فَرْخٌ حَتَّى مَاتَ هَرَمًا"**

جس نے اللہ تعالیٰ کی رضاوخوشنودی کیلئے ایک دن کا روزہ رکھا اللہ تعالیٰ اُسے جہنم سے اتنی مَسافت دور کر دیں گے جیسے کوئی کوّا چوزہ ہونے کی حالت میں اُڑے یہاں تک کہ (اسی طرح اُڑتے اُڑتے) بوڑھا ہو کر مَر جائے۔(مسند ابویعلیٰ موصلی:921)

حضرت ابو درداء رَضِیَ اللہُ عَنْہُ سے روایت ہے کہ نبی کریم صَلَّی اللہُ عَلَیْہِ وَسَلَّم اِرشاد فرماتے ہیں:

”مَنْ صَامَ يَوْمًا فِي سَبِيلِ اللَّهِ جَعَلَ اللَّهُ بَيْنَهُ وَبَيْنَ النَّارِ خَنْدَقًا كَمَا بَيْنَ السَّمَاءِ وَالْأَرْضِ“ جس نے اللہ کے راستے میں ایک دن روزہ رکھا اللہ تعالیٰ اُس کے اور جہنم کے درمیان ایک خندق حائل کر دیتے ہیں جو آسمان و زمین کے درمیان کے فاصلے کے برابر چوڑی ہوتی ہے۔(طبرانی اوسط:3574)

حضرت ابو درداء رَضِیَ اللہُ عَنْہُ کی ایک اور روایت میں نبی کریم صَلَّی اللہُ عَلَیْہِ وَسَلَّم کا یہ اِرشاد مَروی ہے:

”مَنْ صَامَ يَوْمًا فِي سَبِيلِ اللهِ،بَاعَدَ اللهُ عَنْهُ النَّارَ مَسِيْرَةَ أَلْفِ سَنَةٍ لِلرَّاكِبِ الْمُسْتَعْجِلِ“ جس نے اللہ کے راستے میں ایک دن کا روزہ رکھا اللہ تعالیٰ اُس سے جہنم کو اِتنی مَسافت دور کر دیتے ہیں جتنا کہ ایک ہزار سال تک کوئی تیز رفتار سوار دوڑے۔(مسند احمد:27503)

حضرت ابو امامہ رَضِیَ اللہُ عَنْہُ نبی کریم صَلَّی اللہُ عَلَیْہِ وَسَلَّم کا اِرشاد نقل فرماتے ہیں:

”مَنْ صَامَ يَوْمًا فِي سَبِيلِ اللهِ بَعَّدَ اللهُ وَجْهَهُ عَنِ النَّارِ مَسِيْرَةَ مِائَةِ عَامٍ، رَكْضَ الْفَرَسِ الْجَوَادِ الْمُضَمَرِ“ جس نے اللہ کے راستے میں ایک دن کا روزہ رکھا اللہ تعالیٰ اُسے جہنم سے عُمدہ اور چھریرے گھوڑے کے سو سال تک دوڑنے کی مَسافت کے برابر دور کر دیتے ہیں۔(طبرانی کبیر:7806)

ایک روایت میں رمضان کے علاوہ دوسرے کسی نفلی روزے کی بھی یہی فضیلت ذکر کی گئی ہے، چنانچہ حضرت سہل بن معاذ اپنے والد سے نقل کرتے ہیں کہ نبی کریم ﷺ نے اِرشاد فرمایا:"مَنْ صَامَ يَوْمًا فِي سَبِيْلِ اللهِ تَعَالَى مُتَطَوِّعًا فِي غَيْرِ رَمَضَانَ بُعِّدَ مِنَ النَّارِ مِائَةَ عَامٍ سَيْرَ الْمُضَمَّرِ الْجَوَادِ"

جس نے رمضان کے علاوہ اللہ کے راستے میں ایک دن کا نفلی روزہ رکھا اُسے جہنم سے عمدہ اور چھریرے گھوڑے کے سو سال تک دوڑنے کی مَسافت کے برابر دور کردیا جاتا ہے۔(المطالب العالیہ بزوائد المسانید الثمانیہ:1004)(مسند ابو یعلی موصلی:1486)

حضرت عُتبہ بن عبد السلمی فرماتے ہیں کہ نبی کریم ﷺ نے اِرشاد فرمایا:

"مَنْ صَامَ يَوْمًا فِي سَبِيلِ اللهِ فَرِيضَةً بَاعَدَ اللّٰهُ مِنْهُ جَهَنَّمَ كَمَا بَيْنَ السَّمٰوَاتِ وَالْأَرَضِينَ السَّبْعِ، وَمَنْ صَامَ يَوْمًا تَطَوُّعًا بَاعَدَ اللّٰهُ مِنْهُ جَهَنَّمَ مَسِيرَةَ كَمَا بَيْنَ السَّمَاءِ"

جس نے اللہ تعالیٰ کے راستے میں ایک دن فرض روزہ رکھا اللہ تعالیٰ جہنم کو اُس سے اتنی دور کردیں گے جیسا کہ ساتوں آسمانوں اور زمینوں کے درمیان کی مَسافت، اور جس نے (اللہ تعالیٰ کے راستے میں) ایک دن نفلی روزہ رکھا اللہ تعالیٰ جہنم کو اُس سے اِتنی مَسافت دور کردیں گے جتنا آسمان کے درمیان فاصلہ ہے۔(طبرانی کبیر:295)

## ۷ روزہ دار کا اجر خود اللہ تعالیٰ عنایت فرماتے ہیں:

حدیثِ قدسی میں ہے، نبی کریم ﷺ اللہ تعالیٰ کا یہ اِرشاد نقل فرماتے ہیں:

"اَلصَّوْمُ لِي وَأَنَا أَجْزِيْ بِهِ، يَدَعُ شَهْوَتَهُ وَأَكْلَهُ وَشُرْبَهُ مِنْ أَجْلِيْ"

روزہ میرے لئے ہی ہے اور میں ہی اِس کا بدلہ دوں گا،(کیونکہ) روزہ دار میری وجہ سے اپنی خواہش اور کھانا پینا چھوڑتا ہے۔(بخاری:7492)

ایک اور روایت میں ہے:"يَدَعُ الطَّعَامَ مِنْ أَجْلِيْ وَيَدَعُ الشَّرَابَ مِنْ أَجْلِيْ وَيَدَعُ لَذَّتَهُ مِنْ أَجْلِيْ وَيَدَعُ زَوْجَتَهُ مِنْ أَجْلِيْ"روزہ دار میری وجہ سے کھانا پینا اور اپنی لذّت کی چیزوں کو چھوڑتا ہے اور میری وجہ سے اپنی بیوی(سے قربت کرنے) کو چھوڑتا ہے(لہٰذا میں خود اس کا اَجر دوں گا)۔(الترغیب والترھیب:1447)

ایک اور حدیثِ قدسی میں ہے،اللہ تعالیٰ اِرشاد فرماتے ہیں:

"كُلُّ عَمَلِ ابْنِ آدَمَ لَهُ، إِلَّا الصِّيَامَ، فَإِنَّهُ لِيْ وَأَنَا أَجْزِيْ بِهِ"روزہ کے علاوہ ابنِ آدم کا ہر عمل اُس کیلئے ہے (یعنی اُس میں اُس کی ذاتی کوئی غرض شامل ہو سکتی ہے لیکن) روزہ میرے لئے ہی ہے اور میں خود اس کا بدلہ دوں گا۔(بخاری:1904)

ایک روایت میں ہے آپ ﷺ نے اِرشاد فرمایا:

"كُلُّ حَسَنَةٍ بِعَشرِ أَمْثَالِهَا إِلَى سَبْعِ مِائَةِ ضِعْفٍ، وَالصَّوْمُ لِي وَأَنَا أَجْزِيْ بِهِ" بیشک تمہارا پروردگار فرماتا ہے کہ ہر نیکی کا اجر دس گنا سے لے کر سات سو گنا تک ملتا ہے اور روزہ میرے لئے ہے میں خود اِس کا اجر دوں گا۔(ترمذی:764)

## ۸ روزہ دار کو بغیر حساب کے اجر دیا جائے گا:

مشہور تابعی حضرت کعب احبار رحمۃ اللہ علیہ جو کہ یہودیوں کے ایک بڑے عالم تھے، نبی کریم ﷺ کی وفات کے بعد حضرت عمر رضی اللہ عنہ کے زمانہ خلافت میں مسلمان ہوئے تھے اُن کے علم و فضل کا یہ عالَم تھا کہ صحابہ اُن سے روایت کرتے تھے۔(سیر اعلام النبلاء)

وہ فرماتے ہیں: ”يُنَادِي يَوْمَ الْقِيَامَةِ مُنَادٍ: أَنَّ كُلَّ حَارِثٍ يُعْطَى بِحَرْثِهِ وَيُزَادُ غَيْرَ أَهْلِ الْقُرْآنِ وَالصِّيَامِ يُعْطَوْنَ أُجُورَهُمْ بِغَيْرِ حِسَابٍ“ قیامت کے دن ایک پکارنے والا (اللہ تعالیٰ کی جانب سے) آواز لگائے گا کہ ہر کھیتی کرنے والے (عمل کرنے والے) کو اُس کی کھیتی کے بدلے میں بدلہ دیا جائے گا اور اُس میں اضافہ بھی کیا جائے گا سوائے اہلِ قرآن اور روزہ دار کے کیونکہ اُنہیں اُن کا اجر بغیر کسی حساب کے دیا جائے گا۔ (شعب الایمان:3643)

### ⑨ روزہ کا ثواب سوائے اللہ تعالیٰ کے کوئی نہیں جانتا:

حضرت عبد اللہ بن عمر رَضِیَ اللہُ عَنْہُمَا سے مَروی ہے کہ نبی کریم صَلَّی اللہُ عَلَیْہِ وَسَلَّم اِرشاد فرماتے ہیں: ”وَالصِّيَامُ لَا يَعْلَمُ ثَوَابَ عَامِلِهِ إِلَّا اللَّهُ عَزَّ وَجَلَّ“ روزہ رکھنے والے کا ثواب سوائے اللہ عزّ و جلّ کے کوئی نہیں جانتا۔ (طبرانی اوسط:865)

مذکورہ بالا روایت ایک طویل حدیث کا مختصر جُملہ ہے، اس کی مکمل تفصیل یہ ہے: نبی کریم صَلَّی اللہُ عَلَیْہِ وَسَلَّم کا ارشاد ہے:

اعمال سات طرح کے ہیں: اُن میں سے دو عمل نجات دینے والے ہیں، دو عمل (تیسرے چوتھے) ایسے ہیں کہ اُن کے مثل بدلہ دیا جاتا ہے، ایک (پانچواں) عمل ایسا ہے کہ اُس کے بدلہ دس گنا مثل ملتا ہے، ایک (چھٹا) عمل ایسا ہے کہ اُس کے بدلہ میں سات سو گنا ملتا ہے اور ایک (ساتواں) عمل ایسا ہے کہ اُس کے کرنے والے کا ثواب سوائے اللہ تعالیٰ کے کوئی نہیں جانتا۔ (پھر ان چھ اَعمال کی تفصیل بیان کرتے ہوئے اِرشاد فرمایا) دو نجات دینے والے اعمال یہ ہیں: (پہلا عمل جو جہنم سے نجات دلا دیتا

ہے یہ اُس شخص کا عمل ہے) جو اللہ تعالیٰ سے اِس حالت میں ملاقات کرے کہ خالصۃً اُسی کی عبادت کرتا ہو، اُس کے ساتھ کسی کو شریک نہ ٹھہراتا ہو اُس کیلئے جنت واجب ہو جاتی ہے اور (دوسرا جنّت سے نجات دلا کر جہنم کو واجب کرنے والا عمل اُس شخص کا ہے جو) اللہ تعالیٰ سے اِس حال میں مُلاقات کرے کہ اُس کے ساتھ کسی کو شریک ٹھہراتا ہو تو اُس کیلئے جہنم واجب ہو جاتی ہے، (تیسرا عمل جس کا مثل دیا جاتا ہے، وہ یہ ہے کہ) جو بُرا عمل کرے اُس کو اُسی کا بدلہ دیا جائے گا، (چوتھا عمل جس کا مثل دیا جاتا ہے، وہ یہ ہے کہ) جو کسی اچھے عمل کا اِرادہ کرے اور پھر اُسے نہ کر سکے تو اُس کو اُسی کے مثل اجر دیا جائے گا، اور (پانچواں عمل جس کا دس گنا بدلہ ملتا ہے، وہ یہ ہے کہ) جو اچھا عمل کرلے اُس کو اُس کے بدلے میں دس گنا بدلہ اور ثواب دیا جائے گا، اور (چھٹا عمل یہ ہے کہ) جو اپنا مال اللہ تعالیٰ کے راستے میں خرچ کرے اُس کیلئے ایک درہم اور ایک دینار خرچ کرنے کو سات سو گنا بڑھایا جائے گا، اور (ساتواں عمل جس کا بدلہ سوائے اللہ تعالیٰ کے کوئی نہیں جانتا وہ) روزہ کا عمل ہے، اس کے رکھنے والے کا ثواب سوائے اللہ عزّ وجلّ کے کوئی نہیں جانتا۔ (طبرانی اوسط:865)(الترغیب والترھیب:1448)

حضرت ابوہریرہ رَضِیَ اللّٰہُ عَنْہُ نبی کریم صَلَّی اللّٰہُ عَلَیْہِ وَسَلَّم کا اِرشاد نقل کرتے ہیں: اگر کوئی شخص ایک دن کا نفلی روزہ رکھے پھر اُسے زمین بھر کر سونا بھی دیدیا جائے تب بھی وہ اُس کے ثواب کو قیامت کے دن سے پہلے حاصل نہیں کر سکتا۔ (مسند ابویعلی موصلی:6130)

## ⑩ روزہ کی حیثیت ڈھال کی طرح ہے:

نبی کریم صَلَّی اللّٰہُ عَلَیْہِ وَسَلَّم کا اِرشاد ہے: ”اَلصَّوْمُ جُنَّةٌ“ روزہ ڈھال ہے۔ (بخاری:7492)

ایک روایت میں ہے، نبی کریم ﷺ نے اِرشاد فرمایا:

"اَلصِّیَامُ جُنَّةٌ کَجُنَّةِ أَحَدِکُمْ مِنَ الْقِتَالِ" روزہ ایک ڈھال ہے جیسے قتال کرتے ہوئے (دِفاع کی غرض سے) تم میں سے کسی کے پاس ڈھال ہوتی ہے۔(نسائی:2230)

ایک حدیث میں آپ ﷺ کا یہ اِرشاد مَروی ہے:

"الصَّوْمُ جُنَّةٌ مَا لَمْ یَخْرِقْھَا" روزہ ڈھال ہے جب تک کہ اُسے (جھوٹ اور غیبت وغیرہ کے گناہ کے ذریعہ) پھاڑ نہ دیں۔(نسائی:2233)(طبرانی اوسط:4536)

ایک حدیث میں حضرت عائشہ صدیقہ رضی اللہ عنہا سے نبی کریم ﷺ کا یہ اِرشاد مَروی ہے:

"اَلصِّیَامُ جُنَّةٌ مِنَ النَّارِ" روزہ جہنم کی آگ سے بچنے کیلئے ڈھال ہے۔(نسائی:2234)

ایک اور روایت میں ہے:"اَلصِّیَامُ جُنَّةٌ یَسْتَجِنُّ بِھَا الْعَبْدُ مِنَ النَّارِ" روزہ ڈھال ہے جس کے ذریعہ بندہ جہنم کی آگ سے دفاع کرتا ہے۔(شعب الایمان:3292)

ایک روایت میں ہے آپ ﷺ نے اِرشاد فرمایا:

"اَلصِّیَامُ جُنَّةٌ وَحِصْنٌ حَصِیْنٌ مِنَ النَّارِ"

روزہ آگ سے بچنے کیلئے ڈھال اور ایک مضبوط قلعہ ہے۔(شعب الایمان:3293)

ایک اور روایت میں ہے:"الصِّیَامُ جُنَّةٌ وَھُوَ حِصْنٌ مِنْ حُصُونِ الْمُؤْمِنِ" روزہ ڈھال ہے اور یہ مؤمن کے قلعوں میں سے ایک قلعہ ہے۔(طبرانی کبیر:7608)

## روزے کے ڈھال ہونے کا مطلب :

بہت سی حدیثوں میں روزہ کو ڈھال کہا گیا ہے اور اس کے ڈھال ہونے کا مطلب یہ ہے کہ اِسکے ذریعہ شیطان سے حفاظت ہوتی ہے، جیسے ڈھال کے ذریعہ دشمن کے وار سے

بچا جاتا ہے، روزہ اللہ تعالیٰ کے عذاب سے انسان کو محفوظ رکھتا ہے، روزہ جہنم کی آگ سے انسان کی حفاظت کا ذریعہ بن جاتا ہے۔ (فضائل رمضان) (مرقاۃ المفاتیح: 4/1363)

### ⑪ روزہ دنیا و آخرت کی خوشیوں کا باعث ہے:

حدیث میں ہے نبی کریم ﷺ نے اِرشاد فرمایا:

"وَلِلصَّائِمِ فَرْحَتَانِ: فَرْحَةٌ حِينَ يُفْطِرُ، وَفَرْحَةٌ حِينَ يَلْقَى رَبَّهُ"

روزہ دار کیلئے دو خوشیاں ہیں: ایک وہ خوشی جو اُس کو اِفطار کے وقت ملتی ہے اور دوسری وہ خوشی جو اسے اپنے رب سے ملاقات کے وقت حاصل ہوگی۔ (بخاری: 7492)

مُلّا علی قاری رحمۃ اللہ علیہ مشکوۃ کی شرح میں فرماتے ہیں:

روزہ دار کو دو مرتبہ بڑی خوشیاں نصیب ہوتی ہیں: ایک دنیا میں اور دوسری آخرت میں دنیا میں اِفطار کے وقت خوشی ہوتی ہے کیونکہ اُس نے حکمِ خداوندی کو مکمل کیا ہوتا ہے اللہ تعالیٰ کی جانب سے روزے کو مکمل کرنے کی توفیق ملنے پر خوشی ہوتی ہے، دن بھر کی بھوک اور پیاس کے بعد کھانے پینے پر راحت و سکون ملتا ہے، اللہ تعالیٰ کی جانب سے اجر و ثواب کے حاصل ہونے پر سرور حاصل ہوتا ہے، نیز اِفطار کے وقت دعاء کے مقبول ہونے پر مؤمن کو خوشی ہوتی ہے، اور روزہ دار کو آخرت میں خوشی اُس وقت حاصل ہوگی جبکہ اللہ تعالیٰ کی جانب سے ملاقات کے وقت اُس کو روزے کا بے پناہ اجر و ثواب حاصل ہوگا۔ (مرقاۃ المفاتیح: 4/1363)

### ⑫ روزہ دار کے منہ کی بُو مشک سے زیادہ پسندیدہ ہے:

حدیث میں ہے نبی کریم ﷺ نے اِرشاد فرمایا:

"وَلَخُلُوفُ فَمِ الصَّائِمِ أَطْيَبُ عِنْدَ اللَّهِ مِنْ رِيحِ الْمِسْكِ" روزہ دار کے مُنہ کی بُو اللہ تعالیٰ کے نزدیک مُشک کی خوشبو سے بھی زیادہ پسندیدہ ہے۔(بخاری:7492)

ایک اور روایت میں اِنہی الفاظ کو قسم کے ساتھ پختہ کرکے بیان کیا گیا ہے، چنانچہ آپ ﷺ نے اِرشاد فرمایا:

"وَالَّذِي نَفْسُ مُحَمَّدٍ بِيَدِهِ، لَخُلُوفُ فَمِ الصَّائِمِ أَطْيَبُ عِنْدَ اللهِ مِنْ رِيحِ الْمِسْكِ"

قسم اُس ذات کی جس کے قبضہ میں محمد کی جان ہے! روزہ دار کے مُنہ کی بُو اللہ تعالیٰ کے نزدیک مُشک کی خوشبو سے بھی زیادہ پسندیدہ ہے۔(مسلم:1151)

## ⑬ روزہ ایسا سفارشی ہے جس کی شفاعت قبول کی جائے گی:

حضرت عبد اللہ بن عمرو رضی اللہ عنہ نبی کریم ﷺ کا یہ اِرشاد نقل فرماتے ہیں: روزہ اور قرآن بندے کے حق میں شفاعت کریں گے، روزہ کہے گا:

"أَيْ رَبِّ! إِنِّي مَنَعْتُهُ الطَّعَامَ وَالشَّهَوَاتِ بِالنَّهَارِ فَشَفِّعْنِي فِيهِ"

اے پروردگار! میں نے اسے دن میں کھانے اور شہوتوں کے پورا کرنے سے روکے رکھا، اِس کے حق میں میری سفارش قبول فرمائیے۔

قرآن کریم کہے گا: "مَنَعْتُهُ النَّوْمَ بِاللَّيْلِ فَشَفِّعْنِي فِيهِ"

یا اللہ! میں نے اسے رات کو سونے سے روکے رکھا، اِس کے حق میں میری سفارش قبول کیجئے، پس دونوں کی سفارش قبول کرلی جائے گی۔(شعب الایمان:1839)

اللہ پاک ہم سب کو روزہ اور قرآن کریم کی سفارش نصیب فرمائے۔ آمین

## ⑭روزہ جسم کی صحت اور زکاۃ ہے:

روزے میں اللہ تبارک و تعالیٰ نے انسانوں کے بہت سے جسمانی فوائد بھی مُضمر رکھے ہیں، سال بھر کھا کھا کر جسم بہت سی بیماریوں کا شکار اور طرح طرح کی کثافتوں کی وجہ سے بوجھل ہو جاتا ہے، اللہ تعالیٰ نے سال کے ایک مہینے میں روزہ رکھ کر لوگوں پر بڑا احسان کیا ہے، کیونکہ یہ بہت سی بیماریوں کے پیدا ہونے میں رکاوٹ ہے اور اِس میں پہلے سے موجود کئی بیماریوں کا علاج بھی ہے۔روزے کے جسمانی اور طبی فوائد بھی بعض احادیث میں ذکر کیے گئے ہیں، چند فوائد ملاحظہ ہوں:

حضرت ابوہریرہ رَضِیَ اللہُ عَنْہُ نبی کریم صَلَّی اللہُ عَلَیْہِ وَسَلَّم کا یہ اِرشاد نقل فرماتے ہیں:

"عَلَى كُلِّ شَيْءٍ زَكَاةٌ، وَزَكَاةُ الْجَسَدِ الصِّيَامُ" ہر چیز پر زکوۃ لازم ہے اور جسم کی زکوۃ روزہ ہے۔(شعب الایمان:3299)(ابن ماجہ:1745)

حضرت علی کرّم اللہ وجہہ فرماتے ہیں کہ میں نے رسول اللہ صَلَّی اللہُ عَلَیْہِ وَسَلَّم سے سنا کہ اللہ تعالیٰ نے بنی اِسرائیل کے کسی نبی کی طرف وحی بھیجی کہ آپ اپنی قوم کو بتادیجئے:

"لَيْسَ عَبْدٌ يَصُومُ يَوْمًا ابْتِغَاءَ وَجْهِي إِلَّا صَحَّحْتُ جِسْمَهُ وَأَعْظَمْتُ أَجْرَهُ" کوئی بندہ میری رضاء کیلئے ایک دن کا روزہ بھی رکھتا ہے تو میں اُس کے جسم کو صحیح کرتا ہوں اور اُس کے اجر کو بڑھاتا ہوں۔(شعب الایمان:3638)

حضرت ابوہریرہ رَضِیَ اللہُ عَنْہُ سے نبی کریم صَلَّی اللہُ عَلَیْہِ وَسَلَّم کا یہ اِرشاد منقول ہے:"اُغْزُوا تَغْنَمُوا وَصُومُوا تَصِحُّوا وَسَافِرُوا تَسْتَغْنُوا" جہاد کیا کرو تمہیں مالِ غنیمت حاصل ہوگا، روزے رکھو صحت مند رہوگے، سفر کرو تم مستغنی ہو جاؤ گے۔(طبرانی اوسط:8312)

### ⑮روزہ دار کا سونا اور خاموش رہنا بھی عبادت ہے:

حضرت عبد اللہ بن ابی اوفیٰ رَضِیَ اللّٰہُ عَنْہُ نبی کریم صَلَّی اللّٰہُ عَلَیْہِ وَسَلَّم کا یہ اِرشاد نقل فرماتے ہیں:

”نَوْمُ الصَّائِمِ عِبَادَةٌ،وَصَمْتُهُ تَسْبِيحٌ،وَعَمَلُهُ مُضَاعَفٌ، وَدُعَاؤُهُ مُسْتَجَابٌ، وَذَنْبُهُ مَغْفُور“روزہ دار کا سونا عبادت ہے، اُس کی خاموشی تسبیح ہے،اُس کے عمل (کے اَجر و ثواب) کو بڑھا دیا جاتا ہے،اُس کی دعاء قبول ہوتی ہے اور اُس کا گناہ معاف کیا جاتا ہے۔(شعب الایمان:3652)

### ⑯روزہ رِیاکاری سے پاک عبادت ہے:

روزہ ایک ایسی عبادت ہے جس میں ریاکاری نہیں ہوتی،اِس لئے کہ اگر کسی کو دکھانے کیلئے روزہ رکھنا ہی ہو تو وہ لوگوں کے سامنے تو کھانا پینا چھوڑے گا لیکن تنہائی میں اُسے کون سی چیز کھانے پینے سے روکے گی، ظاہر ہے کہ اس کی وجہ اور سبب سوائے خلوص اور صدقِ نیت کے اور کیا ہو سکتا ہے۔

حضرت ابو ہریرہ رَضِیَ اللّٰہُ عَنْہُ نبی کریم صَلَّی اللّٰہُ عَلَیْہِ وَسَلَّم کا یہ اِرشاد نقل فرماتے ہیں:

”اَلصِّيَامُ لَا رِيَاءَ فِيهِ، قَالَ اللّٰهُ:هُوَ لِيْ وَأَنَا أَجْزِيْ بِهِ، يَدَعُ طَعَامَهُ وَشَرَابَهُ مِنْ أَجْلِي“روزے میں ریاکاری نہیں ہے،(اِسی لئے حدیثِ قدسی میں ہے) اللہ تعالیٰ نے اِرشاد فرمایا:روزہ میرے لئے ہے اور میں خود اِس کا بدلہ دوں گا،(کیونکہ) اُس نے میرے لئے اپنے کھانے پینے کو چھوڑا ہے۔(شعب الایمان:3322)

حضرت زہری رَحْمَۃُ اللّٰہِ عَلَیْہِ سے سندِ منقطع ہونے کے ساتھ نبی کریم صَلَّی اللّٰہُ عَلَیْہِ وَسَلَّم کا یہ اِرشاد مَروی ہے:”لَيْسَ فِي الصِّيَامِ رِيَاءٌ“روزے میں ریاکاری نہیں۔(شعب الایمان:3321)

ایک اور حدیثِ قدسی میں ہے: اللہ تعالیٰ اِرشاد فرماتے ہیں:

”كُلُّ عَمَلِ ابْنِ آدَمَ لَهُ، إِلَّا الصِّيَامَ، فَإِنَّهُ لِي وَأَنَا أَجْزِي بِهِ“روزہ کے علاوہ ابنِ آدم کا ہر عمل اُس کیلئے ہے (یعنی اُس میں اُس کی ذاتی مفاد اور غرض شامل ہو سکتی ہے لیکن) روزہ میرے لئے ہی ہے اور میں خود اس کا بدلہ دوں گا۔(بخاری:1904)

**⑰روزہ عفّت وپاکدامنی کے حصول کا بہترین ذریعہ ہے:**

حضرت عبد اللہ بن مسعود رضی اللہ عنہ فرماتے ہیں کہ نبی کریم صلی اللہ علیہ وسلم نے اِرشاد فرمایا:

”مَنِ اسْتَطَاعَ البَاءَةَ فَلْيَتَزَوَّجْ، فَإِنَّهُ أَغَضُّ لِلْبَصَرِ، وَأَحْصَنُ لِلْفَرجِ، وَمَنْ لَمْ يَسْتَطِعْ فَعَلَيْهِ بِالصَّوْمِ، فَإِنَّهُ لَهُ وِجَاءٌ“جو شخص نکاح کی طاقت رکھتا ہو اُسے نکاح کرلینا چاہیئے اِس لئے کہ نکاح کرنا نگاہوں کو پست اور شرمگاہ کو پاکدامن رکھنے والا ہے اور جو نکاح کی اِستطاعت نہیں رکھتا اُسے چاہیئے کہ روزوں کا اہتمام کرے اِس لئے کہ روزہ شہوتوں کو توڑنے والا ہے۔(بخاری:1904)

حضرت عثمان بن مظعون رضی اللہ عنہ نے نبی کریم صلی اللہ علیہ وسلم سے دریافت کیا:”يَا رَسُولَ اللهِ، إِنِّي رَجُلٌ يَشُقُّ عَلَيَّ هَذِهِ الْعُزْبَةُ فِي الْمَغَازِي أَفَأَخْتَصِي؟“یا رسول اللہ! میں ایک مرد ہوں، غزوات میں جانے کی وجہ سے اہل سے دور ہونا مجھ پر شاق گزرتا ہے، کیا میں (اپنی قوّتِ مردانگی کو ختم کرکے) خصی ہو جاؤں؟ آپ صلی اللہ علیہ وسلم نے اِرشاد فرمایا:

”يَاابْنَ مَظْعُونٍ!عَلَيْكَ بِالصَّوْمِ، فَإِنَّهُ يُخْصِي“

اے ابنِ مظعون! اپنے اوپر روزہ (رکھنے) کو لازم کرلو، اِس لئے کہ یہ خواہشِ نفسانی کو توڑ دیتا ہے۔(شعب الایمان:3324)

حضرت انس رَضِیَ اللہُ عَنْہُ فرماتے ہیں کہ ایک دفعہ نبی کریم صَلَّی اللہُ عَلَیْہِ وَسَلَّم مسجد میں تشریف لائے، وہاں کچھ نوجوان صحابہ کرام موجود تھے، آپ صَلَّی اللہُ عَلَیْہِ وَسَلَّم نے اِرشاد فرمایا:

"مَنْ كَانَ عِنْدَهُ طَوْلٌ فَلْيَنْكِحْ،وَإِلَّا فَعَلَيْهِ بِالصَّوْمِ، فَإِنَّهُ لَهُ وِجَاءٌ وَمَحْسَمَةٌ لِلْعِرْقِ" جس کے پاس نکاح کرنے کی وُسعت ہو اُسے نکاح کرلینا چاہیئے اور اگر وسعت نہ ہو تو اُسے روزہ رکھنے کا اہتمام کرنا چاہیئے اِس لئے کہ یہ خواہش کو توڑ دیتا ہے اور (شہوت کی) رگ کو کاٹ دیتا ہے۔(شعب الایمان:3325)

حضرت عبد اللہ بن عمرو رَضِیَ اللہُ عَنْہُ فرماتے ہیں: ایک شخص نے نبی کریم صَلَّی اللہُ عَلَیْہِ وَسَلَّم کے پاس آکر خصی ہونے کی اجازت مانگی، آپ صَلَّی اللہُ عَلَیْہِ وَسَلَّم نے اِرشاد فرمایا:

"خِصَاءُ أُمَّتِي الصِّيَامُ وَالْقِيَامُ"

میری امّت کا خصی ہونا (دن کو) روزہ رکھنے اور (راتوں کو عبادت کیلئے) کھڑے ہونے میں ہے۔(طبرانی کبیر:108)

**فائدہ:** واضح رہے کہ روزہ رکھنے سے ابتداءً حرارت پیدا ہوتی ہے جس سے شہوت شروع میں بڑھتی ہوئی محسوس ہوتی ہے، لیکن جب اِس پر مُداوَمت اختیار کی جائے اور روزے کی عادت بنالی جائے تو شہوت ٹوٹ جاتی ہے۔(فتح الباری:4/119)

### ۱۸ روزہ دار کیلئے فرشتے رحمت کی دعاء کرتے ہیں:

روزہ دار کے سامنے اگر کچھ کھایا پیا جائے تو جب تک کچھ کھایا جاتا رہتا ہے فرشتے اُس کیلئے رحمت کی دعاء کرتے رہتے ہیں۔ حضرت عُمارہ بنت کعب انصاریہ رَضِیَ اللہُ عَنْہا فرماتی ہیں کہ ایک دفعہ نبی کریم صَلَّی اللہُ عَلَیْہِ وَسَلَّم اُن کے پاس تشریف لائے تو اُنہوں نے آپ کی خدمت

میں کھانا پیش کیا، آپ صَلَّی اللّٰہُ عَلَیْہِ وَسَلَّم نے فرمایا کہ تم بھی کھاؤ، اُنہوں نے کہا: میں روزے سے ہوں، آپ صَلَّی اللّٰہُ عَلَیْہِ وَسَلَّم نے اِرشاد فرمایا:

"إِنَّ الصَّائِمَ تُصَلِّي عَلَيْهِ الْمَلَائِكَةُ إِذَا أُكِلَ عِنْدَهُ حَتَّى يَفْرُغُوا"

بیشک روزہ دار کے پاس جب تک کچھ کھایا جائے تو جب تک لوگ کھاکر فارغ نہ ہو جائیں فرشتے اُس کیلئے رحمت کی دعاء کرتے رہتے ہیں۔(ترمذی:785)

ایک روایت میں روزہ دار کی ہڈیوں کا تسبیح پڑھنا اور فرشتوں کا اِستغفار کرنا منقول ہے، چنانچہ حضرت بلال رَضِیَ اللّٰہُ عَنْہُ کے بارے میں آتا ہے کہ وہ ایک دفعہ حضور صَلَّی اللّٰہُ عَلَیْہِ وَسَلَّم کے پاس آئے، آپ صَلَّی اللّٰہُ عَلَیْہِ وَسَلَّم کھانا تناول فرمارہے تھے، آپ صَلَّی اللّٰہُ عَلَیْہِ وَسَلَّم نے اُنہیں کھانے کیلئے بلایا، اُنہوں نے کہا: یارسول اللہ! میں روزے سے ہوں، آپ صَلَّی اللّٰہُ عَلَیْہِ وَسَلَّم نے اِرشاد فرمایا:

"نَأْكُلُ رِزْقَنَا وَفَضْلَ رِزْقُ بِلَالٍ فِي الْجَنَّةِ، أَشَعَرْتَ يَا بِلَالُ!إِنَّ الصَّائِمَ يُسَبِّحُ عِظَامُهُ، ويسْتَغْفِرُ لَهُ الْمَلَائِكَةُ مَا أُكِلَ عِنْدَهُ"ہم اپنا رزق تو کھارہے ہیں اور بلال کا عُمدہ رزق جنت میں ہے، اُس کے بعد آپ صَلَّی اللّٰہُ عَلَیْہِ وَسَلَّم نے فرمایا: اے بلال! کیا تم جانتے ہو کہ جب تک روزہ دار کے سامنے کھایا جائے روزہ دار کی ہڈیاں تسبیح پڑھتی رہتی ہیں اور فرشتے اُس کی مغفرت کی دعاء کرتے رہتے ہیں۔(شعب الایمان:3314)

## ⑲ روزہ دار کیلئے مچھلیاں اور فرشتے بھی دعاء کرتے ہیں:

حضرت ابوہریرہ رَضِیَ اللّٰہُ عَنْہُ سے ہی ایک دوسری روایت میں مَروی ہے کہ نبی کریم صَلَّی اللّٰہُ عَلَیْہِ وَسَلَّم نے رمضان المُبارک کی پانچ ایسی خصوصیات بیان فرمائی جو صرف اِس اُمّت کو عطاء کی گئی ہیں، پچھلی اُمتوں میں سے کسی کو وہ خصوصیات نصیب نہ تھیں، اُن میں سے ایک

خصوصیت یہ بھی ذکر کی گئی ہے: "وَتَسْتَغْفِرُ لَهُمُ الْحِيْتَان حَتَّى يُفْطِرُوا" سمندر کی مچھلیاں بھی روزہ داروں کیلئے اِفطار ہونے تک مغفرت اور بخشش کی دعاء کرتی رہتی ہیں۔(الترغیب والترھیب:1476)

مُسنَد احمد کی روایت میں فرشتوں کا مغفرت کی دعاء کرنا مذکور ہے، چنانچہ اِرشاد فرمایا:

"وَتَسْتَغْفِرُ لَهُمُ الْمَلَائِكَةُ حَتَّى يُفْطِرُوا"

روزہ داروں کیلئے اِفطار ہونے تک فرشتے مغفرت کی دُعاء کرتے ہیں۔(مسند احمد:7917)

شعب الایمان کی ایک روایت میں صرف اِفطار تک نہیں بلکہ دن رات فرشتوں کا مغفرت کی دعاء کرنا ذکر کیا گیا ہے، چنانچہ روایت میں ہے:

"فَإِنَّ الْمَلَائِكَةَ تَسْتَغْفِرُ لَهُمْ فِي كُلِّ يَوْمٍ وَلَيْلَةٍ"

بیشک فرشتے مؤمنوں کیلئے مغفرت کی دُعاء کرتے ہیں۔(شعب الایمان:3331)

## ⑳ روزہ رکھنے والے کو اللہ تعالیٰ جنّت کے پھل کھلائیں گے:

حضرت علی کرّم اللہ وجہہ نبی کریم ﷺ کا یہ اِرشاد نقل فرماتے ہیں: "مَنْ مَنَعَهُ الصِّيَامُ مِنَ الطَّعَامِ وَالشَّرَابِ يَشْتَهِيهِ أَطْعَمَهُ اللهُ مِنْ ثِمَارِ الْجَنَّةِ وَسَقَاهُ مِنْ شَرَابِها" جو شخص روزہ رکھنے کی وجہ سے کھانے پینے سے رُکا رہا حالآنکہ اُسے کھانے پینے کی رغبت بھی تھی، اللہ تعالیٰ اُسے جنّت کے پھل کھلائیں گے۔(شعب الایمان:3634)

## ㉑ روزہ دار کا جنت میں سلامتی کے ساتھ داخل ہونا:

حضرت ابوہریرہ اور حضرت ابوسعید خدری رضی اللہ عنہما نبی کریم ﷺ کا یہ اِرشاد نقل فرماتے ہیں: جو شخص پانچ نمازوں کا اہتمام کرتا ہو، رمضان المبارک کے روزے رکھتا ہو، زکوۃ

نکالتا ہو، اور سات بڑے گناہوں سے اجتناب کرتا ہو اُس کیلئے جنت کے دروازے کھول دیے جاتے ہیں اور (قیامت کے دن) اُس سے کہا جائے گا کہ جنت میں سلامتی کے ساتھ داخل ہو جاؤ۔ (نسائی:2438)

## ۲۲ روزہ جہاد جیسی عظیم عبادت کے قریب ہے:

حضرت اُکدر بن حمام فرماتے ہیں کہ مجھے ایک صحابیِ رسول ﷺ نے اپنا قصہ سنایا: ہم ایک دن مسجدِ نبوی میں بیٹھے ہوئے تھے، ہم نے اپنے میں سے ایک نوجوان کو کہا کہ جاؤ! نبی کریم ﷺ سے جاکر دریافت کرو کہ کون سا عمل جہاد کے برابر ہے؟ وہ نبی کریم ﷺ کے پاس آئے اور سوال کیا، آپ ﷺ نے فرمایا کوئی عمل جہاد کے برابر نہیں، ہم نے جب یہ سنا تو دوبارہ اُنہیں وہی سوال دریافت کرنے کیلئے نبی کریم ﷺ کے پاس بھیجا، آپ ﷺ نے دوبارہ وہی بات اِرشاد فرمائی کہ کوئی عمل جہاد کے برابر نہیں، ہم نے تیسری مرتبہ اُنہیں یہ کہہ کر بھیجا کہ اب اگر حضور ﷺ وہی بات اِرشاد فرمائیں تو اُن سے پوچھنا کہ یہ بتادیجئے کہ کون سا عمل جہاد کے قریب قریب ہے؟ وہ صحابی آپ ﷺ کے پاس آئے اور وہی سوال کیا، آپ ﷺ نے اِرشاد فرمایا: کوئی عمل جہاد کے برابر نہیں، اُنہوں نے پوچھا کہ اُس کے قریب قریب کون سا عمل ہے؟ آپ ﷺ نے اِرشاد فرمایا:

"طِيبُ الْكَلَامِ، وَإِدَامَةُ الصِّيَامِ ، وَالْحَجُّ كُلَّ عَامٍ،
وَلَا يَقْرُبُ مِنْهُ شَيْءٌ بَعْدُ"

وہ اَعمال یہ ہیں: پاکیزہ اور عُمدہ کلام کرنا، دائمی روزے رکھنا اور ہر سال حج کرنا۔

پھر آپ ﷺ نے اِرشاد فرمایا: ان چیزوں کے بعد کوئی عمل ایسا نہیں جو جہاد کے قریب ہو۔ (شعب الایمان: 3611) (سنن سعید بن منصور: 2321)

**۲۳ روزہ دار کیلئے جنت کے عظیم بالاخانے ہیں:**

حضرت ابو مالک اَشعری رَضِیَ اللہُ عَنہُ فرماتے ہیں کہ نبی کریم ﷺ نے اِرشاد فرمایا:

**”إِنَّ فِي الْجَنَّةِ غُرْفَةً يُرَى ظَاهِرُهَا مِنْ بَاطِنِهَا وَبَاطِنُهَا مِنْ ظَاهِرِهَا أَعَدَّهَا اللّٰهُ لِمَنْ أَلَانَ الْكَلَامَ، وَأَطْعَمَ الطَّعَامَ، وَتَابَعَ الصِّيَامَ، وَصَلَّى بِاللَّيْلِ وَالنَّاسُ نِيَامٌ“**

بیشک جنت میں ایسے بالا خانے ہیں جن (کی شفافیت کا یہ عالَم ہے کہ اُن) کا اندرونی حصہ باہر سے اور بیرونی حصہ اندر سے دکھائی دیتا ہے، اللہ تعالیٰ نے یہ اُن لوگوں کیلئے تیار کیے ہیں جو کلام میں نرمی کو اپنائیں، لوگوں کو کھانا کھلائیں، مسلسل روزے رکھیں اور رات کو جبکہ سب سو رہے ہوں اُس وقت نماز پڑھیں۔ (شعب الایمان: 3609)

**۲۴ رمضان کے روزے رکھنا عذابِ الٰہی سے بچنے کا ذریعہ ہیں:**

حضرت کعب احبار رحمۃ اللہ علیہ فرماتے ہیں: اللہ تعالیٰ نے حضرت موسیٰ علیہ السلام کی طرف وحی بھیجی: **”فَإِنِّي لَا أُنْزِلُ عُقُوبَتِي وَلَا نِقْمَتِي فِي بُقْعَةٍ فِيهَا ثَلَاثَةٌ مِمَّنْ يَصُومُ رَمَضَانَ“** بیشک میں اپنا عذاب اور سزا اُس جگہ پر نازل نہیں کرتا جہاں تین افراد بھی ایسے ہوں جو رمضان کے روزے رکھتے ہوں۔ (شعب الایمان: 3445)

# سحری کے فضائل

سحری کھانا ایک سنّت عمل ہے، جس میں اللہ تبارک وتعالیٰ کی جانب سے برکتیں رکھی گئیں ہیں، یہی وجہ ہے کہ آپ ﷺ سحری کھانے کو پسند کرتے تھے اور اُمّت کو بھی اِس کی بڑی تاکید فرمائی ہے۔ ذیل میں احادیثِ طیّبہ کی روشنی میں اِس کے چند فضائل ذکر کیے جارہے ہیں جسے پڑھ کر اِس کی اہمیت کا کچھ اندازہ لگایا جاسکتا ہے:

## ❶ سحری ایک بابرکت کھانا ہے:

حضرت انس بن مالک رضی اللہ عنہ فرماتے ہیں کہ نبی کریم ﷺ نے اِرشاد فرمایا:

"تَسَحَّرُوا فَإِنَّ فِي السَّحُورِ بَرَكَةً"

سحری کھایا کرو، اِس لئے کہ سحری میں برکت ہے۔ (بخاری:1923)

مسندِ احمد کی روایت میں ہے:

"السَّحُورُ أَكْلُهُ بَرَكَةٌ، فَلَا تَدَعُوهُ، وَلَوْ أَنْ يَجْرَعَ أَحَدُكُمْ جُرْعَةً مِنْ مَاءٍ"

سحری کھانا برکت کا باعث ہے لہٰذا اسے چھوڑا مت کرو اگرچہ پانی کا ایک گھونٹ ہی پی لو (لیکن ضرور پیو)۔ (مسند احمد:11086)

آپ ﷺ نے سحری کو "غداءِ مُبارک" یعنی صبح کا مُبارک کھانا قرار دیا ہے، چنانچہ حضرت عِرباض بن ساریہ رضی اللہ عنہ فرماتے ہیں کہ ایک دفعہ نبی کریم ﷺ نے رمضان المبارک میں مجھے سحری کھانے کیلئے بلایا اور فرمایا:

"هَلُمَّ إِلَى الْغَدَاءِ الْمُبَارَكِ" مُبارک کھانے کی طرف آؤ۔ (ابوداؤد:2344)

ایک اور روایت میں ہے:

"عَلَيْكُمْ بِغَدَاءِ السُّحُورِ فَإِنَّهُ هُوَ الْغَدَاءُ الْمُبَارَكُ"

سحری کھانے کا ضرور اہتمام کیا کرو کیونکہ یہ مُبارک کھانا ہے۔(نسائی:2164)

## سحری کی برکات:

علّامہ ابن حجر عسقلانی رحمۃ اللہ علیہ نے سحری کی کئی برکات ذکر کی ہیں:

(1) اِتباعِ سنّت کا اجر و ثواب ملتا ہے، کیونکہ نبی کریم ﷺ نے اپنے قول و عمل سے اِس کی تعلیم و ترغیب دی ہے۔(2) سحری کھانے سے روزہ رکھنے پر طاقت و قوّت اور نشاط حاصل ہوتا ہے۔(3) شب بیداری کی نعمت حاصل ہوتی ہے، جس سے رات کے آخری پہر ذکر اور دعاء وغیرہ کی دولت نصیب ہوتی ہے۔(4) حدیث کے مطابق سحری کھا کر یہود و نصاریٰ کی مُخالفت کا حکم دیا گیا ہے، سحری کھانے والا اِس حکم پر عمل پیرا ہوتا ہے۔(5) روزے کی حالت میں عبادت پر طاقت و قوّت حاصل ہوتی ہے۔(6) روزے کی حالت میں بھوک و پیاس کی شدّت کی وجہ سے جو بد اخلاقی پیدا ہوتی ہے اُس کا اِزالہ ہوجاتا ہے۔(7) اُس قیمتی وقت میں کوئی مستحق مل جائے تو اُسے سحری کھلا کر صدقہ کا عظیم ثواب حاصل ہوتا ہے۔(فتح الباری:4/140)

## ❷ سحری کھانے والوں پر اللہ اور اُس کے فرشتوں کی رحمتیں:

سحری کھانے والوں پر اللہ تعالیٰ اپنی رحمتیں نازل کرتے ہیں اور فرشتے اللہ تعالیٰ سے سحری کھانے والوں کیلئے رحمت کی دعاء کرتے ہیں۔ چنانچہ حدیث میں ہے، حضرت سیدنا ابو سعید خدری رضی اللہ عنہ سے مَروی ہے کہ نبی کریم ﷺ اِرشاد فرماتے ہیں:

"السَّحُورُ أَكْلُهُ بَرَكَةٌ، فَلَا تَدَعُوهُ،وَلَوْ أَنْ يَجْرَعَ أَحَدُكُمْ جُرْعَةً مِنْ مَاءٍ، فَإِنَّ اللهَ عَزَّوَجَلَّ وَمَلَائِكَتَهُ يُصَلُّونَ عَلَى الْمُتَسَحِّرِينَ"

سحری کھانا برکت کا باعث ہے لہٰذا اسے مت چھوڑا کرو اگرچہ پانی کا ایک گھونٹ ہی پی لو(لیکن ضرور پیو)اِس لئے کہ اللہ تعالیٰ اور اُس کے فرشتے سحری کھانے والے پر رحمت بھیجتے ہیں۔(مسند احمد:11086)

حضرت سائب بن یزید رضی اللہ عنہ فرماتے ہیں کہ نبی کریم صلی اللہ علیہ وسلم نے اِرشاد فرمایا:

"نِعْمَ السُّحُورُ التَّمْرُ،وَقَالَ:يَرْحَمُ اللهُ الْمُتَسَحِّرِينَ" بہترین سحری کھجور کھانا ہے اور فرمایا:اللہ تعالیٰ سحری کھانے والوں پر رحم فرماتے ہیں۔(طبرانی کبیر:6689)

**③ سحری کھانے والوں پر نبی کریم صلی اللہ علیہ وسلم کا رحمت کی دعاء کرنا:**

حضرت ابو سُوید رضی اللہ عنہ فرماتے ہیں:

آپ صلی اللہ علیہ وسلم نے سحری کرنے والوں کیلئے رحمت کی دعاء فرمائی۔(طبرانی کبیر:22/337)

بعض روایات میں نبی کریم صلی اللہ علیہ وسلم کی دعاء کے وہ الفاظ بھی نقل کیے گئے ہیں،جو آپ صلی اللہ علیہ وسلم نے سحری کرنے والوں کیلئے اِرشاد فرمائے تھے

آپ صلی اللہ علیہ وسلم نے اِرشاد فرمایا:

"اللّٰهُمَّ صَلِّ عَلَى الْمُتَسَحِّرِيْنَ"

اے اللہ!سحری کرنے والوں پر رحمت نازل فرمایئے۔(الآحاد والمثانی:2758)

مذکورہ الفاظ کے ذریعہ سحری کے وقت میں تمام مسلمان روزہ رکھنے والوں اور سحری کرنے والوں کیلئے دُعاء مانگی جاسکتی ہے۔

**④ سحری کھانا نبی کریم ﷺ کا پسندیدہ اور محبوب عمل ہے:**

حضرت ابن مُحیریز رضی اللہ عنہ فرماتے ہیں:

"کَانَ یَسْتَحِبُّ السَّحُورَ وَلَوْ عَلَی جُرَعٍ مِنْ مَاءٍ" نبی کریم ﷺ سحری کرنے کو پسند فرمایا کرتے تھے اگرچہ پانی کا ایک گھونٹ ہی کیوں نہ ہو۔(المراسیل لأبی داوٗد:96)

حدیثِ مذکور کی وجہ سے ہر مؤمن کو سحری کھانا محبوب اور پسند ہونا چاہیئے کیونکہ عاشق کو اپنے معشوق کی ہر اداء محبوب ہوتی ہے۔

**⑤ سحری اِس امّت کی خصوصیت اور عطیہ خداوندی ہے:**

ایک شخص نبی کریم ﷺ کے پاس داخل ہوا، آپ ﷺ سحری تناول فرمارہے تھے، آپ ﷺ نے اِرشاد فرمایا:

"إِنَّ السَّحُورَ بَرَکَةٌ أَعْطَاکُمُوهَا اللهُ فَلَا تَدَعُوْهَا"

بیشک سحری ایک بابرکت کھانا ہے جو اللہ تعالیٰ نے تمہیں عطاء کیا ہے(اہلِ کتاب کو یہ نعمت حاصل نہیں) پس تم اسے ترک مت کیا کرو۔(مسند احمد:23142)

حضرت عمرو بن العاص رضی اللہ عنہ فرماتے ہیں کہ نبی کریم ﷺ نے اِرشاد فرمایا:

"فَصْلُ مَا بَیْنَ صِیَامِنَا وَصِیَامِ أَهْلِ الْکِتَابِ أَکْلَةُ السَّحَرِ"

ہم مسلمانوں کے روزوں اور اہلِ کتاب کے روزوں کے درمیان سحری کھانے کا فرق ہے(یعنی ہم سحری کرتے ہیں، وہ نہیں کرتے)۔(مسلم:1096)

اِس سے معلوم ہوا کہ سحری کھانا اِس امّت کی خصوصیات میں سے ہے، پچھلی امّتوں کو یہ نعمت عطاء نہیں کی گئی تھی۔(الدیباج علی صحیح مسلم للسیوطی:3/197)

اِس اُمّت کیلئے بھی ابتدائے اِسلام میں یہی حکم تھا، یعنی رات کو سونے کے بعد اُٹھ کر کچھ کھانا پینا درست نہ تھا، سونے سے پہلے پہلے جو کچھ کھا پی لیا جائے بس اُسی کی اِجازت تھی، لیکن پھر بعد میں اللہ تعالیٰ نے آسانی اور احسان کا معاملہ کرتے ہوئے اِس امّت کو صبح اُٹھ کر سحری کھانے کی نہ صرف اجازت دی بلکہ اُس کو مستحب اور پسندیدہ بھی قرار دیدیا گیا۔(مرقاۃ:4/1381)(عون المعبود:6/305)

## ❻ سحری کھانے سے دن کے روزوں پر قوّت حاصل ہوتی ہے:

حضرت عبد اللہ بن عباس رضی اللہ عنہما نبی کریم صلی اللہ علیہ وسلم کا یہ اِرشاد نقل فرماتے ہیں:

”اِسْتَعِينُوا بِطَعَامِ السَّحَرِ عَلَى صِيَامِ النَّهَارِ، وَبِقَيْلُولَةِ النَّهَارِ عَلَى قِيَامِ اللَّيْلِ“

دن کے روزوں پر سحری کے ذریعہ اور رات کے قیام (یعنی عبادت کرنے) پر دن کے قیلولہ (یعنی دوپہر کے آرام) کے ذریعہ مدد حاصل کرو۔(مُستدرکِ حاکم:1551)

ایک اور روایت میں ہے:

”مَنْ أَحَبَّ أَنْ يَقْوَىٰ عَلَى الصِّيَامِ فَلْيَتَسَحَّرْ“

جو روزہ پر قوّت حاصل کرنا چاہے اُسے چاہیئے کہ سحری کرے۔(شعب الایمان:3628)

## ﴿اِفطاری کے فضائل﴾

سحری کی طرح اِفطاری بھی ایک سنّت اور عبادت کا عمل ہے جس میں برکتیں اور رحمتیں رکھی گئی ہیں، اللہ تعالیٰ اِس وقت میں بندوں کی مغفرت فرماتے ہیں، دعائیں قبول ہوتی ہیں اور جہنم سے لوگوں کی گردنیں آزاد کی جاتی ہیں، اِس لئے اِس اہم وقت کی بڑی قدر کرنی چاہیئے۔ ذیل میں اِس سلسلے کی احادیثِ طیّبہ ذکر کی جارہی ہیں جن میں اِفطاری کے فضائل کو ذکر کیا گیا ہے:

### ❶ اِفطاری کے وقت دعاء کا قبول ہونا:

نبی کریم ﷺ کا اِرشاد ہے: **"لِلصَّائِمِ عِنْدَ إِفْطَارِهِ دَعْوَةٌ مُسْتَجَابَةٌ"** اِفطار کے وقت روزہ دار کی دعاء قبول ہوتی ہے۔ حضرت عبد اللہ بن عمرو رضی اللہ عنہ کے بارے میں آتا ہے کہ وہ اِفطار کے وقت اپنے اہل وعیال کو لے کر دعاء کیا کرتے تھے۔(مسند طیالسی:2376)(شعب الایمان:3624)

حضرت عبد اللہ بن مسعود رضی اللہ عنہ سے مَروی ہے کہ نبی کریم ﷺ کا اِرشاد ہے:

**"لِلصَّائِمِ عِنْدَ فِطْرِهِ دَعْوَةٌ مَا تُرَدُّ"**

روزہ دار کیلئے اُس کے روزہ کھولنے کے وقت ایک (مقبول) دعاء ہوتی ہے جو ردّ نہیں کی جاتی۔(شعب الایمان:3621)

حضرت نافع رحمۃ اللہ علیہ کہتے ہیں کہ حضرت عبد اللہ بن عمر رضی اللہ عنہما کا اِرشاد ہے:

**"إِنَّ لِكُلِّ مُؤْمِنٍ دَعْوَةً مُسْتَجَابَةً عِنْدَ إِفْطَارِهِ، إِمَّا أَنْ يُعَجَّلَ لَهُ فِي دُنْيَاهُ، أَوْ يُدَّخَرَ لَهُ فِي آخِرَتِهِ"** بیشک ہر مؤمن کیلئے اُس کے روزہ اِفطار کرنے کے وقت

میں ایک مقبول دعاء ہوتی ہے، یا تو اُس کی قبولیت اُسے دنیا ہی میں جلدی حاصل ہو جاتی ہے یا وہ دعاء اُس کیلئے آخرت میں ذخیرہ کرلی جاتی ہے۔(شعب الایمان:3620)

## ❷ اِفطاری کے وقت سرور و فرحت کا حاصل ہونا:

حدیث میں ہے نبی کریم ﷺ نے اِرشاد فرمایا:

”وَلِلصَّائِمِ فَرْحَتَانِ:فَرْحَةٌ حِينَ يُفْطِرُ، وَفَرْحَةٌ حِينَ يَلْقَى رَبَّهُ“

روزہ دار کیلئے دو خوشیاں ہیں: ایک وہ خوشی جو اُس کو اِفطار کے وقت ملتی ہے اور دوسری وہ خوشی جو اسے اپنے رب سے ملاقات کے وقت حاصل ہوگی۔(بخاری:7492)

مُلّا علی قاری رحمۃ اللہ علیہ فرماتے ہیں:

روزہ دار کو دو مرتبہ بڑی خوشی نصیب ہوتی ہے: ایک دنیا میں اور دوسری آخرت میں، دنیا میں اِفطار کے وقت خوشی ہوتی ہے کیونکہ اُس نے حکمِ خداوندی کو مکمل کیا ہوتا ہے لہٰذا اللہ تعالیٰ کی جانب سے روزے کو مکمل کرنے کی توفیق ملنے پر خوشی ہوتی ہے، دن بھر کی بھوک اور پیاس کے بعد کھانے پینے پر راحت و سکون ملتا ہے، اللہ تعالیٰ کی جانب سے اجر و ثواب کے حاصل ہونے پر سرور حاصل ہوتا ہے، نیز اِفطار کے وقت دعاء کے مقبول ہونے پر مؤمن کو خوشی ہوتی ہے،اور روزہ دار کو آخرت میں خوشی اُس وقت حاصل ہوگی جبکہ اللہ تعالیٰ کی جانب سے ملاقات کے وقت اُس کو روزے کا بے پناہ اجر و ثواب حاصل ہوگا۔(مرقاۃ المفاتیح:4/1363)(فتح الباری:4/118)

## ❸ اِفطاری کے وقت بکثرت لوگوں کی جہنم سے نجات:

حضرت ابو امامہ رضی اللہ عنہ فرماتے ہیں کہ نبی کریم ﷺ نے اِرشاد فرمایا:

”إِنَّ لِلّٰهِ عَزَّ وَجَلَّ عِنْدَ كُلِّ فِطْرَةٍ عُتَقَاءَ مِنَ النَّارِ“ بیشک اللہ تعالیٰ کی جانب سے ہر اِفطاری کے وقت جہنم سے لوگوں کو آزاد کیا جاتا ہے۔(شعب الایمان:3333)

حضرت عبد اللہ بن عباس رضی اللہ عنہما نبی کریم صلی اللہ علیہ وسلم کا یہ اِرشاد نقل فرماتے ہیں:

”وَلِلّٰهِ عَزَّ وَجَلَّ فِي كُلِّ يَوْمٍ مِنْ شَهْرِ رَمَضَانَ عِنْدَ الْإِفْطَارِ أَلْفُ أَلْفِ عَتِيقٍ مِنَ النَّارِ كُلُّهُمْ قَدِ اسْتَوْجَبُوا النَّارَ، فَإِذَا كَانَ آخِرُ يَوْمٍ مِنْ شَهْرِ رَمَضَانَ أَعْتَقَ اللهُ فِي ذَلِكَ الْيَوْمِ بِقَدْرِ مَا أَعْتَقَ مِنْ أَوَّلِ الشَّهْرِ إِلَى آخِرِهِ“

اللہ تعالیٰ رمضان المُبارک میں روزانہ اِفطار کے وقت ایسے دس لاکھ آدمیوں کو جہنم سے خلاصی مَرحمت عطاء فرماتے ہیں جو جہنم کے مستحق ہوچکے تھے اور جب رمضان کا آخری دن ہوتا ہے تو یکم رمضان سے آج تک جس قدر لوگ جہنم سے آزاد کیے گئے ان کے برابر اس دن میں آزاد فرماتے ہیں۔(شعب الایمان:3421)(ابن ماجہ:1749)

## ﴿اِفطاری کرانے کے فضائل﴾

کسی روزہ دار کو اِفطاری کرانا بہت بڑی سعادت اور اَجر و ثواب کا باعث ہے، احادیثِ طیّبہ میں اِس عمل کے بڑی کثرت سے فضائل نقل کیے گئے ہیں:

### ❶ فرشتوں کا رحمت کی دعاء کرنا:

حضرت سلمان فارسی رَضِیَ اللہُ عَنْہُ نبی کریم صَلَّی اللہُ عَلَیْہِ وَسَلَّم کا یہ اِرشاد نقل فرماتے ہیں:

”مَنْ فَطَّرَ صَائِمًا عَلَى طَعَامٍ وَشَرَابٍ مِنْ حَلَالٍ صَلَّتْ عَلَيْهِ الْمَلَائِكَةُ فِي سَاعَاتِ شَهْرِ رَمَضَانَ، وَ صَلَّى عَلَيْهِ جِبْرِيلُ عَلَيْهِ السَّلَامُ فِي لَيْلَةِ الْقَدْرِ“

جس نے کسی روزہ دار کو حلال رزق میں سے کھلا پلا کر اِفطار کرایا اُس پر فرشتے رمضان کی مُبارک ساعات (اوقات) میں اور جبریل امین عَلَیْہِ السَّلَام شبِ قدر میں رحمت نازل ہونے کی دعاء کرتے ہیں۔ (شعب الایمان:6162)(طبرانی کبیر:6162)

### ❷ حضرت جبریل امین عَلَیْہِ السَّلَام کا شبِ قدر میں مصافحہ کرنا:

حضرت سلمان فارسی رَضِیَ اللہُ عَنْہُ کی ایک روایت میں یہ الفاظ منقول ہیں:

”مَنْ فَطَّرَ صَائِمًا فِي رَمَضَانَ مِنْ كَسْبٍ حَلَالٍ صَلَّتْ عَلَيْهِ الْمَلَائِكَةُ لَيَالِي رَمَضَانَ كُلِّهَا، وَصَافَحَهُ جِبْرِيلُ عَلَيْهِ السَّلَامُ لَيْلَةَ الْقَدْرِ“ جس نے کسی روزہ دار کو حلال کمائی میں سے کھلا پلا کر اِفطار کرایا، رمضان کی تمام راتوں میں فرشتے اُس پر نزولِ رحمت کی دعاء کرتے ہیں اور حضرت جبریل امین عَلَیْہِ السَّلَام شبِ قدر میں اُس سے مصافحہ کرتے ہیں۔ (شعب الایمان: 3669)

### ③ روزہ دار جیسا اَجر و ثواب کا حاصل ہونا:

حضرت زید بن خالد جہنی رَضِیَ اللہُ عَنۡہُ فرماتے ہیں کہ نبی کریم صَلَّی اللہُ عَلَیۡہِ وَسَلَّمَ نے اِرشاد فرمایا:

”مَنْ فَطَّرَ صَائِمًا أَوْ جَهَّزَ غَازِيًا فَلَهُ مِثْلُ أَجْرِهِ“

جس نے کسی روزہ دار کو اِفطار کرایا یا کسی مجاہد کو اللہ کے راستے میں نکلنے کیلئے سامان دیا تو اُس کیلئے اُس روزہ دار اور مجاہد کی طرح (روزہ رکھنے اور جہاد کرنے کے برابر) اجر ہے۔(شعب الایمان:3667)

حضرت ابو ہریرہ رَضِیَ اللہُ عَنۡہُ سے مَروی ہے کہ نبی کریم صَلَّی اللہُ عَلَیۡہِ وَسَلَّمَ اِرشاد فرماتے ہیں:

”مَنْ فَطَّرَ صَائِمًا فَأَطْعَمَهُ وَسَقَاهُ كَانَ لَهُ مِثْلُ أَجْرِهِ“

جو شخص کسی روزہ دار کو اِفطار کرائے اور اُسے کھلائے اور پلائے تو اُس کیلئے اُس روزے دار کے جیسا اجر و ثواب ہے۔(شعب الایمان: 3668)

### ④ گناہوں کی مغفرت اور جہنم سے خلاصی:

حضرت سلمان فارسی رَضِیَ اللہُ عَنۡہُ کی وہ طویل حدیث جس میں نبی کریم صَلَّی اللہُ عَلَیۡہِ وَسَلَّمَ نے شعبان کی آخری تاریخ میں خطبہ دیا تھا اُس میں آپ صَلَّی اللہُ عَلَیۡہِ وَسَلَّمَ نے یہ بھی اِرشاد فرمایا تھا:

”مَنْ فَطَّرَ فِيهِ صَائِمًا كَانَ لَهُ مَغْفِرَةً لِذُنُوبِهِ، وَعِتْقَ رَقَبَتِهِ مِنَ النَّارِ وَكَانَ لَهُ مِثْلُ أَجْرِهِ مِنْ غَيْرِ أَنْ يُنْقَصَ مِنْ أَجْرِهِ شَيْءٌ“

جس نے اِس مہینے میں کسی روزہ دار کو اِفطار کرایا تو یہ اُس کیلئے گناہوں سے مغفرت اور اُس کی گردن کے جہنم سے آزاد ہونے کا ذریعہ بن جائے گا اور اُس کیلئے روزہ دار کے ثواب میں کمی کیے بغیر روزہ دار کے ثواب کی طرح اَجر ہو گا۔(شعب الایمان: 3336)

## ⑤حوضِ کوثر کا جام پلایا جائے گا:

حضرت سلمان فارسی رَضِیَ اللّٰہُ عَنْہُ کی مذکورہ حدیث ہی میں نبی کریم صَلَّی اللّٰہُ عَلَیْہِ وَسَلَّم کا یہ اِرشاد بھی منقول ہے:

**”وَمَنْ أَشْبَعَ صَائِمًا سَقَاهُ اللهُ مِنْ حَوْضِي شَرْبَةً لَا يَظْمَأُ حَتَّى يَدْخُلَ الْجَنَّةَ“**

جس نے کسی روزہ دار کو (اچھی طرح) اِفطار کراکر سیر کردیا اللہ تعالیٰ اُسے میرے حوض سے ایسا جام پلائیں گے کہ وہ کبھی پیاسا نہیں ہوگا یہاں تک کہ جنّت میں داخل ہوجائے گا۔(شعب الایمان: 3336)

**فائدہ:** اِفطاری کرانے کیلئے ضروری نہیں کہ مکمل اِفطاری کا پُر تکلّف انتظام کیا جائے بلکہ حدیث کے مطابق ایک کھجور، ایک پانی یا لَسّی یا شربت کا گھونٹ، یا ایک روٹی کا ٹکڑا یا لقمہ کھلانے والے کو بھی افطاری کرانے کے تمام فضائل حاصل ہوں گے۔ چنانچہ نبی کریم صَلَّی اللّٰہُ عَلَیْہِ وَسَلَّم نے جب کسی روزہ دار کو اِفطار کرانے کے فضائل بیان کیے تو حضرات صحابہ کرام رَضِیَ اللّٰہُ عَنْہُم نے آپ صَلَّی اللّٰہُ عَلَیْہِ وَسَلَّم سے دریافت کیا کہ یارسول اللہ! ہم میں سے ہر شخص کے پاس اتنی وسعت نہیں ہوتی کہ کسی روزہ دار کو اِفطار کرادے تو وہ کیسے یہ فضیلت حاصل کرسکتا ہے؟ آپ صَلَّی اللّٰہُ عَلَیْہِ وَسَلَّم نے اِرشاد فرمایا: **”يُعْطِي اللهُ هَذَا الثَّوَابَ مَنْ فَطَّرَ صَائِمًا عَلَى مَذْقَةِ لَبَنٍ أَوْ تَمْرَةٍ أَوْ شَرْبَةٍ مِنْ مَاءٍ“**

یہ ثواب اللہ تبارک و تعالیٰ اُس شخص کو بھی عطاء فرمادیں گے جو کسی روزہ دار کو ایک گھونٹ لَسّی پلاکر ہی اِفطار کرادے یا ایک کھجور ہی سے اِفطار کرادے، یا ایک گھونٹ پانی ہی پلادے۔(شعب الایمان: 3336)

ایک اور روایت میں ہے کہ کسی نے دریافت کیا کہ یارسول اللہ! اگر یہ بھی کسی کے پاس نہ ہو تو؟ آپ ﷺ نے اِرشاد فرمایا: "فَلُقْمَةُ خُبْزٍ أَوْ كِسْرَةُ خُبْزٍ" آپ ﷺ نے فرمایا: روٹی کا ایک لقمہ یا روٹی کا ایک ٹکڑا بھی کھلا دینا کافی ہے۔ (شعب الایمان: 3669)

## اِفطار کرانے والے کو یوں دعاء دینی چاہیئے:

کسی کے یہاں دَعوت کھائیں یا اِفطاری کریں تو اُس کا شکریہ اداء کرنا چاہیئے، "جَزَاكَ اللهُ خَيْراً" کہنا چاہیئے اور حدیث کے مطابق مندرجہ ذیل دعاء دینی چاہیئے:

"أَفْطَرَ عِنْدَكُمُ الصَّائِمُونَ وَأَكَلَ طَعَامَكُمُ الْأَبْرَارُ وَصَلَّتْ عَلَيْكُمُ الْمَلَائِكَةُ"

اللہ کرے کہ آپ کے پاس روزہ دار اِفطار کریں، آپ کا کھانا نیک لوگ کھائیں اور فرشتے آپ پر رحمتیں بھیجیں۔ (ابوداؤد: 3854)

# تراویح کے فضائل

تراویح رمضان المُبارک میں عشاء کی نماز کے بعد پڑھی جانے والی وہ عظیم نماز ہے جس میں اللہ تعالیٰ کے نیک بندے قرآن کریم از اوّل تا آخر پڑھتے اور سنتے ہیں، نبی کریم ﷺ نے اِسے سنّت قرار دیا ہے اور اِس کے پڑھنے کی ترغیب دی ہے، ذیل میں اِس کی اہمیت کو سمجھنے کیلئے تراویح کے چند فضائل ملاحظہ فرمائیں:

## ① تراویح کا اہتمام گناہوں کی بخشش کا ذریعہ ہے:

حضرت ابوہریرہ رضی اللہ عنہ فرماتے ہیں کہ نبی کریم ﷺ نے اِرشاد فرمایا:"مَنْ قَامَ رَمَضَانَ إِيْمَانًا وَاحْتِسَابًا، غُفِرَلَهُ مَا تَقَدَّمَ مِنْ ذَنْبِهِ"جس نے رمضان المُبارک میں ایمان کی حالت میں اجر وثواب کی امید رکھتے ہوئے قیام کیا یعنی تراویح پڑھی اُس کے پچھلے تمام گناہ معاف کر دیے جاتے ہیں۔(بخاری:2009)

حضرت قتیبہ کی ایک روایت میں "وَمَا تَأَخَّرَ" کے الفاظ بھی نقل کیے گئے ہیں جس سے معلوم ہوتا ہے کہ پچھلے گناہوں کے ساتھ ساتھ اگلے گناہوں کی بھی مغفرت ہو جاتی ہے۔(السنن الکبریٰ للنسائی:2523)

## اگلے پچھلے گناہوں کی معافی کا مطلب :

محدّثِ کبیر علّامہ ابن حجر عسقلانی رحمۃ اللہ علیہ فرماتے ہیں: پچھلے گناہوں کی معافی تو واضح ہے ، اگلے گناہوں کی معافی کا مطلب یہ ہے کہ اگر گناہ ہو جائیں تو اللہ تعالیٰ کی جانب سے معاف کر دیا جائے گا اور دوسرا مطلب یہ ہے کہ آئندہ اللہ تعالیٰ کبیرہ گناہوں سے محفوظ رہنے کی توفیق عطاء فرمائیں گے۔(فتح الباری:4/252)

حضرت ابو سلمہ اپنے والد حضرت عبد الرحمن بن عوف رضی اللہ عنہ سے نبی کریم صلی اللہ علیہ وسلم کا یہ اِرشاد نقل فرماتے ہیں:

”شَهْرٌ كَتَبَ اللّٰهُ عَلَيْكُمْ صِيَامَهُ، وَسَنَنْتُ لَكُمْ قِيَامَهُ، فَمَنْ صَامَهُ وَقَامَهُ إِيمَانًا وَاحْتِسَابًا خَرَجَ مِنْ ذُنُوبِهِ كَيَوْمِ وَلَدَتْهُ أُمُّهُ“

جس نے رمضان کے مہینہ میں ایمان کی حالت میں اجر و ثواب کی نیت سے روزہ رکھا اور تراویح پڑھی وہ اپنے گناہوں سے اُس دن کی طرح نکل جاتا ہے جس دن اُس کی ماں نے اُس کو جَنا تھا۔(ابن ماجہ:1328)(نسائی:2210)

**۲ تراویح کا اہتمام کرنے والا صدّیقین و شہداء میں سے ہے:**

حضرت عمرو بن مرّہ جُہنی رضی اللہ عنہ فرماتے ہیں کہ ایک شخص نبی کریم صلی اللہ علیہ وسلم کے پاس آیا اور آپ سے دریافت کیا:

”يَارَسُولَ اللّٰهِ!أَرَأَيْتَ إِنْ شَهِدْتُ أَنْ لَا إِلٰهَ إِلَّا اللّٰهُ وَأَنَّكَ رَسُولُ اللّٰهِ وَصَلَّيْتُ الصَّلَوَاتِ الْخَمْسَ،وَصُمْتُ الشَّهْرَ،وَقُمْتُ رَمَضَانَ،وَآتَيْتُ الزَّكَاةَ“

یارسول اللہ! اگر میں اللہ تعالیٰ کی وحدانیت اور آپ کی رسالت کی گواہی دوں پانچ نمازیں پڑھوں، رمضان کے روزے رکھوں، رمضان میں تراویح پڑھوں اور زکوۃ اداء کروں تو آپ کا کیا خیال ہے میرے بارے میں؟ آپ صلی اللہ علیہ وسلم نے اِرشاد فرمایا:

”مَنْ مَاتَ عَلَى هَذَا كَانَ مِنَ الصِّدِّيقِينَ وَالشُّهَدَاءِ“

جو شخص اِن مذکورہ کاموں کو کرتے ہوئے مَر جائے وہ (اللہ کے حضور) صدّیقین اور شہداء میں سے ہے۔(صحیح ابن خزیمہ:2212)

## ③ تراویح نبی کریم ﷺ کی سنّت اور ایک قابلِ رغبت عمل ہے:

حضرت ابوہریرہ رضی اللہ عنہ فرماتے ہیں:

"كَانَ يُرَغِّبُ فِي قِيَامِ رَمَضَانَ مِنْ غَيْرِ عَزِيْمَةٍ"

نبی کریم ﷺ رمضان المُبارک کے قیام (یعنی تراویح پڑھنے) کی طرف اُس کو لازم کیے بغیر شوق ورغبت دلاتے تھے۔ (مصنّف ابن ابی شیبہ: 7698)

اِس سے معلوم ہوا کہ تراویح اگرچہ فرض وواجب نہیں لیکن اِس کا یہ مطلب نہیں کہ اِس سے لاپرواہی اختیار کی جائے، جیسا کہ بہت سے لوگ یہ کہہ کر تراویح چھوڑ دیتے ہیں کہ یہ کوئی فرض وواجب تھوڑی ہے!، نیز بعض کوتاہ فہم لوگ تو یہ کہتے ہوئے نظر آتے ہیں کہ تراویح نبی کریم ﷺ کی سنت ہی نہیں، یہ عمل بعد میں حضرت عمر رضی اللہ عنہ نے جاری کیا تھا... اَستغفر اللہ!

اول تو یہ کہنا ہی غلط ہے کہ یہ نبی کریم ﷺ کی سنت نہیں، کیونکہ خود حدیث میں صراحۃً مذکور ہے کہ آپ ﷺ نے اِرشاد فرمایا: "شَهْرٌ كَتَبَ اللّٰهُ عَلَيْكُمْ صِيَامَهُ، وَسَنَنْتُ لَكُمْ قِيَامَهُ" اللہ تعالیٰ نے اِس مہینے کے روزے تم پر فرض کیے ہیں اور میں نے اُس کے قیام (تراویح پڑھنے) کو تمہارے لئے سنت قرار دیا ہے۔ (ابن ماجہ: 1328)

اور نبی کی سنت سچے امتیوں کیلئے قابلِ ترک نہیں بلکہ مِشعلِ راہ ہوتی ہے۔

ایک اور روایت میں ہے، حضرت ابوہریرہ رضی اللہ عنہ فرماتے ہیں کہ نبی کریم ﷺ ایک دفعہ نکلے تو آپ نے دیکھا کہ کچھ لوگ مسجد کے ایک کنارے میں (جماعت کے ساتھ حضرت ابی بن کعب رضی اللہ عنہ کے پیچھے) نماز پڑھ رہے ہیں، آپ نے اِرشاد فرمایا:

”مَا هٰؤُلَاءِ؟“ یہ کون لوگ ہیں؟ بتایا گیا یہ وہ لوگ ہیں جن کو قرآن کریم کا کوئی حصہ یاد نہیں ہے، اِس لیے حضرت ابی بن کعب رضی اللہ عنہ اُنہیں نماز پڑھا رہے ہیں اور لوگ اُن کی اِقتداء میں نماز پڑھ رہے ہیں، آپ صلی اللہ علیہ وسلم نے اِرشاد فرمایا:

”أَصَابُوا، أَوْ نِعْمَ مَا صَنَعُوا“ اِن لوگوں نے بالکل صحیح کیا، یا یہ فرمایا: اِن لوگوں نے کتنا اچھا کام کیا!!۔(صحیح ابن خزیمہ:2208)

پھر اگر یہ مان بھی لیا جائے کہ تراویح حضرت عمر کی سنت ہے تو کیا حضرت عمر رضی اللہ عنہ کی سنت نبی کی سنت نہیں؟ کیا خلفائے راشدین کے طریقے کو نبی کریم صلی اللہ علیہ وسلم نے واجب العمل قرار نہیں دیا؟ حدیث میں بڑی وضاحت اور صراحت کے ساتھ نبی کریم صلی اللہ علیہ وسلم کا یہ اِرشاد موجود ہے:

”فَعَلَيْكُمْ بِسُنَّتِيْ وَسُنَّةِ الْخُلَفَاءِ الْمَهْدِيِّيْنَ الرَّاشِدِيْنَ“تم پر میری اور خلفائے راشدین کی سنت کو تھامنا لازم ہے جو کہ ہدایت یافتہ ہیں۔(ابو داؤد:4607)

ہاں! زیادہ سے زیادہ یہ کہا جاسکتا ہے کہ آپ صلی اللہ علیہ وسلم نے تراویح پڑھی تو ہے لیکن اُس پر مواظبت اور پابندی نہیں فرمائی تھی، لیکن اُس کی وجہ بھی خود حدیث میں یہ ذکر کی گئی ہے کہ آپ صلی اللہ علیہ وسلم نے اِس لئے پابندی نہیں فرمائی کہ کہیں اُمّت پر فرض نہ ہو جائے۔

چنانچہ صحیح ابن حبان کی روایت ہے کہ ایک موقع پر جبکہ حضرات صحابہ کرام رضی اللہ عنہم تراویح پڑھانے کیلئے نبی کریم صلی اللہ علیہ وسلم کا اِنتظار کر رہے تھے تو آپ صلی اللہ علیہ وسلم نے اپنے نہ آنے کی وجہ بیان کرتے ہوئے اِرشاد فرمایا:”أَمَّا بَعْدُ فَإِنَّهُ لَمْ يَخْفَ عَلَيَّ مَكَانُكُمْ وَلَكِنِّي خَشِيتُ أَنْ تُفْرَضَ عَلَيْكُمْ فَتَعْجِزُوا عَنْهَا“

حمد و صلوۃ کے بعد! بیشک مجھ پر تم لوگوں کا اپنی جگہوں میں بیٹھ کر انتظار کرنا مخفی نہیں ہے، لیکن مجھے اِس بات کا خوف ہے کہ کہیں یہ نماز تم پر فرض نہ کر دی جائے اور پھر تم اسے پڑھ نہ سکو (تو گناہ گار ہوگے)۔(صحیح ابن حبان:141)

پس آپ ﷺ کا تراویح پر مواظبت نہ فرمانا بھی اُمت پر آسانی و سہولت کیلئے تھا، اِس عمل کے غیر اہم ہونے کی وجہ سے نہ تھا، لیکن بعد میں خلفائے راشدین کی مواظبت کی وجہ سے اِس کا حکم "سنّتِ مؤکّدہ" کا ہو گیا، لہٰذا بغیر کسی عذر کے اِس کا ترک کرنے والا گناہ گار ہے۔(الدر المختار:2/43)(عالمگیری:1/116)(فتح القدیر:1/467)

# قرآن کریم کی تلاوت کے فضائل

رمضان المُبارک قرآن کریم کا مہینہ ہے، اللہ تعالیٰ نے اِس مہینے میں قرآن کریم نازل کیا، بلکہ دیگر کتبِ سماویہ بھی اِسی مُبارک مہینہ میں نازل ہوئی ہیں اِس لئے اِس مہینہ کی قرآن کریم کے ساتھ بہت گہری مُناسبت پائی جاتی ہے، اور یہی وجہ ہے کہ اِس مہینہ میں سال بھر کے مقابلے میں سب سے زیادہ قرآن کریم پڑھا جاتا ہے اور پڑھنا بھی چاہیئے کیونکہ "قرآن کریم کا مہینہ" ہونے کے اعتبار سے اِس کا حق بھی یہی بنتا ہے۔

نبی کریم ﷺ بھی حضرت جبریلِ امین علیہ السلام کے ساتھ قرآن کریم کا دَور فرمایا کرتے تھے، اور اِسی لئے ہر دَور میں رمضان المُبارک کے مہینے میں سلَفِ صالحین کا کثرت سے قرآن کریم پڑھنے کا معمول رہاہے۔ اللہ تعالیٰ ہمیں بھی اِس کی توفیق نصیب فرمائے۔

ذیل میں قرآن کریم کی تلاوت کے چند فضائل ذکر کیے جارہے ہیں تاکہ اُن کو پڑھ کر اِس عظیم عبادت کا شوق پیدا ہو اور اِس نفع مند تجارت کو حاصل کرنے کی زیادہ سے زیادہ کوشش کی جاسکے۔ اللہ تعالیٰ تمام مُسلمانوں کو توفیق نصیب فرمائے۔ آمین

## ① قرآن کریم پڑھنا اللہ تعالیٰ سے باتیں کرنا ہے:

حضرت انس بن مالک رضی اللہ عنہ سے مَروی ہے نبی کریم ﷺ اِرشاد فرماتے ہیں:

"إِذَا أَحَبَّ أَحَدُكُمْ أَنْ يُحَدِّثَ رَبَّهُ تَعَالَى فَلْيَقْرَأْ"

جب تم میں سے کوئی اپنے ربّ سے باتیں کرنا چاہے تو اُسے چاہیئے کہ قرآن کریم پڑھے۔ (أخرجہ الخطیب فی تاریخہ: 8/164)(کنز العمال: 2257)

**۲ قرآن کریم کی تلاوت سب سے بڑی عبادت ہے:**

حضرت ابوہریرہ رضی اللہ عنہ کی روایت میں ہے کہ نبی کریم صلی اللہ علیہ وسلم کا اِرشاد ہے:

"أَعْبَدُ النَّاسِ أَكْثَرُهُمْ تِلَاوَةً لِلْقُرآنِ" لوگوں میں سب سے بڑا عبادت گزار وہ ہے جو سب سے زیادہ قرآن کریم کی تلاوت کرنے والا ہے۔ (کنز العمال: 2260)

**۳ قرآن کریم کی تلاوت سب سے افضل عبادت ہے:**

حضرت اُسیر بن جابر رضی اللہ عنہ سے مَروی ہے کہ نبی کریم صلی اللہ علیہ وسلم نے اِرشاد فرمایا:

"أَفْضَلُ الْعِبَادَةِ قِرَاءَةُ الْقُرآنِ"

سب سے افضل عبادت قرآن کریم کی تلاوت ہے۔ (کنز العمال: 2263)

حضرت نعمان بن بشیر رضی اللہ عنہ سے مَروی ہے کہ نبی کریم صلی اللہ علیہ وسلم نے اِرشاد فرمایا:

" أَفْضَلُ عِبَادَةِ أُمَّتِي قِرَاءَةُ الْقُرْآنِ"

میری امّت کی سب سے افضل عبادت قرآن کی تلاوت ہے۔ (شعب الایمان: 1865)

**۴ قرآن کریم کی تلاوت کرنے اور نہ کرنے والے کی مثال:**

حضرت ابوموسیٰ اشعری رضی اللہ عنہ سے مَروی ہے نبی کریم صلی اللہ علیہ وسلم کا اِرشاد ہے:

"مَثَلُ الْمُؤْمِنِ الَّذِي يَقْرَأُ الْقُرْآنَ كَمَثَلِ الْأُتْرُجَّةِ، رِيحُهَا طَيِّبٌ وَطَعْمُهَا طَيِّبٌ، وَمَثَلُ الْمُؤْمِنِ الَّذِي لَايَقْرَأُ الْقُرْآنَ كَمَثَلِ التَّمْرَةِ، لَارِيحَ لَهَا وَطَعْمُهَا حُلْوٌ، وَمَثَلُ الْمُنَافِقِ الَّذِي يَقْرَأُ الْقُرْآنَ مَثَلُ الرَّيْحَانَةِ، رِيحُهَا طَيِّبٌ وَطَعْمُهَا مُرٌّ، وَمَثَلُ الْمُنَافِقِ الَّذِي لَايَقْرَأُ الْقُرْآنَ كَمَثَلِ الْحَنْظَلَةِ، لَيْسَ لَهَا رِيحٌ وَطَعْمُهَا مُرٌّ"

جو مومن قرآن کریم پڑھتا ہے اس کی مثال ترنج کی سی ہے کہ اس کی خوشبو بھی عُمدہ ہوتی ہے اور مزہ بھی لذیذ ہوتا ہے، اور جو مومن قرآن شریف نہ پڑھے اُس کی مثال

کھجور کی سی ہے کہ خوشبو کچھ نہیں لیکن مزہ میٹھا ہوتا ہے اور جو منافق قرآن شریف نہ پڑھے اُس کی مثال حنظل کے پھل کی سی ہے کہ مزہ کڑوا اور خوشبو کچھ نہیں اور جو منافق قرآن شریف پڑھتا ہے اس کی مثال خوشبودار پھول کی ہے کہ خوشبو عُمدہ اور اور مزہ کڑوا۔(بخاری:5427)

### ۵ قرآن کریم کی تلاوت میں ہر حرف کے بدلے دس نیکی:

حضرت عبد اللہ بن مسعود رَضِیَ اللّٰہُ عَنْہُ نے حضور صَلَّی اللّٰہُ عَلَیْہِ وَسَلَّم کا یہ اِرشاد نقل کیا ہے:

”مَنْ قَرَأَ حَرْفًا مِنْ كِتَابِ اللَّهِ فَلَهُ بِهِ حَسَنَةٌ،
وَالْحَسَنَةُ بِعَشْرِ أَمْثَالِهَا، لَاأَقُولُ:الم حَرْفٌ
وَلٰكِنْ أَلِفٌ حَرْفٌ وَلَامٌ حَرْفٌ وَمِيمٌ حَرْفٌ“

جو شخص کتاب اللہ کا ایک حرف پڑھے اس کیلئے اس حرف کے بدلے ایک نیکی ہے اور ایک نیکی کا اَجر دس نیکی کے برابر ملتا ہے، میں یہ نہیں کہتا کہ سارا ”الٓمٓ“ ایک حرف ہے، بلکہ الف ایک حرف، لام ایک حرف اور میم ایک حرف ہے۔(ترمذی:2910)

### ۶ قرآن کریم کی تلاوت دلوں کی صفائی کا بہترین ذریعہ ہے:

حضرت عبد اللہ بن عمر رَضِیَ اللّٰہُ عَنْہُمَا نبی کریم صَلَّی اللّٰہُ عَلَیْہِ وَسَلَّم کا اِرشاد نقل فرماتے ہیں:

”إِنَّ هٰذِهِ الْقُلُوبَ تَصْدَأُ، كَمَا يَصْدَأُ الْحَدِيدُ إِذَا أَصَابَهُ الْمَاءُ“

بیشک دلوں کو بھی زنگ لگ جاتا ہے جیسا کہ لوہے کو پانی لگنے سے زنگ لگتا ہے، پوچھا گیا کہ یارسول اللہ! اُس کی صفائی کی کیا صورت ہے؟ آپ صَلَّی اللّٰہُ عَلَیْہِ وَسَلَّم نے فرمایا:

”كَثْرَةُ ذِكْرِ الْمَوْتِ وَتِلَاوَةُ الْقُرْآنِ“

موت کو کثرت سے یاد کرنا اور قرآن کریم کی تلاوت کرنا۔(شعب الایمان:1859)

**⑦ تلاوت میں مشغول رہنے والے کیلئے اللہ کی جانب سے بہترین عَطیہ:**

حدیثِ قدسی میں ہے، اللہ تبارک وتعالیٰ اِرشاد فرماتے ہیں:

”يَقُولُ الرَّبُّ عَزَّوَجَلَّ:مَنْ شَغَلَهُ الْقُرْآنُ عَنْ ذِكْرِيْ وَمَسْأَلَتِي أَعْطَيْتُهُ أَفْضَلَ مَا أُعْطِيَ السَّائِلِينَ“

جس شخص کو قرآن کریم میں مشغولیت کی وجہ سے ذکر کرنے اور دعائیں مانگنے کی فرصت نہیں ملتی مَیں اُس کو تمام دعاء مانگنے والوں سے زیادہ افضل اور بہتر چیز عطاء کرتا ہوں۔(ترمذی:2926)

# اِعتکاف کے فضائل

رمضان المُبارک کے آخری عشرہ میں ایک عظیم عبادت سرانجام دی جاتی ہے جس میں اللہ کے چاہنے والے اپنے گھربار کو چھوڑ کر اللہ کے در پر آکر بیٹھ جاتے ہیں اور دن رات صرف اللہ ہی کی یاد میں ڈوبے رہتے ہیں۔ نبی کریم ﷺ نے خود بھی اِسے پابندی سے اختیار کیا ہے اور اُمّت کو بھی اِس کی ترغیب دی ہے۔

ذیل میں اِس کے فضائل ذکر کیے جارہے ہیں، انہیں پڑھ کر اِن فضیلتوں کو حاصل کرنے کی کوشش کریں، اللہ پاک عمل کی توفیق نصیب فرمائے۔ آمین

## ① اعتکاف نبی کریم ﷺ کی دائمی سنّت ہے:

حضرت عائشہ صدیقہ رضی اللہ عنہا فرماتی ہیں:

”كَانَ يَعْتَكِفُ العَشْرَ الْأَوَاخِرَ مِنْ رَمَضَانَ حَتَّى تَوَفَّاهُ اللَّهُ“

نبی کریم ﷺ رمضان المُبارک کے آخری عشرہ میں اعتکاف کیا کرتے تھے یہاں تک کہ آپ کی وفات ہوگئی۔(بخاری:2026)

اِس حدیث سے معلوم ہوا کہ آپ ﷺ کس قدر پابندی کے ساتھ اعتکاف فرمایا کرتے تھے، چنانچہ آپ ﷺ نے مدینہ منوّرہ تشریف لانے کے بعد کبھی اعتکاف کو ترک نہیں فرمایا۔

حضرت اِبنِ شہاب زہری رحمۃ اللہ علیہ فرماتے ہیں:

”عَجباً مِنَ النَّاسِ كَيفَ تَركُوا الِاعْتِكَافَ وَرَسُوْلُ اللهِ صَلَّى اللّٰهُ عَلَيْهِ وَسَلَّمَ كَانَ يَفْعَلُ الشَّيْءَ وَيَتْرُكُهُ وَمَا تَرَكَ الِاعْتِكَافَ حَتَّى قُبِضَ“

لوگوں پر تعجب ہوتا ہے کہ وہ اعتکاف کو کیسے ترک کر دیتے ہیں، حالآنکہ نبی کریم ﷺ کسی کام کو کبھی کرتے اور کبھی ترک کر دیتے تھے، لیکن آپ ﷺ نے (مدینہ منورہ تشریف لانے کے بعد) تادمِ وفات کبھی اس کو ترک نہیں کیا۔(مراقی الفلاح:268)

اور صرف دس دن ہی کیا آپ ﷺ سے تو رمضان کے پورے مہینے اعتکاف کرنا ثابت ہے، چنانچہ مندرجہ ذیل روایت میں اِس کی تصریح موجود ہے:

حضرت ابو سعید خدری رضی اللہ عنہ سے روایت ہے کہ نبی کریم ﷺ نے رمضان کے پہلے عشرہ میں اِعتکاف فرمایا، پھر درمیانے عشرے میں بھی ترکی خیموں میں اِعتکاف فرمایا، پھر خیمہ سے سر مُبارک نکال کر اِرشاد فرمایا:

"إِنِّي اعْتَكَفْتُ الْعَشْرَ الْأَوَّلَ أَلْتَمِسُ هَذِهِ اللَّيْلَةَ، ثُمَّ اعْتَكَفْتُ الْعَشْرَ الْأَوْسَطَ، ثُمَّ أُتِيتُ، فَقِيلَ لِي: إِنَّهَا فِي الْعَشْرِ الْأَوَاخِرِ، فَمَنْ أَحَبَّ مِنْكُمْ أَنْ يَعْتَكِفَ فَلْيَعْتَكِفْ"

میں نے شبِ قدر کو تلاش کرنے کیلئے رمضان کے پہلے عشرہ میں اعتکاف کیا تھا پھر درمیانے عشرے میں اعتکاف کیا پھر میرے پاس ایک فرشتہ آیا اور مجھ سے کہا کہ شب قدر آخری عشرے میں ہے، لہٰذا جو لوگ میرے ساتھ اعتکاف کر رہے ہیں اُنہیں آخری عشرہ کا بھی اعتکاف کرنا چاہیئے۔(مسلم:1167)

اور جس سال آپ کا وصال ہوا ہے اُس سال آپ ﷺ نے بیس دن کا اعتکاف فرمایا تھا، چنانچہ حضرت ابو ہریرہ رضی اللہ عنہ فرماتے ہیں کہ نبی کریم ﷺ ہر رمضان میں دس دن

اعتکاف کیا کرتے تھے، اور جس سال آپ ﷺ کی رحلت ہوئی ہے اس سال آپ ﷺ نے بیس دن کا اعتکاف فرمایا۔(بخاری:2044)

**فائدہ**: نبی کریم ﷺ نے اگرچہ ہمیشہ اِعتکاف پر پابندی فرمائی تھی جس کے نتیجہ میں اعتکاف واجب ہونا چاہیئے تھا لیکن چونکہ آپ ﷺ نے کسی صحابی کو اِس کے ترک کرنے پر نکیر نہیں فرمائی اِس لئے اِس سے اِس کا سنّت ہونا ثابت ہوا، نیز واجب نہ ہونے کی ایک وجہ یہ بھی بیان کی گئی ہے کہ آپ ﷺ نے اپنی حیاتِ مبارکہ میں ایک مرتبہ اس کو ترک بھی فرمایاہے، چنانچہ صحیحین کی روایت میں ہے:

حضرت عائشہ صدیقہ رضی اللہ عنہا فرماتی ہیں کہ نبی کریم ﷺ ہر رمضان میں اعتکاف فرماتے تھے، پس جب فجر کی نماز پڑھتے تو اپنی اس جگہ پر تشریف لاتے جہاں اعتکاف کرنا ہوتا راوی کہتے ہیں کہ حضرت عائشہ صدیقہ رضی اللہ عنہا نے بھی آپ ﷺ سے اعتکاف کی اجازت مانگی، آپ ﷺ نے اِجازت دیدی، چنانچہ اُنہوں نے مسجد میں ایک خیمہ لگالیا، حضرت حفصہ رضی اللہ عنہا نے سنا تو اُنہوں نے بھی ایک خیمہ لگالیا، حضرت زینب رضی اللہ عنہا نے سنا تو اُنہوں نے بھی ایک اور خیمہ لگالیا، پس جب آپ ﷺ فجر کی نماز سے فارغ ہوئے تو دیکھا کہ چار خیمے لگے ہوئے ہیں (ایک آپ ﷺ کا اور تین ازواجِ مطہرات کے) آپ ﷺ نے پوچھا: "مَا هٰذَا؟" یہ کیا ہے؟ آپ ﷺ کو ازواجِ مطہرات کے بارے میں بتلایا گیا (کہ یہ اُن کے خیمے ہیں) آپ ﷺ نے اِرشاد فرمایا:

"مَا حَمَلَهُنَّ عَلٰى هٰذَا؟ آلْبِرُّ؟ اِنْزِعُوْهَا فَلَا أَرَاهَا" اُنہوں نے ایسا کیوں کیا؟ کیا نیکی کی وجہ سے؟ ان خیموں کو نکال دو، اب میں انہیں نہ دیکھوں، چنانچہ خیمے اُٹھادیے

گئے اور آپ ﷺ نے بھی اعتکاف نہیں فرمایا، یہاں تک کہ شوال کے آخری عشرے میں اعتکاف فرمایا۔(بخاری:2041)(فتح القدیر:2/389)(مرقاۃ المفاتیح:4/1446)

اِس سے معلوم ہوا کہ آپ ﷺ سے ایک مرتبہ اعتکاف کا چھوڑنا بھی ثابت ہے، لیکن چونکہ آپ ﷺ نے اُس کے تدارک اور تلافی کیلئے شوال کے آخری عشرے میں اعتکاف فرمالیا تھا اِس لئے یہ کہنا بھی درست ہے کہ آپ ﷺ نے ہمیشہ اعتکاف فرمایا ہے۔

## ❷ معتکف گناہوں سے محفوظ رہتا ہے:

حضرت عبد اللہ بن عباس رضی اللہ عنہما نبی کریم ﷺ کا یہ اِرشاد نقل فرماتے ہیں:

"هُوَ يَعْكِفُ الذُّنُوبَ وَيَجْرِىْ لَهُ مِنَ الْحَسَنَاتِ كَعَامِلِ الْحَسَنَاتِ كُلِّهَا"

اعتکاف کرنے والا گناہوں سے بچا رہتا ہے، اور اُس کا نیکیوں کا حساب ساری نیکیاں کرنے والے بندے کی طرح جاری رہتا ہے۔(ابن ماجہ:1747)

**فائدہ:** اِس حدیث سے اعتکاف کا ایک بہت بڑا فائدہ یہ معلوم ہوتا ہے کہ معتکف مسجد کی حدود میں رہنے کی وجہ سے گناہوں سے بچا رہتا ہے، البتہ اِس بات کا لحاظ رکھنا بہت ضروری ہے کہ باہر کے گناہوں سے تو اللہ تعالیٰ نے اُس کی حفاظت کا بندوبست فرمادیا اور اُسے معاصی سے محفوظ رہنے کی توفیق عطاء فرمائی، اب مسجد کی حدود میں رہتے ہوئے بھی اپنے آپ کو قابو میں رکھے، کہیں ایسا نہ ہو کہ مسجد میں رہتے ہوئے کھیل کود، دنیا کی باتیں اور فضولیات و لغویات میں پڑ کر "نیکی برباد اور گناہ لازم" کا مصداق بن جائے۔ایک احتمال اِس حدیث میں یہ بھی ذکر کیا گیا ہے کہ اللہ تعالیٰ

اعتکاف کی برکت سے مسجد سے نکلنے کے بعد آئندہ بھی معتکف کو گناہوں سے محفوظ رہنے کی توفیق عطاء فرماتے ہیں۔(حاشیۃ السندی علی ابن ماجہ:1/542)

### ۳ معتکف کو تمام نیکیاں کرنے کا اَجر ملتا ہے:

حضرت عبد اللہ بن عباس رضی اللہ عنہما کی حدیثِ سابق "یَجْرِیْ لَهُ مِنَ الْحَسَنَاتِ كَعَامِلِ الْحَسَنَاتِ كُلِّهَا" سے یہ دوسری فضیلت بھی معلوم ہوتی ہے کہ اعتکاف میں بیٹھنے والے کے نامہء اعمال میں تمام نیکیوں کا اَجر و ثواب لکھا جاتا ہے، کیونکہ وہ مسجد کے اندر مقیّد اور پابند ہو جاتا ہے اور بہت سے وہ نیکیوں کے اعمال سرانجام نہیں دے سکتا جو وہ باہر رہتے ہوئے کر سکتا تھا، مثلاً: کسی مسلمان کی مدد کیلئے جانا، راستے سے تکلیف دہ چیزوں کا ہٹانا، بیمار کی عیادت کرنا وغیرہ، یہ تمام اعمال کا اجر و ثواب مُعتکف کو مسجد میں بیٹھے بیٹھے مُفت میں نصیب ہو جاتا ہے۔(سنن ابن ماجہ:1747)

### ۴ دس دن کا اعتکاف دو حج اور دو عُمروں کے برابر ہے:

حضرت علی بن حُسین اپنے والد حضرت حُسین رضی اللہ عنہ سے نبی کریم صلی اللہ علیہ وسلم کا یہ اِرشاد نقل فرماتے ہیں:

"مَنِ اعْتَكَفَ عَشْرًا فِي رَمَضَانَ كَانَ كَحَجَّتَيْنِ وَعُمْرَتَيْنِ"

جس نے ماہِ رمضان میں دس دن کا اعتکاف کیا تو اُس کو دو حج اور دو عُمروں کے برابر ثواب ملتا ہے۔(شعب الایمان:3680)(طبرانی کبیر:2888)

کتنے خوش نصیب ہیں وہ لوگ جنہیں ہر سال اِعتکاف کی توفیق نصیب ہوتی ہے، اور ہر سال وہ اِس عظیم سعادت کو حاصل کرنے کیلئے کوشاں ہوتے ہیں۔

### ⑤ معتکف کو ہر دن ایک حج کا ثواب ملتا ہے:

حضرت سعید بن عبد العزیز رحمۃ اللہ علیہ فرماتے ہیں کہ مجھے حضرت حسن بصری رحمۃ اللہ علیہ سے یہ روایت پہنچی ہے: "لِلْمُعْتَكِفِ كُلَّ يَوْمٍ حَجَّةٌ"

مُعتکف کیلئے ہر دن ایک حج کے برابر ثواب ہوتا ہے۔(شعب الایمان:3682)

### ⑥ مُعتکف کی ایک بہترین مثال:

حضرت عُثمان بن عطاء اپنے والد حضرت عطاء بن رباح رحمۃ اللہ علیہ جو کہ ایک جلیل القدر تابعی ہیں اُن سے نقل کرتے ہوئے فرماتے ہیں:

"إِنَّ مَثَلَ الْمُعْتَكِفِ مَثَلُ الْمُجرِمِ أَلْقَى نَفْسَهُ بَيْنَ يَدَيِ الرَّحْمَنِ، فَقَالَ: وَاللهِ لَا أَبْرَحُ حَتَّى تَرْحَمَنِي"

اعتکاف کرنے والے کی مثال اُس مُجرِم کی طرح ہے جو اپنے آپ کو رحمان (رحم کرنے والے) کے سامنے ڈال کر یہ کہتا ہو کہ: اللہ کی قسم! مَیں یہاں سے نہیں ہٹوں گا جب تک کہ آپ مجھ پر رحم نہ فرمادیں۔(شعب الایمان:3684)

### ⑦ معتکف اور جہنم کے درمیان خندقوں کا حائل ہونا:

حضرت عبد اللہ بن عباس رضی اللہ عنہما فرماتے ہیں کہ مَیں نے نبی کریم صلی اللہ علیہ وسلم سے سنا ہے:

"مَنِ اعْتَكَفَ يَوْمًا ابْتِغَاءَ وَجْهِ اللهِ تَعَالَى جَعَلَ اللهُ بَيْنَهُ وَبَيْنَ النَّارِ ثَلَاثَ خَنَادِقَ أَبْعَدَ مَا بَيْنَ الْخَافِقَيْنِ" جو شخص اللہ تعالیٰ کی رِضا کیلئے ایک دن کا اعتکاف کرے اللہ تعالیٰ اُس کے اور جہنم کے درمیان ایسی تین خندقیں حائل فرمادیتے ہیں جن کے درمیان آسمان و زمین (یا مشرق و مغرب کی درمیان کی) مَسافت سے بھی زیادہ

فاصلہ ہوتا ہے۔(شعب الایمان :3679)"خَافِقَیْنِ" کا معنی مشرق و مغرب کے بھی آتے ہیں اور آسمان وزمین کے کناروں کو بھی کہا جاتا ہے۔(النہایۃ لابن الأثیر:2/56)

## ۸ مغرب سے عشاء تک کے اعتکاف پر جنت کا محل:

علّامہ شعرانی رحمۃ اللہ علیہ نے "کشف الغمہ" میں ایک روایت نقل کی ہے، جسے حضرت شیخ الحدیث رحمۃ اللہ علیہ نے فضائلِ رمضان میں بھی ذکر کی ہے کہ نبی کریم صَلَّی اللّٰہُ عَلَیْہِ وَسَلَّم کا اِرشاد ہے:

"مَنْ اِعْتَکَفَ مَا بَیْنَ الْمَغْرِبِ وَ الْعِشَاءِ فِیْ مَسْجِدِ جَمَاعَةٍ لَمْ یَتَکَلَّمْ اِلّا بِصَلَاۃ وَ قُرْآنٍ کَانَ حَقًّا عَلَی اللہ أنْ یَّبْنِیَ لَه قَصْراً فِی الْجَنَّةِ"

جو شخص کسی ایسی مسجد میں جہاں جماعت کے ساتھ نماز ہوتی ہو، وہاں مغرب سے لیکر عشاء تک کا اعتکاف کرے اور نماز و قرآن کریم کی تلاوت کے علاوہ کسی سے بات چیت نہ کرے تو اللہ تعالیٰ نے اپنے ذمّہ لازم کرلیا ہے کہ اُس کیلئے جنت میں ایک محل بنادیں گے۔(کشف الغمہ:1/306)(فضائل رمضان:54)

## ۹ اعتکاف گناہوں کی مغفرت کا ذریعہ ہے:

رمضان کے روزے، تراویح اور لیلۃ القدر کی عبادت کی طرح اعتکاف کی فضیلت میں بھی آتا ہے کہ اس سے پچھلے تمام (صغیرہ) گناہ معاف ہو جاتے ہیں۔

حضرت عائشہ صدیقہ رضی اللہ عنہا سے مَروی ہے، نبی کریم صَلَّی اللّٰہُ عَلَیْہِ وَسَلَّم نے اِرشاد فرمایا:

"مَنْ اِعْتَکَفَ إِیْمَانًا وَاحْتِسَابًا ،غُفِرَ لَهُ مَا تَقَدَّمَ مِنْ ذَنْبِهِ"

جو ایمان کی حالت میں اَجر و ثواب کی نیت کے ساتھ اعتکاف کرے اُس کے پچھلے تمام گناہ معاف کردیے جاتے ہیں۔(مسند الفردوس للدیلمی، بحوالہ کنز العمال:24007)

**اعتکاف کے عظیم فوائد ومنافع:**

❶......مُعتکف کو دنیا کی سب سے زیادہ محبوب اور پسندیدہ جگہ پر دس دن گزارنے کا موقع ملتا ہے۔ جیسا کہ حدیث میں آتا ہے: شہروں میں سب سے زیادہ محبوب اور پسندیدہ جگہ اللہ تعالیٰ کے نزدیک اُن کی مساجد ہیں۔(مسلم:671)

❷......مسجد میں آنے والا اللہ تعالیٰ کا مہمان ہوتا ہے لہٰذا مُعتکف کیلئے یہ کتنی بڑی خوش نصیبی کی بات ہے کہ وہ دس دن تک دن رات اللہ تعالیٰ کا مہمان ہوتا ہے، چنانچہ اِرشادِ نبوی ہے: بیشک مساجد زمین میں اللہ تعالیٰ کے گھر ہیں اور اللہ تعالیٰ نے اپنے اوپر لازم کیا ہے کہ اُن لوگوں کا اِکرام کریں گے جو مساجد میں (عبادت وغیرہ کیلئے آکر) اللہ تعالیٰ کی زیارت کریں۔(شعب الایمان:2682)

حضرت سلمان فارسی رضی اللہ عنہ فرماتے ہیں: جو اچھی طرح وضو کرکے مسجد نماز پڑھنے کیلئے جائے تو وہ اللہ تعالیٰ کا زائر یعنی زیارت کرنے والا مہمان ہے اور میزبان کا (اخلاقی و شرعی) حق بنتا ہے کہ وہ اپنے مہمان زائر کا اِکرام کرے۔(ابن ابی شیبہ:34617)

❸......اعتکافِ مسنون میں بیٹھنے والے دس دن تک مسجدوں کو دن رات آباد کرنے والے ہیں، اور حدیث کے مطابق مسجدوں کو آباد کرنے والے "اہل اللہ" یعنی اللہ والے ہیں۔(شعب الایمان:2684) لہٰذا معتکف کو اعتکاف کی عظیم عبادت کی برکت سے اہل للہ ہونے کا شرَف حاصل ہوتا ہے۔

نیز ایک حدیثِ قدسی میں ہے، اللہ تعالیٰ اِرشاد فرماتے ہیں: میں زمین والوں پر عذاب نازل کرنے کا اِرادہ کرتا ہوں لیکن جب میں اپنے گھروں (مساجد) کے آباد کرنے

والوں کو، میری خاطر محبت کرنے والوں کو اور سحر کے وقت میں اِستغفار کرنے والوں کو دیکھتا ہوں تو اُن سے عذاب کو پھیر لیتا ہوں۔(شعب الایمان:2685)ایک اور روایت میں ہے نبی کریم ﷺ نے اِرشاد فرمایا: جب کوئی آفت آسمان سے نازل ہوتی ہے تو مسجدوں کے آباد کرنے والوں سے پھیر لی جاتی ہے۔(شعب الایمان:2686)

پس اِن احادیث سے معلوم ہوتا ہے کہ اِعتکاف میں بیٹھنے والوں کی برکت سے اللہ کا عَذاب اور آفتِ سَماویہ دور ہو جاتی ہیں۔

۴......اعتکاف میں بیٹھنے والوں کو دس دن رات تک فرشتوں کی ہم نشینی حاصل ہوتی ہے، اِس لئے کہ مسجدوں میں جم کر رہنے والوں کو فرشتوں کی ہم نشینی حاصل ہوتی ہے، چنانچہ حضرت سعید بن المسیّب رحمۃ اللہ علیہ کا قول ہے:

بیشک مسجد کیلئے کچھ لوگ میخوں (یعنی کیلوں) کی طرح ہوتے ہیں (یعنی کِیل کی طرح مسجدوں میں جمے ہوئے ہوتے ہیں)اور اُن کے ہمنشین فرشتے ہوتے ہیں، پس جب وہ فرشتے کبھی اُن لوگوں کو مسجد میں نہیں پاتے تو ایک دوسرے سے اُن کے بارے میں دریافت کرتے ہیں، اگر وہ بیمار ہوتے ہیں تو اُن کی عیادت کرتے ہیں اور اگر وہ کسی حاجت میں پھنسے ہوتے ہیں تو اُن کی مدد کرتے ہیں۔(مصنّف ابن ابی شیبہ:34612)

۵......مسجدیں شیطان سے بچنے اور اُن سے محفوظ رہنے کیلئے بہت ہی مضبوط قلعے اور محفوظ پناہ گاہیں ہیں۔(مصنّف ابن ابی شیبہ:34613)

مُعتکف کو اعتکاف کی برکت سے یہ محفوظ اور مضبوط پناہ گاہ حاصل ہوتی ہے۔نبی کریم ﷺ کا اِرشاد ہے:بیشک شیطان انسان کا بھیڑیا(دشمن) ہے جیسے بکریوں کا

(دشمن) بھیڑیا ہوتا ہے، وہ (موقع پاتے ہی) الگ ہونے والی اور کنارے ہونے والی بکری کو پکڑلیتا ہے، پس تم گھاٹیوں (میں الگ ہو جانے) سے بچو اور اپنے اوپر جماعت (کے ساتھ وابستگی) کو، اکثریت کو اور مسجد کو لازم کرلو۔(مسند احمد:22029)

❻......اعتکاف کا ایک عظیم فائدہ یہ ہے کہ معتکف دس دن تک اللہ تعالیٰ کے ضمان میں ہوتا ہے، اِس لئے کہ وہ مسلسل دن رات مسجد میں ٹھہرا رہتا ہے اور حدیث کے مطابق مساجد میں رہنے والے اللہ تعالیٰ کے ضمان میں ہوتے ہیں، چنانچہ اِرشادِ نبوی ہے: چھ مجلسیں ایسی ہیں جن میں سے ہر مجلس میں مومن اللہ تعالیٰ کے ضمان میں ہوتا ہے: اللہ تعالیٰ کے راستہ میں، جماعت سے نماز ہونے والی مسجد میں، مریض کے پاس، جنازے کے پیچھے جانے میں، میت کے گھر میں، امامِ عادل کے پاس (اُس کی مدد و نصرت اور تعظیم کیلئے)۔(کشف الاستار عن زوائد البزار:435)

ایک اور روایت میں ہے: جو شخص صبح یا شام (جس وقت بھی) مسجد جائے تو وہ اللہ تعالیٰ کے ضمان میں آجاتا ہے۔(ابن خزیمہ:1495)

❼......معتکف کو اعتکاف کی برکت سے یہ خوش قسمتی حاصل ہوتی ہے کہ وہ دس دن تک مسجد میں رہنے کی وجہ سے نماز میں ہوتا ہے یعنی اُسے نماز کا ثواب حاصل ہوتا رہتا ہے، چنانچہ حدیث میں ہے نبی کریم ﷺ کا اِرشاد ہے:

گھر سے مسجد جانے والا اپنے نکلنے سے لے کر واپس لوٹنے تک نماز پڑھنے والوں میں لکھ دیا جاتا ہے۔(السنن الکبریٰ للبیہقی:4974)

ایک اور روایت میں ہے، نبی کریم ﷺ نے اِرشاد فرمایا:

"إِنَّ أَحَدَكُمْ لَا يَزَالُ فِي صَلَاةٍ مَا دَامَ فِي الْمَسْجِدِ حَتَّى يَخْرُجَ مِنْهُ" بیشک تم میں سے جو شخص بھی جب تک مسجد میں ہو وہ نماز میں ہوتا ہے یہاں تک کہ وہ مسجد سے نکل جائے۔ (مسند احمد: 11385)

# شبِ قدر کے فضائل

شبِ قدر انتہائی قدر و منزلت کی حامل وہ عظیم اور بابرکت رات ہے جسے مالکِ لم یزل نے وہ فضیلت بخشی کہ تنہا یہی ایک رات ہزار مہینوں سے بھی افضل قرار پائی، اِس سے بڑی اِس کی کیا فضیلت ہوگی!، پھر اس میں فرشتوں بالخصوص سیّد الملائکہ حضرت جبریلِ امین علیہ السلام کا زمین پر اُترنا اِس عظیم اور بابرکت رات کی فضیلت کی کتنی بڑی دلیل ہے۔ ذیل میں اِس عظیم رات کے فضائل کو ملاحظہ فرمائیں:

## ① شبِ قدر میں قرآن کریم نازل ہوا:

یہ وہ عظیم اور بابرکت رات ہے جس میں اللہ تعالیٰ نے قرآن کریم نازل کیا ہے، چنانچہ اِرشادِ باری تعالیٰ ہے: ﴿إِنَّا أَنْزَلْنَاهُ فِي لَيْلَةِ الْقَدْرِ﴾

بیشک ہم نے اس (قرآن) کو شبِ قدر میں نازل کیا ہے۔(آسان ترجمہ قرآن)

**فائدہ:** شبِ قدر میں قرآن کریم کے نزول سے مراد یہ ہے کہ سب سے پہلے لوحِ محفوظ سے آسمانِ دنیا پر نازل ہوا، پھر اُس کے بعد آہستہ آہستہ کرکے 23 سال میں نزولِ قرآن کریم کی تکمیل ہوئی۔(شعب الایمان:3386)(معارف القرآن:7/757)

## ② شبِ قدر ہزار مہینوں سے زیادہ بہتر ہے:

اللہ تعالیٰ نے صرف اِس ایک رات کو وہ قدر و منزلت عطاء فرمائی ہے کہ ہزار مہینوں پر اِس رات کو فوقیت حاصل ہے، چنانچہ اِرشادِ باری تعالیٰ ہے: ﴿لَيْلَةُ الْقَدْرِ خَيْرٌ مِنْ أَلْفِ شَهْرٍ﴾ شبِ قدر ایک ہزار مہینوں سے بھی بہتر ہے۔(آسان ترجمہ قرآن)

حضرت انس رضی اللہ عنہ فرماتے ہیں:

"الْعَمَلُ فِي لَيْلَة الْقدر وَالصَّدَقَةُ وَالصَّلَاةُ وَالزَّكَاةُ أَفْضَلُ مِنْ أَلْفِ شَهْر"
شبِ قدر میں عمل کرنا صدقہ دینا، نماز پڑھنا، زکوۃ اداء کرنا ہزار مہینوں سے افضل ہے۔(الدر المنثور:8/568)

**فائدہ**: ہزار مہینوں کے 83 برس 4 مہینے بنتے ہیں۔(تفسیر روح البیان)

گویا تراسی برس چار مہینے سے بھی زیادہ عبادت کا ثواب ملتا ہے، اور اِس زیادتی کا حال معلوم نہیں کہ ہزار مہینے سے کتنے ماہ زیادہ افضل ہے۔(فضائلِ رمضان:35)

## ۳ شبِ قدر میں فرشتوں کا نازل ہونا:

اِس مُبارک رات کی ایک بڑی فضیلت یہ ہے کہ اِس میں فرشتوں کے سردار "حضرت جبریل علیہ السلام" جن کو روح القدس کہا جاتا ہے، وہ اللہ تعالیٰ کے حکم سے فرشتوں کی جماعت کے ساتھ زمین پر اترتے ہیں، چنانچہ اللہ پاک کا اِرشاد ہے:

﴿تَنَزَّلُ الْمَلَائِكَةُ وَالرُّوحُ فِيهَا بِإِذْنِ رَبِّهِمْ مِنْ كُلِّ أَمْرٍ﴾ اُس میں فرشتے اور رُوح اپنے پروردگار کی اجازت سے ہر کام کیلئے اُترتے ہیں۔(آسان ترجمہ قرآن)

روح سے کیا مراد ہے؟ اس بارے میں مفسرین کے کئی اقوال ہیں، راجح یہی ہے کہ اس سے مراد فرشتوں کے سردار حضرت جبریلِ امین علیہ السلام ہیں، جیسا کہ حضرت شیخ الحدیث مولانا زکریا رحمۃ اللہ علیہ نے امام رازی رحمۃ اللہ علیہ کے حوالے سے اس کو فضائلِ رمضان میں ذکر کیا ہے۔(فضائلِ رمضان:37)

حضرت سیدنا ابو ہریرہ رضی اللہ عنہ سے مَروی ہے کہ نبی کریم صلی اللہ علیہ وسلم اِرشاد فرماتے ہیں:

"إِنَّ الْمَلَائِكَةَ تِلْكَ اللَّيْلَةَ فِي الْأَرْضِ أَكْثَرُ مِنْ عَدَدِ الْحَصَى"

بیشک شبِ قدر میں زمین پر (آسمان سے اترنے والے) فرشتوں کی تعداد کنکروں کی تعداد سے بھی زیادہ ہوتی ہے۔(مسند احمد:10734)

حضرت شیخ الاسلام مفتی محمد تقی عُثمانی صاحب مدّ ظلہ العالی لکھتے ہیں:

فرشتوں کے اُترنے کے دو مقصد ہوتے ہیں: ایک مقصد تو یہ ہوتا ہے کہ اُس رات جو لوگ عبادت میں مشغول ہوتے ہیں، فرشتے اُن کے حق میں رحمت کی دعاء کرتے ہیں اور دوسرا مقصد آیتِ کریمہ میں یہ بتایا گیا ہے کہ اللہ تعالیٰ اُس رات میں سال بھر کے تقدیر کے فیصلے فرشتوں کے حوالے فرمادیتے ہیں تاکہ وہ اپنے اپنے وقت پر اُن کی تعمیل کرتے رہیں۔(آسان ترجمہ قرآن)

### ۴ فرشتے سلام و مُصافحہ کرتے ہیں اور دُعاؤں پر آمین کہتے ہیں:

حضرت ابن عباس رضی اللہ عنہما سے نبی کریم صلی اللہ علیہ وسلم کا یہ اِرشاد مروی ہے:

”إِذَا كَانَتْ لَيْلَةُ الْقَدْرِ يَأْمُرُ اللهُ عَزَّ وَجَلَّ جِبْرِيلَ عَلَيْهِ السَّلَامُ، فَيَهْبِطُ فِي كَبْكَبَةٍ مِنَ الْمَلَائِكَةِ إِلَى الْأَرْضِ وَمَعَهُمْ لِوَاءٌ أَخْضَرُ، فَيُرْكِزُ اللِّوَاءَ عَلَى ظَهْرِ الْكَعْبَةِ، وَلَهُ مِائَةُ جَنَاحٍ مِنْهَا جَنَاحَانِ لَا يَنْشُرُهُما إِلَّا فِي تِلْكَ اللَّيْلَةِ، فَيَنْشُرُهُما فِي تِلْكَ اللَّيْلَةِ فَيُجَاوِزُ الْمَشْرِقَ إِلَى الْمَغْرِبِ، فَيَبُثُّ جِبْرِيلُ عَلَيْهِ السَّلَامُ الْمَلَائِكَةَ فِي هَذِهِ اللَّيْلَةِ فَيُسَلِّمُونَ عَلَى كُلِّ قَائِمٍ، وَقَاعِدٍ، وَمُصَلٍّ وَذَاكِرٍ يُصَافِحُونَهُمْ، وَيُؤَمِّنُونَ عَلَى دُعَائِهِمْ حَتَّى يَطْلُعَ الْفَجْرُ“

جب شبِ قدر ہوتی ہے تو اللہ تعالیٰ حضرت جبریل علیہ السلام کو حکم دیتے ہیں، وہ فرشتوں کے ایک بڑے لشکر کے ساتھ زمین پر اُترتے ہیں، اُن کے ساتھ ایک سبز جھنڈا ہوتا ہے جس کو کعبہ کے اوپر نصب کرتے ہیں، حضرت جبریل علیہ السلام کے 100 پَر ہیں جن

میں سے صرف 2 پروں کو وہ اس رات میں کھول کر مشرق سے مغرب تک پھیلا دیتے ہیں، پھر حضرت جبریل علیہ السلام فرشتوں کو اس رات میں پھیل جانے کا حکم دیتے ہیں اور وہ فرشتے اس رات میں ہر کھڑے، بیٹھے نماز پڑھنے والے، ذکر کرنے والے کو سلام کرتے ہیں، مصافحہ کرتے ہیں اور اُن کی دعاء پر آمین کہتے ہیں، اور یہی حالت صبح صادق تک رہتی ہے۔(شعب الایمان:3421)

ایک اور روایت میں حضرت علی کرّم اللہ وجہہ کا یہ اِرشاد منقول ہے:

**"اِنَّ فِي السَّمَاءِ السَّابعَةِ حَظِيرَةً، يُقَالُ: لَهَا حَظِيرَةُ الْقُدُسِ، فِيهَا مَلَائِكَةٌ يُقَالُ لَهُمُ: الرَّوحَانِيُّونَ، فَإِذَا كَانَ لَيْلَةُ الْقَدْرِ اسْتَأْذَنُوا الرَّبَّ عَزَّ وَجَلَّ النُّزُولَ إِلَى الدُّنْيَا، فَيَأْذَنُ لَهُمْ فَلَا يَمُرُّونَ بِمَسْجِدٍ يُصَلَّى فِيهِ، وَلَا يَسْتَقْبِلُونَ أَحَدًا فِي طَرِيقٍ إِلَّا دَعَوْا لَهُ فَأَصَابَهُ مِنْهُمْ"**

بیشک ساتویں آسمان پر ایک "حظیرۃ القدس" ہے، وہاں ایسے فرشتے ہیں جنہیں "روحانیّون" کہا جاتا ہے، جب شبِ قدر ہوتی ہے تو وہ اللہ تعالیٰ سے دنیا میں اُترنے کی اِجازت مانگتے ہیں، اللہ تعالیٰ اُنہیں اِجازت مرحمت فرماتے ہیں، پس وہ آتے ہیں اور کسی بھی مسجد میں جہاں نماز پڑھی جارہی ہو یا راہ چلتے کسی کا سامنا ہو اُس کیلئے دعاء کرتے ہیں، پس اُسے اُن فرشتوں کی برکت حاصل ہو جاتی ہے۔(شعب الایمان:3423)

## ۵ شبِ قدر میں فرشتے رحمت وسَلامتی کی دُعاء کرتے ہیں:

حضرت انس بن مالک رضی اللہ عنہ نبی کریم صلی اللہ علیہ وسلم کا یہ اِرشاد نقل فرماتے ہیں:

"إِذَا كَانَ لَيْلَةُ الْقَدْرِ نَزَلَ جِبْرِيلُ عَلَيْهِ السَّلَامُ فِي كَبْكَبَةٍ مِنَ الْمَلَائِكَةِ يُصَلُّونَ عَلَى كُلِّ عَبْدٍ قَائِمٍ أَوْ قَاعِدٍ يَذْكُرُ اللهَ عَزَّ وَجَلَّ"

جب شبِ قدر ہوتی ہے تو حضرت جبریل علیہ السلام ملائکہ کی ایک جماعت کے ساتھ اُترتے ہیں اور اُس شخص کیلئے جو کھڑے بیٹھے اللہ کا ذکر کر رہا ہو، رحمت کی دعاء کرتے ہیں۔(شعب الایمان:3444)

تفسیرِ خازِن میں علّامہ ابن الجوزی سے اِسی روایت میں "وَيُسَلِّمُوْنَ" کے الفاظ بھی ذکر کیے گئے ہیں جس سے معلوم ہوتا ہے کہ فرشتے عبادت میں مشغول لوگوں کیلئے سلامتی کی بھی دعاء کرتے ہیں۔(تفسیر الخازن:4/453)

**❻ شبِ قدر کا برکت والا ہونا اور قدر و منزلت والا ہونا:**

سورہ الدّخان میں اِسے "لَيْلَة مُّبَارَكَة" کہا گیا ہے، چنانچہ اِرشادِ باری ہے:

﴿إِنَّا أَنْزَلْنَاهُ فِي لَيْلَةٍ مُبَارَكَةٍ﴾ ہم نے اس کو (لوحِ محفوظ سے آسمانِ دنیا پر) ایک برکت والی رات (یعنی شبِ قدر) میں اُتارا ہے۔(بیان القرآن)

اور سورۃ القدر میں اسے "لیلۃ القدر" یعنی قدر و منزلت اور عظمت و شرف کی حامل رات کہا گیا ہے، چنانچہ اِرشادِ باری ہے:﴿إِنَّا أَنْزَلْنَاهُ فِي لَيْلَةِ الْقَدْرِ﴾

بیشک ہم نے اس (قرآن) کو شبِ قدر میں نازل کیا ہے۔(آسان ترجمہ قرآن)

حضرت مفتی محمد شفیع رحمۃ اللہ علیہ فرماتے ہیں:

لیلۃ القدر کا ایک معنی "عظمت و شرف" کے ہیں اور اِس رات کو "لیلۃ القدر" کہنے کی وجہ اِس رات کی عظمت و شرف ہے، حضرت ابو بکر ورّاق رحمۃ اللہ علیہ فرماتے ہیں: اِس رات

کو لیلۃ القدر اِس لئے کہا گیا ہے کیونکہ جس آدمی کی اس سے پہلے اپنی بے عملی کی وجہ سے کوئی قدر و قیمت نہ تھی، اس رات میں توبہ و اِستغفار اور عبادت کے ذریعہ وہ صاحبِ قدر اور صاحبِ شرَف بن جاتا ہے۔(معارف القرآن:8/791)

**۷ شبِ قدر کا سلامتی والا ہونا:**

شبِ قدر کی ایک فضیلت یہ ہے کہ یہ رات سراپا سلامتی اور اَمن کی رات ہے، چنانچہ اللہ تعالیٰ نے اِس عظیم و بابرکت رات کی ایک فضیلت یہ بھی ذکر فرمائی ہے:

﴿سَلَامٌ هِيَ حَتَّى مَطْلَعِ الْفَجْرِ﴾ وہ رات سراپا سلامتی ہے۔(آسان ترجمہ قرآن)

علّامہ قرطبی رحمۃ اللہ علیہ نے سلامتی والی رات ہونے کے کئی مطلب بیان کیے ہیں:

①... شبِ قدر سراپا سلامتی ہے، اُس میں شر نام کی کوئی چیز نہیں۔

②... اللہ تعالیٰ اِس رات میں صرف سلامتی ہی کا فیصلہ فرماتے ہیں، بخلاف دوسری راتوں کے کیونکہ اُن میں مصائب و آلام کے فیصلے بھی فرماتے ہیں۔

③... شبِ قدر شیطان کے تصرّف اور اثر انداز ہونے سے محفوظ اور سالم ہوتی ہے۔

④... سلام سے مراد یہ ہے کہ فرشتوں کی جانب سے اہلِ ایمان پر سلام ہوتا رہتا ہے اور وہ ایمان والوں کو ساری رات سلام کرتے رہتے ہیں۔

⑤... سلام سے فرشتوں کا ایک دوسرے کو سلام کرنا مراد ہے۔

⑥... سلامتی سے مراد خیر و بھلائی ہے، یعنی یہ عظیم اور بابرکت رات صبح صادق کے طلوع ہونے تک سراپا اللہ تعالیٰ کی جانب سے بندوں کیلئے خیر و بھلائی پر مشتمل ہوتی ہے۔(تفسیر قرطبی:20/134)

## ❽شبِ قدر کی عبادت سے اگلے پچھلے گناہوں کی مغفرت کا ہونا:

حضرت ابوہریرہ رضی اللہ عنہ سے مروی ہے نبی کریم صلی اللہ علیہ وسلم اِرشاد فرماتے ہیں:

”مَنْ قَامَ لَيْلَةَ القَدْرِ إِيْمَانًا وَاحتِسَابًا غُفِرَ لَهُ مَا تَقَدَّمَ مِنْ ذَنْبِهِ“

جو شخص ایمان کی حالت میں اَجر و ثواب کی امید رکھتے ہوئے شبِ قدر میں عبادت کیلئے کھڑا ہو اُس کے پچھلے تمام (صغیرہ) گناہ معاف کر دیے جاتے ہیں۔(بخاری:1901)

ایک روایت میں پچھلے گناہوں کے ساتھ اگلے گناہوں کا کفارہ بھی بیان کیا ہے، چنانچہ فرمایا: جس نے شبِ قدر میں عبادت کیلئے ایمان کی حالت میں اجر و ثواب کی امید پر قیام کیا پھر اُسے (واقعۃً) عبادت کی توفیق مل گئی تو اُس کے اگلے پچھلے تمام (صغیرہ) گناہوں کو معاف کر دیا جاتا ہے۔(مسند احمد:22713)

ایک اور روایت میں ہے، نبی کریم صلی اللہ علیہ وسلم کا اِرشاد ہے:

شبِ قدر میں اللہ تعالیٰ کے حکم سے فرشتے زمین پر اُترتے ہیں اور ساری رات عبادت میں مشغول لوگوں سے سلام و مصافحہ کرکے اُن کی دعاؤں پر آمین کہتے ہوئے رات گزار کر صبح جب واپسی کا وقت ہوتا ہے تو فرشتے حضرت جبریل علیہ السلام سے دریافت کرتے ہیں کہ اللہ تعالیٰ نے امّتِ محمدیہ کے مؤمنوں کے ساتھ اُن کی ضروریات کے پورا کرنے کے بارے میں کیا معاملہ کیا؟ حضرت جبریل علیہ السلام فرماتے ہیں: ”نَظَرَ اللهُ إِلَيْهِمْ فِي هَذِهِ اللَّيْلَةِ فَعَفَا عَنْهُمْ، وَغَفَرَ لَهُمْ إِلَّا أَرْبَعَةً“ اللہ تعالیٰ نے اِس شبِ قدر میں ایمان والوں پر نظرِ رحمت فرمائی اور چار اَفراد کے علاوہ سب کے ساتھ درگذر اور مغفرت کا معاملہ فرمادیا۔

یہ سُن کر حضرات صحابہ کرام رضی اللہ عنہم نے سوال کیا کہ وہ کون سے افراد ہیں؟ آپ صلی اللہ علیہ وسلم نے اِرشاد فرمایا:

"رَجُلٌ مُدْمِنُ خَمْرٍ، وَعَاقٌّ لِوَالِدَيْهِ، وَقَاطِعُ رَحِمٍ، وَمُشَاحِنٍ" شراب کا عادی، والدین کا نافرمان، رشتہ قطع کرنے والا اور کینہ پَرْوَر۔ (شعب الایمان: 3421)

## ⑨ شبِ قدر سے محرومی ہر خیر سے محرومی ہے:

حضرت انس بن مالک رضی اللہ عنہ فرماتے ہیں کہ ایک دفعہ رمضان کا مہینہ آیا تو آپ صلی اللہ علیہ وسلم نے اِرشاد فرمایا:

"إِنَّ هَذَا الشَّهْرَ قَدْ حَضَرَكُمْ، وَفِيهِ لَيْلَةٌ خَيْرٌ مِنْ أَلْفِ شَهْرٍ، مَنْ حُرِمَهَا فَقَدْ حُرِمَ الْخَيْرَ كُلَّهُ، وَلَا يُحْرَمُ خَيْرَهَا إِلَّا مَحْرُومٌ"

بیشک یہ مہینہ آیا ہے اور اس میں ایک رات ہے جو ہزار مہینوں بھی زیادہ بہتر ہے، جو اس رات سے محروم رہ گیا وہ ساری ہی بھلائی سے محروم رہ گیا، اور اس کی بھلائی سے وہی محروم رہتا ہے جو (حقیقی) محروم ہو۔ (ابن ماجہ: 1644)

## ⑩ شبِ قدر اِس امّت کی خصوصیت ہے:

تفسیر درِّ منثور میں مسند دیلمی کے حوالے سے یہ روایت نقل کی گئی ہے کہ نبی کریم صلی اللہ علیہ وسلم اِرشاد فرماتے ہیں:

"إِنَّ اللهَ وَهَبَ لِأُمَّتِي لَيْلَةَ الْقَدْرِ وَلَمْ يُعْطِهَا مَنْ كَانَ قَبْلَهُمْ"

بیشک اللہ تعالیٰ نے میری امّت کو شبِ قدر عطاء فرمائی ہے اور یہ اُن سے پہلے کسی بھی اُمّت کے لوگوں کو عطاء نہیں فرمائی۔ (الدر المنثور: 8/570) (کنز العمال: 24041)

## ⓫ شبِ قدر اللہ تعالیٰ کی منتخب کردہ رات ہے:

حضرت کعب احبار رحمۃ اللہ علیہ فرماتے ہیں:

"إِنَّ اللهَ عَزَّ وَجَلَّ اخْتَارَ سَاعَاتِ اللَّيْلِ وَالنَّهَارِ، فَجَعَلَ مِنْهُنَّ الصَّلَوَاتِ الْمَكْتُوبَةِ، وَاخْتَارَ الْأَيَّامَ فَجَعَلَ مِنْهُنَّ الْجُمُعَةَ، وَاخْتَارَ الشُّهُورَ فَجَعَلَ مِنْهُنَّ شَهْرَ رَمَضَانَ، وَاخْتَارَ اللَّيَالِي فَجَعَلَ مِنْهُنَّ لَيْلَةَ الْقَدْرِ، وَاخْتَارَ الْبِقَاعَ فَجَعَلَ مِنْهَا الْمَسَاجِدَ"

اللہ تعالیٰ نے رات اور دن کی کچھ ساعتوں کو منتخب کرکے اُن میں سے فرض نمازیں بنائیں، اور دنوں کو منتخب کرکے اُن میں سے جمعہ بنایا، مہینوں کو منتخب کرکے اُن میں سے رمضان کا مہینہ بنایا، راتوں کو منتخب کرکے اُن میں سے شبِ قدر بنائی اور جگہوں کو منتخب کرکے اُن میں سے مساجد بنائی۔ (شعب الایمان: 3363)

# ﴿صدقہ کے فضائل﴾

رمضان المُبارک غریبوں کے ساتھ غمخواری کا مہینہ ہے، اِسی لئے اِس مہینے کثرت سے اللہ کے راستے میں خرچ کیا جاتا ہے، خود نبی کریم ﷺ کی سخاوت رمضان المُبارک کے مہینے میں بڑھ جایا کرتی تھی۔ اِس لئے ذیل میں صدقہ کے فضائل ذکر کیے جارہے ہیں تاکہ انہیں پڑھ کر اِنفاق فی سبیل اللہ کی رغبت پیدا ہو اور ہم بھی دل کھول کر اللہ کے خرچ کرنے والے بن جائیں۔

## ① اللہ تعالیٰ صدقہ کو بڑھاتے ہیں:

اِرشادِ باری ہے: ﴿يَمْحَقُ اللَّهُ الرِّبَا وَيُرْبِي الصَّدَقَاتِ﴾

اللہ سود کو مٹاتا ہے اور صدقات کو بڑھاتا ہے۔ (آسان ترجمہ قرآن)

ایک اور جگہ فرمایا: ﴿مَنْ ذَا الَّذِي يُقْرِضُ اللَّهَ قَرْضًا حَسَنًا فَيُضَاعِفَهُ لَهُ أَضْعَافًا كَثِيرَةً﴾ کون ہے جو اللہ کو اچھے طریقے پر قرض دے تاکہ وہ اسے اس کے مفاد میں اتنا بڑھائے چڑھائے کہ وہ بدرجہا زیادہ ہو جائے۔ (آسان ترجمہ قرآن)

ایک اور جگہ اِرشاد فرمایا:

﴿مَثَلُ الَّذِينَ يُنْفِقُونَ أَمْوَالَهُمْ فِي سَبِيلِ اللَّهِ كَمَثَلِ حَبَّةٍ أَنْبَتَتْ سَبْعَ سَنَابِلَ فِي كُلِّ سُنْبُلَةٍ مِائَةُ حَبَّةٍ وَاللَّهُ يُضَاعِفُ لِمَنْ يَشَاءُ وَاللَّهُ وَاسِعٌ عَلِيمٌ﴾

جو لوگ اللہ کے راستے میں اپنے مال خرچ کرتے ہیں ان کی مثال ایسی ہے جیسے ایک دانہ سات بالیں اُگائے (اور) ہر بال میں سو دانے ہوں اور اللہ تعالیٰ جس کیلئے چاہتا ہے

(ثواب میں) کئی گنا اِضافہ کردیتا ہے۔ اللہ بہت وسعت والا (اور) بڑے علم والا ہے۔ (آسان ترجمہ قرآن)

حضرت ابوہریرہ رضی اللہ عنہ نبی کریم صلی اللہ علیہ وسلم کا اِرشاد نقل فرماتے ہیں:

”إِنَّ اللَّهَ يَقْبَلُ الصَّدَقَةَ وَيَأْخُذُهَا بِيَمِينِهِ فَيُرَبِّيهَا لِأَحَدِكُمْ كَمَا يُرَبِّي أَحَدُكُمْ مُهْرَهُ حَتَّى إِنَّ اللُّقْمَةَ لَتَصِيرُ مِثْلَ أُحُدٍ“

بیشک اللہ تعالیٰ صدقہ کو قبول فرماتے ہیں اور اُس کو (اپنی شان کے مطابق) اپنے دائیں ہاتھ سے لیتے ہیں اور پھر اُس کی پرورش کرتے ہیں جیسے تم میں سے کوئی اپنے گھوڑے کے بچے کی پرورش کرتا ہے، یہاں تک کہ ایک (صدقہ میں دیا جانے والا) لقمہ اُحد پہاڑ کے برابر ہو جاتا ہے۔ (ترمذی:662)

ایک روایت میں ہے:

”وَإِنْ كَانَتْ تَمْرَةً تَرْبُو فِي كَفِّ الرَّحْمَنِ، حَتَّى تَكُونَ أَعْظَمَ مِنَ الْجَبَلِ كَمَا يُرَبِّي أَحَدُكُمْ فُلُوَّهُ أَوْ فَصِيلَهُ“

ایک کھجور کا دانہ بھی ہو تو وہ رحمٰن کے ہاتھ میں بڑھتا رہتا ہے یہاں تک کہ وہ پہاڑ سے بھی زیادہ بڑا ہوتا ہے، جیسے تم میں سے کوئی اپنے گھوڑے کے یا اونٹنی کے بچے کو پال پوس کے بڑا کرتا ہے۔ (ترمذی:661)

حضرت ابومسعود انصاری رضی اللہ عنہ فرماتے ہیں کہ ایک شخص نبی کریم صلی اللہ علیہ وسلم کے پاس نکیل ڈلی اونٹنی لے کر آیا اور کہا: یہ اللہ کے راستے میں دیتا ہوں، آپ صلی اللہ علیہ وسلم نے دیکھا تو اِرشاد فرمایا: ”لَكَ بِهَا يَوْمَ الْقِيَامَةِ سَبْعُ مِائَةِ نَاقَةٍ كُلُّهَا مَخْطُومَةٌ“

تمہارے لئے اس کے بدلے قیامت کے دن سات سو اونٹنیاں ہوں گی اور وہ سب کی سب نکیل ڈلی ہوں گی۔(مسلم:1892)

## ۲ صدقہ کرنا جہنم کی آگ سے بچنے کا ذریعہ ہے:

حضرت عدی بن حاتم رَضِیَ اللّٰہُ عَنْہُ نبی کریم صَلَّی اللّٰہُ عَلَیْہِ وَسَلَّم کا اِرشاد نقل فرماتے ہیں:

"اِتَّقُوا النَّارَ وَلَوْ بِشِقِّ تَمْرَةٍ" آگ سے بچو اگرچہ کھجور کا ایک ٹکڑا ہی صدقہ کرنے کے ذریعہ ہی کیوں نہ ہو۔(بخاری:1417)

مسلم شریف کی روایت میں ہے، نبی کریم صَلَّی اللّٰہُ عَلَیْہِ وَسَلَّم نے اِرشاد فرمایا:

"مَنِ اسْتَطَاعَ مِنْكُمْ أَنْ يَسْتَتِرَ مِنَ النَّارِ وَلَوْ بِشِقِّ تَمْرَةٍ، فَلْيَفْعَلْ"

تم میں سے جو جہنم کی آگ سے بچنے کی اِستطاعت رکھتا ہے اگرچہ کھجور کے ایک ٹکڑے ہی کے ذریعہ ہی کیوں نہ ہو تو اُسے ضرور بچنا چاہیئے۔(مسلم:1016)

مسند احمد کی روایت میں ہے:

"لِيَتَّقِ أَحَدُكُمْ وَجْهَهُ النَّارَ، وَلَوْ بِشِقِّ تَمْرَةٍ"

تم میں سے ہر ایک کو اپنی ذات کو جہنم کی آگ سے بچانا چاہیئے اگرچہ کھجور کے ایک ٹکڑے ہی کے ذریعہ ہی کیوں نہ ہو۔(مسند احمد:3679)

طبرانی کی روایت میں ہے:

"اِجْعَلُوا بَيْنَكُمْ وَبَيْنَ النَّارِ حِجَابًا وَلَوْ بِشِقِّ تَمْرَةٍ"

اپنے اور جہنم کی آگ کے درمیان حجاب بنالو اگرچہ کھجور کے ایک ٹکڑے ہی کے ذریعہ ہی کیوں نہ ہو۔(طبرانی کبیر:18/303)

حضرت انس بن مالک رضی اللہ عنہ نبی کریم صلی اللہ علیہ وسلم کا یہ اِرشاد نقل فرماتے ہیں:

"تَصَدَّقُوا فَإِنَّ الصَّدَقَةَ فِكَاكُكُمْ مِنَ النَّارِ" صدقہ کیا کرو اِس لئے کہ صدقہ تمہیں جہنم کی آگ سے چھڑانے والا ہے۔(شعب الایمان:3084)

### ③ صدقہ دینے سے مال کم نہیں ہوتا:

حضرت ابوہریرہ رضی اللہ عنہ نبی کریم صلی اللہ علیہ وسلم کا یہ اِرشاد نقل فرماتے ہیں:

"مَا نَقَصَتْ صَدَقَةٌ مِنْ مَالٍ، وَمَا زَادَ اللهُ عَبْدًا بِعَفْوٍ إِلَّا عِزًّا وَمَا تَوَاضَعَ أَحَدٌ لِلَّهِ إِلَّا رَفَعَهُ اللهُ"

صدقہ کرنا مال کو کم نہیں کرتا اور کسی (خطاوار کے قصور) کو معاف کردینا معاف کرنے والے کی عزّت ہی کو بڑھاتا ہے اور جو شخص اللہ تعالیٰ کی رضاء کے خاطر تواضع اختیار کرتا ہے اللہ تعالیٰ اُس کو رفعت اور بلندی عطاء فرماتے ہیں۔(مسلم:2588)

### ④ مصیبت صدقہ سے آگے نہیں بڑھ سکتی:

حضرت علی کرّم اللہ وجہہ نبی کریم صلی اللہ علیہ وسلم کا اِرشاد نقل فرماتے ہیں:

"بَادِرُوْا بِالصَّدَقَةِ فَإِنَّ الْبَلَاءَ لَا يَتَخَطَّاهَا" صدقہ کرنے میں جلدی کیا کرو، اِس لئے کہ بلاء صدقہ سے آگے نہیں بڑھ سکتی۔(مشکوۃ:1887)(شعب الایمان:3082)

آگے نہ بڑھ سکنے کا مطلب یہ ہے کہ اگر بلاء و مصیبت آنے والی ہوتی ہے تو وہ صدقہ کرنے کی وجہ سے پیچھے رہ جاتی ہے اور صدقہ کرنے والے تک نہیں پہنچ پاتی۔

### ⑤ صدقہ کرنے والے کیلئے روزانہ فرشتے کی دعاء:

حضرت ابوہریرہ رضی اللہ عنہ نبی کریم صلی اللہ علیہ وسلم کا یہ اِرشاد نقل فرماتے ہیں:

”مَا مِنْ يَوْمٍ يُصْبِحُ العِبَادُ فِيهِ، إِلَّا مَلَكَانِ يَنْزِلاَنِ، فَيَقُولُ أَحَدُهُمَا: اللَّهُمَّ أَعْطِ مُنْفِقًا خَلَفًا، وَيَقُولُ الآخَرُ: اللَّهُمَّ أَعْطِ مُمْسِكًا تَلَفًا“
روزانہ صبح کے وقت دو فرشتے (آسمان سے) اُترتے ہیں، ایک دعاء کرتا ہے: اے اللہ! خرچ کرنے والے کو بدل عطاء فرما، دوسرا دعاء کرتا ہے: اے اللہ! روک کر رکھنے والے کا مال برباد فرما۔ (بخاری: 1442)

### ❻ صدقہ غضبِ الٰہی اور سُوءِ خاتمہ سے بچانے والا ہے:

حضرت انس بن مالک رضی اللہ عنہ فرماتے ہیں کہ نبی کریم صلی اللہ علیہ وسلم کا اِرشاد ہے:
”إِنَّ الصَّدَقَةَ لَتُطْفِئُ غَضَبَ الرَّبِّ وَتَدْفَعُ مِيْتَةَ السُّوءِ“ بیشک صدقہ پروردگار کے غصہ کو بجھا دیتا ہے اور بُری موت سے بچاتا ہے۔ (ترمذی: 664)

### ❼ صدقہ دینا قبر اور محشر کی گرمی سے بچنے کا ذریعہ ہے:

حضرت عقبہ بن عامر رضی اللہ عنہ فرماتے ہیں کہ نبی کریم صلی اللہ علیہ وسلم کا اِرشاد ہے:
”إِنَّ الصَّدَقَةَ لَتُطْفِئُ عَنْ أَهْلِهَا حَرَّ الْقُبُورِ وَإِنَّمَا يَسْتَظِلُّ الْمُؤْمِنُ يَوْمَ الْقِيَامَةِ فِي ظِلِّ صَدَقَتِهِ“ بیشک صدقہ اپنے اہل کی قبر کی گرمی کو ختم کرتا ہے اور قیامت کے دن مومن اپنے صدقہ کے سائے میں ہوگا۔ (طبرانی کبیر: 788)
شعب الایمان کی روایت میں ہے:
”كُلُّ امْرِئٍ فِي ظِلِّ صَدَقَتِهِ حَتَّى يُقْضَى بَيْنَ النَّاسِ أَوْ يُحْكَمَ بَيْنَ النَّاسِ“ قیامت کے دن ہر انسان اپنے صدقہ کے سائے میں ہوگا یہاں تک کہ لوگوں کے درمیان فیصلہ کر دیا جائے۔ (شعب الایمان: 3077)

ایک اور روایت میں ہے، نبی کریم ﷺ کا اِرشاد ہے:

"إِنَّ ظِلَّ الْمُؤْمِنِ يَوْمَ الْقِيَامَةِ صَدَقَتُهُ" بیشک قیامت کے دن مؤمن کا سایہ اُس کا صدقہ ہوگا۔(الاموال لابن زنجویہ:2/766)(کنز العمال:16108)

### ⑧ صدقہ خطاؤں کیلئے کفّارہ ہے:

حضرت معاذ بن جبل رضی اللہ عنہ نبی کریم ﷺ کا یہ اِرشاد نقل فرماتے ہیں:

"اَلصَّدَقَةُ تُطْفِئُ الخَطِيئَةَ كَمَا يُطْفِئُ الْمَاءُ النَّارَ" صدقہ خطاؤں کو اِس طرح ختم کردیتا ہے جیسے پانی آگ کو بجھادیتا ہے۔(ترمذی:2616)(شعب الایمان:2549)

### ⑨ صدقہ نیکی کا سب سے بہترین باب ہے:

حضرت عبد اللہ بن عباس رضی اللہ عنہما نبی کریم ﷺ کا یہ اِرشاد نقل فرماتے ہیں:

"خَيْرُ أَبْوَابِ الْبِرِّ الصَّدَقَةُ"

نیکی کے ابواب میں سب سے بہتر باب صدقہ کرنا ہے۔(طبرانی کبیر:12834)

### ⑩ صدقہ محتاج سے پہلے اللہ تعالیٰ کے ہاتھ میں جاتا ہے:

جب کوئی صدقہ کسی سائل کو دیا جاتا ہے تو محتاج کے ہاتھ میں جانے سے پہلے اللہ تعالیٰ کے ہاتھ میں جاتا ہے۔

حضرت عبد اللہ بن عباس رضی اللہ عنہما نبی کریم ﷺ کا یہ اِرشاد نقل فرماتے ہیں:

"مَا نَقَصَتْ صَدَقَةٌ مِنْ مَالٍ شَيْئًا قَطُّ، وَلَا مَدَّ عَبْدٌ يَدَهُ بِصَدَقَةٍ قَطُّ إِلَّا وَقَعَتْ فِي يَدَيِ اللهِ قَبْلَ أَنْ تَقَعَ فِي يَدِ السَّائِلِ، وَلَا فَتَحَ عَبْدٌ عَلَيْهِ بَابَ مَسْأَلَةٍ لَهُ عَنْهَا غِنًى إِلَّا فَتَحَ اللهُ عَلَيْهِ بَابَ فَقْرٍ"

صدقہ کبھی مال کو کم نہیں کرتا اور کوئی بندہ کبھی صدقہ دینے کیلئے اپنے ہاتھ کو بڑھاتا ہے تو وہ صدقہ سائل کے ہاتھ میں جانے سے پہلے اللہ تعالیٰ کے ہاتھ میں چلا جاتا ہے، اور کوئی بندہ مستغنی ہونے کے باوجود اپنے لئے سوال کا دروازہ نہیں کھولتا مگر اللہ تعالیٰ اُس پر فقر کا دروازہ کھول دیتے ہیں۔(شعب الایمان:3249)

# صدقہ فطر کے فضائل

رمضان المُبارک کے اختتام پر صدقہ فطر اداء کیا جاتا ہے، جس میں غریبوں کی غمخواری بھی ہے اور روزوں میں ہونے والی کوتاہیوں کا تدارک اور اُس کی تلافی کا فائدہ بھی ہے، نبی کریم ﷺ نے اِس کا حکم بھی دیا ہے اور اِس کے فضائل و فوائد بھی ذکر کیے ہیں۔ذیل میں اِس کی تفصیل ملاحظہ فرمائیں:

## ❶ صدقہ فطر روزوں میں ہونے والی کوتاہیوں کی تلافی کا ذریعہ ہے:

حضرت عبد اللہ بن عباس رضی اللہ عنہما فرماتے ہیں:

”فَرَضَ رَسُولُ اللَّهِ صَلَّى اللهُ عَلَيْهِ وَسَلَّمَ زَكَاةَ الْفِطْرِ طُهْرَةً لِلصَّائِمِ مِنَ اللَّغْوِ وَالرَّفَثِ، وَطُعْمَةً لِلْمَسَاكِينِ، مَنْ أَدَّاهَا قَبْلَ الصَّلَاةِ، فَهِيَ زَكَاةٌ مَقْبُولَةٌ، وَمَنْ أَدَّاهَا بَعْدَ الصَّلَاةِ، فَهِيَ صَدَقَةٌ مِنَ الصَّدَقَاتِ“

رسول اللہ ﷺ نے صدقہ فطر روزے داروں کو بے کار اور بے ہودہ باتوں سے پاکیزگی اور مساکین کو کھلانے (یعنی ان کی مدد وغیرہ) کے لیے مقرر فرمایا، پس جس نے اس کو عید کی نماز سے پہلے ادا کر دیا تو یہ مقبول صدقۂ فطر ہے اور جس نے عید کی نماز کے بعد ادا کیا تو یہ عام صدقہ ہے (یعنی عید کی نماز سے پہلے ادا کیے گئے صدقہ کے برابر فضیلت نہیں رکھتا)۔(ابوداؤد:1609)

## ❷ صدقہ فطر سے غرباء و مساکین کیلئے کھانے کا اِنتظام ہوتا ہے:

ماقبل ذکر کردہ ابوداؤد کی حدیث میں صدقہ فطر کا ایک فائدہ ”وَطُعْمَةً لِلْمَسَاكِينِ“ بھی ذکر کیا گیا ہے جس کا مطلب یہ ہے کہ صدقہ فطر کے ذریعہ غریب و مسکین کے

کھانے کا بھی انتظام ہو جاتا ہے اور اُس کی مدد ہوتی ہے، وہ بھی کسی نہ کسی طور پر اپنے گھر والوں کے ساتھ عید الفطر کی خوشیوں میں شریک ہو جاتا ہے۔

حضرت عبد اللہ بن عمر رضی اللہ عنہما فرماتے ہیں کہ اللہ کے رسول صلی اللہ علیہ وسلم نے صدقۂ فطر کو فرض (یعنی واجب) قرار دیا اور فرمایا: "أَغْنُوهُمْ فِي هٰذَا الْيَوْمِ" غریبوں کو اس دن غنی کر دو (یعنی ان کے ساتھ مالی معاونت کرو)۔ (دار قطنی: 2133)

### ۳ صدقہ فطر روزوں کی قبولیت کا ذریعہ ہے:

حضرت جریر رضی اللہ عنہ سے نبی کریم صلی اللہ علیہ وسلم کا یہ اِرشاد منقول ہے: "صَوْمُ شَهْرِ رَمَضَانَ مُعَلَّقٌ بَيْنَ السَّمَاءِ وَالْأَرْض وَلَايُرْفَعُ إِلَّا بِزَكَاةِ الْفِطْرِ" رمضان کے روزے آسمان اور زمین کے درمیان معلق (لٹکے) رہتے ہیں، جنہیں (اللہ کی طرف) صدقۂ فطر کے بغیر نہیں اٹھایا جاتا (یعنی قبول نہیں کیا جاتا)۔ (الترغیب والترھیب: 1653)

### ۴ صدقہ فطر مال کی پاکیزگی اور برکت کا باعث ہے:

ایک اور روایت میں آپ صلی اللہ علیہ وسلم نے اِرشاد فرمایا: صدقہ فطر (واجب ہے) گیہوں میں سے ایک صاع دو آدمیوں کی طرف سے (یعنی ہر ایک کی جانب سے آدھا آدھا صاع ہوگا) خواہ چھوٹے ہوں یا بڑے،، آزاد ہوں یا غلام، مرد ہوں یا عورت، اور ایک روایت کے مطابق "غنی ہو یا فقیر"۔

اُس کے بعد آپ صلی اللہ علیہ وسلم کا اِرشاد فرمایا:

"أَمَّا غَنِيُّكُمْ فَيُزَكِّيهِ اللّٰهُ وَأَمَّا فَقِيرُكُمْ فَيَرُدُّ اللّٰهُ تَعَالَى عَلَيْهِ أَكْثَرَ مِمَّا أَعْطَى" غنی کا معاملہ یہ ہے کہ اللہ تعالیٰ اس مال دار کو تو صدقہ فطر ادا کرنے کی وجہ سے پاکیزہ بنا

دیتا ہے اور فقیر (جو مالک نصاب نہ ہو) اس کو اس سے زیادہ عنایت فرماتا ہے، جتنا اس نے صدقہ فطر کے طور پر دیا ہے۔ (ابوداؤد: 1619)

## ۵ صدقہ فطر سے موت کی سختی اور عذابِ قبر سے نجات:

حضرات فقہاء کرام رحمۃ اللہ علیہم فرماتے ہیں:

"فِي صَدَقَةِ الْفِطْرِ ثَلَاثَةُ أَشْيَاءَ: قَبُولُ الصَّوْمِ وَالْفَلَاحُ وَالنَّجَاةُ مِنْ سَكَرَاتِ الْمَوْتِ وَعَذَابِ الْقَبْرِ"

صدقہ فطر کی ادائیگی سے تین بڑے فائدے حاصل ہوتے ہیں: روزے قبول ہوتے ہیں، کامیابی ملتی ہے اور موت کی سختی اور قبر کے عذاب سے نجات حاصل ہوتی ہے۔ (مجمع الانہر: 1/226)

# ﴿عید الفطر کی رات کے فضائل﴾

عید الفطر کی شب جسے چاند رات بھی کہا جاتا ہے عُموماً لوگ اِسے عید کی تیاریوں اور خوش گپیوں میں ضائع کر دیتے ہیں حالآنکہ یہ ایک عظیم المرتبت رات ہے جس میں اللہ تعالیٰ کی جانب سے بندوں کو اُن کی رمضان بھر کی محنتوں کا صلہ دیا جارہا ہوتا ہے۔اِس شب میں عبادت کرنا اور اللہ کے سامنے کھڑا ہونا احادیثِ طیّبہ کی روشنی میں بڑا فضیلت والا عمل ہے،اِس کی برکت سے قیامت کی ہولناکی سے حفاظت ہوتی ہے۔اِس سلسلے کی احادیث ملاحظہ فرمائیں:

## ① عید الفطر کی رات انعام والی رات ہے:

رمضان المُبارک کے اختتام پر آنے والی شب یعنی عید الفطر کی رات ایک بہت ہی بابرکت اور اہم ترین رات ہے، جسے حدیث میں "لیلۃ الجائزہ" کہا گیا ہے یعنی انعام ملنے والی رات۔کیونکہ اِس شب میں اللہ تعالیٰ کی جانب سے اپنے بندوں کو پورے رمضان کی مشقتوں اور قربانیوں کا بہترین صلہ ملتا ہے۔(شعب الایمان:3421)

## ② اِس رات عبادت کرنے والے کا دل قیامت کے دن مردہ نہیں ہوگا:

عید الفطر کی شب کی ایک بڑی فضیلت یہ ذکر کی گئی ہے کہ اس میں عبادت کرنے والے کا دل قیامت کے دن مُردہ اور خوفزدہ نہیں ہوگا۔

حضرت ابو امامہ رَضِیَ اللہُ عَنْہُ فرماتے ہیں کہ نبی کریم صَلَّی اللہُ عَلَیْہِ وَسَلَّمَ نے اِرشاد فرمایا:

"مَنْ قَامَ لَيْلَتَيِ الْعِيدَيْنِ مُحْتَسِبًا لِلّٰهِ لَمْ يَمُتْ قَلْبُهُ يَوْمَ تَمُوتُ الْقُلُوبُ"

جس عیدین (عید الفطر اور عید الاضحیٰ) کی دونوں راتوں میں اللہ تعالیٰ سے اجر و ثواب

کی امید رکھتے ہوئے عبادت میں قیام کیا اُس کا دل اُس دن مردہ نہیں ہوگا جس دن سب کے دل مُردہ ہو جائیں گے۔(ابن ماجہ:1782)(طبرانی اوسط:159)

**③ اس میں عبادت کرنے والے کیلئے جنت کا واجب ہونا:**

حضرت معاذ بن جبل رَضِیَ اللہُ عَنْہُ سے مَروی ہے کہ نبی کریم صَلَّی اللہُ عَلَیْہِ وَسَلَّم اِرشاد فرماتے ہیں:

”مَنْ أَحْيَا اللَّيَالِيَ الْخَمْسَ وَجَبتْ لَهُ الْجنَّة لَيْلَةَ التَّروِيَة وَلَيْلَةَ عَرَفَة وَلَيْلَةَ النَّحْر وَلَيْلَةَ الْفِطْرِ وَلَيْلَة النِّصْفِ مِنْ شَعْبَان“

جو پانچ راتوں میں عبادت کا اہتمام کرے اُس کیلئے جنّت واجب ہو جاتی ہے: لیلۃ الترویۃ یعنی 8 ذی الحجہ کی رات، لیلۃ العرفہ یعنی 9 ذی الحجہ کی رات، لیلۃ النّحر یعنی 10 ذی الحجہ کی رات، لیلۃ الفطر یعنی عید الفطر کی شب اور لیلۃ النّصف من شعبان یعنی شعبان کی پندرہویں شب۔(الترغیب والترھیب:1656)

**④ عید الفطر کی شب میں کی جانے والی دعاء رد نہیں ہوتی:**

حضرت عبد اللہ بن عمر رَضِیَ اللہُ عَنْہُمَا سے موقوفاً مروی ہے:

”خَمْسُ لَيَالٍ لَا تُرَدُّ فِيهِنَّ الدُّعَاءَ: لَيْلَةُ الْجُمُعَةِ، وَأَوَّلُ لَيْلَةٍ مِنْ رَجَبٍ، وَلَيْلَةُ النِّصْفِ مِنْ شَعْبَانَ، وَلَيْلَتِي الْعِيدَيْنِ“

پانچ راتیں ایسی ہیں جن میں دعاء کو ردّ نہیں کیا جاتا:

جمعہ کی شب، رجب کی پہلی شب، شعبان کی پندرہویں شب، اور دونوں عیدوں (یعنی عید الفطر اور عید الاضحیٰ) کی راتیں۔(مصنف عبد الرزاق:7927)

## عید الفطر کے دن کے فضائل

عید الفطر صرف ایک خوشی اور مسرّت ہی کا دن نہیں بلکہ یہ دن اللہ تعالیٰ کی رحمتوں اور برکتوں کو لوٹنے اور مغفرت کے خزانوں کو سمیٹنے کا دن ہے، اِس لئے اِس دن کی حیثیت صرف ایک رسمی خوشی اور رَواجی مسرّت کے دن کی نہیں بلکہ یہ ایک مذہبی تہوار اور دینی وملّی شعار کا دن ہے، اِسی لئے مسلمان اِس دن کی اِبتداء ہی اللہ کے حضور حاضر ہو کر دو رکعت کی ادائیگی کے ذریعہ کرتے ہیں۔

ذیل میں اِس کے فضائل کو ملاحظہ فرمائیں اور اِس دن کی قدر کرنے کی کوشش کریں:

### ❶ عید الفطر کا دن انعام ملنے والا دن ہے :

جس طرح عید الفطر کی رات کو "لیلۃ الجائزہ" کہا جاتا ہے اِسی طرح عید الفطر کے دن کو حدیث میں "یوم الجوائز" "انعامات ملنے والا دن" کہا جاتا ہے، کیونکہ اس دن اللہ تعالیٰ پورے مہینے کا انعام دے رہے ہوتے ہیں۔

حضرت ابن عباس رضی اللہ عنہ سے موقوفاً مَروی ہے:

"یَوْمُ الْفِطْرِ یَوْمُ الْجَوَائِزِ"

عید کا دن "یوم الجَوَائِز" یعنی انعام ملنے والا دن ہے۔(کنز العمال:24540)

### ❷ عید الفطر مسلمانوں کا مذہبی طور پر خوشی کا دن ہے :

نبی کریم صلی اللہ علیہ وسلم کا اِرشاد ہے:

"إِنَّ لِكُلِّ قَوْمٍ عِیدًا وَهَذَا عِیدُنَا"

بیشک ہر قوم کیلئے عید کا دن ہوتا ہے اور یہ ہمارا عید کا دن ہے۔(بخاری:952)

### ۳ اللہ تعالیٰ کی رضاء و مغفرت اور دعاء کی قبولیت کا دن:

عید الفطر کا دن اللہ تبارک و تعالیٰ کی رضاء و خوشنودی، مغفرت و بخشش اور بندوں کی دُعاؤں کی قبولیت کا دن ہے۔ احادیثِ طیّبہ سے معلوم ہوتا ہے کہ عید الفطر کے دن اللہ تعالیٰ کی رحمت جوش میں ہوتی ہے اور اللہ تعالیٰ اپنے بندوں کو بے حساب نوازتے اور اُن پر عنایات کی بارش کرتے ہیں، چنانچہ درج ذیل ایک طَویل حدیث میں اِس کی تفصیل منقول ہے، ملاحظہ فرمائیں:

نبی کریم ﷺ کا اِرشاد ہے: جب عید کی صبح ہوتی ہے تو اللہ تعالیٰ فرشتوں کو تمام شہروں میں بھیجتے ہیں، وہ زمین میں اُتر کر تمام گلیوں، راستوں کے سروں پر کھڑے ہو جاتے ہیں اور ایسی آواز سے جس کو جنات اور انسان کے سوا ہر مخلوق سنتی ہے، پکارتے ہیں کہ اے محمد (ﷺ) کی امّت! اس کریم رب کی (درگاہ) کی طرف چلو جو بہت زیادہ عطاء فرمانے والا ہے اور بڑے بڑے قصور کو معاف فرمانے والا ہے، پھر جب لوگ عید گاہ کی طرف نکلتے ہیں تو اللہ تعالیٰ فرشتوں سے دریافت فرماتے ہیں:

”مَا جَزَاءُ الْأَجِيْرِ إِذَا عَمِلَ عَمَلَهُ؟“

کیا بدلہ ہے اُس مزدور کا جو اپنا کام پورا کرچکا ہو، وہ عرض کرتے ہیں: ہمارے معبود اور ہمارے مالک! اُس کا بدلہ یہی ہے کہ اُس کی مزدوری پوری پوری دیدی جائے، تو اللہ تعالیٰ اِرشاد فرماتے ہیں:

”فَإِنِّي أُشْهِدُكُمْ يَا مَلَائِكَتِي! أَنِّي قَدْ جَعَلْتُ ثَوَابَهُمْ مِنْ صِيَامِهِمْ شَهْرَ رَمَضَانَ وَقِيَامَهُ رِضَائِي وَمَغْفِرَتِي“

اے فرشتو! میں تمہیں گواہ بناتا ہوں میں نے اُن کو رمضان کے روزوں اور تراویح کے بدلہ میں اپنی رضا اور مغفرت عطاء کر دی۔

پھر بندوں سے خطاب کرتے ہوئے اِرشاد ہوتا ہے:

**"يَا عِبَادِي سَلُونِي فَوَعِزَّتِي وَجَلَالِي لَا تَسْأَلُونِي الْيَوْمَ شَيْئًا فِي جَمْعِكُمْ لِآخِرَتِكُمْ إِلَّا أَعْطَيْتُكُمْ، وَلَا لِدُنْيَاكُمْ إِلَّا نَظَرْتُ لَكُمْ فَوَعِزَّتِي لَأَسْتُرَنَّ عَلَيْكُمْ عَثَرَاتِكُمْ مَا رَاقَبْتُمُونِي،فوَعِزَّتِي لَا أَخْزِيكُمْ وَلَا أَفْضَحُكُمْ بَيْنَ يَدَيْ أَصْحَابِ الْحُدُودِ، انْصَرِفُوا مَغْفُورًا لَكُمْ قَدْ أَرْضَيْتُمُونِي وَرَضِيتُ عَنْكُمْ"**

اے میرے بندو! مجھ سے مانگو، میری عزّت کی قسم، میرے جلال کی قسم! آج کے دن اپنے اس اجتماع میں اپنی آخرت کے بارے میں جو سوال کروگے وہ میں عطاء کروں گا اور جو اپنی دنیا کے بارے میں سوال کروگے اُس میں تمہاری مصلحت پر نظر کروں گا ،میری عزت کی قسم! جب تک تم میرا خیال رکھوگے میں تمہاری لغزشوں پر ستاری کرتا رہوں گا (اور ان کو چھپاتا رہوں گا) میری عزّت کی قسم! اور میرے جلال کی قسم! میں تمہیں مجرموں (اور کافروں) کے سامنے رسوا اور ذلیل نہ کروں گا ، بس اب بخشے بخشائے اپنے گھروں کو لوٹ جاؤ، تم نے مجھے راضی کر دیا اور میں تم سے راضی ہو گیا۔

پس فرشتے اس اجر و ثواب کو دیکھ کر جو امّت کو افطار کے دن (رمضان کے ختم ہونے کے دن) ملتا ہے، خوشیاں مناتے ہیں اور خوش ہو جاتے ہیں۔ (شعب الایمان: 3421)

***

☆........بابِ دوم........☆

# رمضان المُبارک کے بابرکت

# اَعمال

| | |
|---|---|
| ❶ رمضان المُبارک کی تیاری۔ | ❷ رمضان کا ادب واحترام کرنا۔ |
| ❸ روزے رکھنا۔ | ❹ سحری کا اہتمام کرنا۔ |
| ❺ اِفطاری کرنا۔ | ❻ روزہ دار کو اِفطار کرانا۔ |
| ❼ تَراویح کی نماز پڑھنا۔ | ❽ عبادات کی کثرت کرنا۔ |
| ❾ فَرائض وواجبات کا اہتمام کرنا۔ | ❿ ہر قسم کے گناہوں سے بچنا۔ |
| ⓫ نَوافل کا اہتمام۔ | ⓬ قرآن کریم کی بکثرت تلاوت۔ |
| ⓭ ذِکر کی کثرت کرنا۔ | ⓮ کثرتِ دُعاء کا اہتمام کرنا۔ |
| ⓯ صدقہ وخیرات کی کثرت کرنا۔ | ⓰ اِعتکاف کرنا۔ |
| ⓱ شبِ قدر کی تلاش اور اُسکی عبادت | ⓲ شبِ عید کی عبادت کا اہتمام۔ |
| ⓳ صدقہ فطر اداء کرنا۔ | ⓴ عید الفطر کے دن خوشی منانا۔ |

# رمضان المُبارک کے اعمال

☆ ☆ ☆

رمضان المُبارک میں بہت سے کرنے کے کام ہیں جن کو شوق و رغبت کے ساتھ کرنا چاہیئے اور اس میں کسی بھی قسم کی سستی اور کمزوری سے بچنا چاہیئے، اِس لئے کہ یہ مُبارک ایام اور قیمتی ساعتیں سال میں ایک ہی مرتبہ نصیب ہوتی ہیں اِن میں جس قدر اہتمام ہوسکے کرنا چاہیئے۔

رمضان المبارک میں جو کام کرنے کے ہیں احادیثِ طیّبہ کی روشنی میں اُنہیں ذکر کیا جارہا ہے، اسے پڑھیے، عمل کیجئے اور رمضان کو قیمتی بنانے کی کوشش کیجئے، اللہ تعالیٰ تمام مسلمانوں کو اس کی ہمت، طاقت اور عمل کی توفیق نصیب فرمائے۔ آمین

## ﴿پہلا عَمَل: رمَضان کی آمد سے پہلے ہی اُس کی تیاری کرنا﴾

حضرت سیدنا عبد اللہ ابن عمر رَضِیَ اللہُ عَنْہُمَا ارشاد فرماتے ہیں:

”كَانَ النَّبِيُّ صَلَّى اللّٰهُ عَلَيْهِ وَسَلَّمَ إِذَا كَانَ قَبْلَ رَمَضَانَ خَطَبَ النَّاسَ ثُمَّ قَالَ: أَتَاكُمْ شَهْرُ رَمَضَانَ فَشَمِّرُوْا لَهُ وَأَحْسِنُوْا نِيَّاتِكُمْ فِيْهِ“ نبی کریم صَلَّی اللہُ عَلَیْہِ وَسَلَّم سے پہلے خطبہ دیتے اور فرماتے: تمہارے پاس رمضان کا مہینہ آرہا ہے پس تم اُس کیلئے تیاری کرو اور اُس میں اپنی نیتوں کو درست کرلو۔ (کنز العمال عن الدّیلمی: 24269)

اِس حدیث سے معلوم ہوتا ہے کہ رمضان کی آمد سے قبل اُس کیلئے پہلے سے تیاری کرنی چاہیئے۔ اور قاعدہ بھی یہی ہے کہ ہر چیز کی تیاری اُس کے آنے سے پہلے ہوتی ہے، مثلاً مہمان کی آمد ہو تو اُس کے آنے کے بعد نہیں، آنے سے پہلے تیاری ہوتی ہے، اِسی

طرح رمضان بھی مؤمن کیلئے ایک بہت ہی اہم اور معزّز و مکرّم مہمان ہے، اُس کی قدر دانی کیلئے بھی پہلے سے تیاری کرنی چاہیئے اور ذہنی و عملی طور پر اس کیلئے تیار ہونا چاہیئے۔

رمضان کی تیاری میں دو چیزیں ہیں: (1) دنیاوی اعتبار سے۔ (2) دینی اعتبار سے۔

**دنیاوی اعتبار سے:** اِس طرح کہ دنیاوی مشاغل و مصروفیات سے اپنے آپ کو جس قدر بھی فارغ کر سکتے ہوں کر لیں، تاکہ رمضان المبارک کا مہینہ مکمل یکسوئی کے ساتھ عبادت اور رجوع الی اللہ میں گزارا جا سکے۔ اِس کیلئے ذیل میں چند اہم تجاویز ذکر کی جا رہی ہیں، اِن کی مدد سے ان شاء اللہ اپنے آپ کو رمضان کیلئے بہت بہتر انداز میں فارغ کیا جا سکتا ہے:

☆...... عید الفطر کی تمام شاپنگ اور خریداری شعبان المعظم کے مہینے میں ہی کر کے فارغ ہو جائیں، کیونکہ رمضان المبارک کی بابرکت ساعتوں کو شاپنگ مال اور مارکیٹس کے نذر کرنا، بالخصوص جبکہ اُس کی وجہ سے روزہ، نمازیں اور تراویح کی نماز متاثر ہوتی ہو یہ رمضان جیسے عظیم اور بابرکت مہینے کی بڑی ناقدری اور حق تلفی ہے، جس میں عوام و خواص بہت سے لوگ مبتلاء نظر آتے ہیں۔

☆...... راشن اور گھر کا دیگر سودا سلف جو روز مرّہ کے معمولات میں خرید ا جاتا ہے، وہ رمضان المبارک کی آمد سے قبل ہی جہاں تک ممکن ہو ایک ساتھ ہی خرید کر فارغ ہو جائیں تاکہ رمضان المبارک میں یکسوئی حاصل ہو سکے۔

☆......جو کام رمضان المبارک میں موقوف کیے جاسکتے ہوں اُنہیں موقوف کردیجئے۔ ہم اگر اپنے کاموں کا جائزہ لیں تو بہت سے ایسے کام نظر آئیں گے جنہیں اگر ایک مہینے تک ہم نہ کریں تو کوئی حرج لازم نہیں آئے گا، مثلاً اخبار بینی، دوستوں کے ساتھ گپ شپ، ٹی وی دیکھنے اور انٹرنیٹ استعمال کرنے کی مصروفیت، سیل فونز پر کی جانے والی بہت سی فضول اور لایعنی مشغولیت، آؤٹنگ کے نام پر کی جانے والی مختلف قسم کی پکنک اور تفریحات، ویک اینڈ منانے کیلئے فوڈز پوائنٹ پر جانا، یہ اور اِس جیسے اور بھی بہت سے ایسے کام ہیں جن میں بہت سے کام تو فضول اور لغو ہیں جبکہ بہت سے کام ایسے ہیں جو سراسر گناہ اور اللہ تعالیٰ کی نافرمانی کے زمرے میں آتے ہیں، ان سب ہی سے بچنا اوراحتراز کرنا سال بھر بلکہ زندگی بھر ضروری ہے اور رمضان المبارک میں ایسے کاموں سے اجتناب کرنااور بھی زیادہ ضروری ہو جاتا ہے۔

☆......سال بھر میں دفتر اور ملازمت سے ملنے والی ایسی چھٹیاں جن کو آپ کسی بھی وقت استعمال کرسکتے ہوں اُن کو اِستعمال کرنے کیلئے رمضان المبارک کے مہینے سے بہتر کوئی وقت نہیں، ایسی چھٹیوں کو رمضان میں استعمال کیجئے تاکہ خوب یکسوئی اور دلجمعی کے ساتھ صرف ایک کام یعنی عبادت اور رجوع الی اللہ کا عظیم کام کیا جاسکے۔

**دینی اعتبار سے:** رمضان کی تیاری کرنے کا مطلب یہ ہے کہ شعبان المعظم کے مہینے میں ہی اپنے دن اور رات کے معمولات کو کچھ اِس طرح ترتیب دیجئے کہ فرائض وواجبات کے ساتھ ساتھ نفلی عبادات کا بھی خوب اہتمام ہونا شروع ہوجائے، پانچوں فرض نمازوں کو جماعت کے ساتھ مسجد میں اداء کیجئے، قرآن کریم کی روزانہ تلاوت کریں،

نفلی نمازیں: اِشراق، چاشت، اوّابین اور تہجد وغیرہ کا اہتمام شروع کردیں اور خوب دعائیں مانگنے کی کوشش کریں، اور اِس کیلئے قرآن و حدیث کی دعاؤں کا ایک بہترین مجموعہ "مُناجاتِ مقبول" جس کو حضرت حکیم الامت مجدّد الملّت مولانا اَشرف علی صاحب تھانوی رحمۃ اللہ علیہ نے دنوں کے اعتبار سے سات منزلوں پر تقسیم کرکے جمع کیا ہے تاکہ ہفتہ وار اُنہیں بآسانی مانگا جاسکے، اُس کو روزانہ پڑھنے کا معمول بنائیں۔

یاد رکھئے! دینی اور دنیاوی اعتبار سے رمضان کی تیاری کا مطلب شعبان میں ہی تیاری کرنا ہے کیونکہ ہلالِ رمضان کے نکلنے کے بعد تیاری کرتے کرتے کافی وقت لگ جاتا ہے اور پھر اُن معمولات کی عادت بنتے بنتے بھی دیر لگتی ہے اور اِسی میں رمضان المبارک کا ایک بڑا حصہ ضائع ہوجاتا ہے، اِس لئے جو بھی تیاری کرنی ہے وہ آمدِ رمضان سے قبل ہی کرکے فارغ ہوجائیں۔

## دوسرا عَمَل: رمضان کا اَدب واحترام کرنا

رمضان المُبارک کے مہینے کو تمام مہینوں کے سردار ہونے کا شرف حاصل ہے، نبی کریم ﷺ نے اس کی نسبت اللہ تعالیٰ کی طرف کرتے ہوئے اسے اللہ تعالیٰ کا مہینہ قرار دیا ہے لہٰذا اِس کا حد درجہ ادب واحترام کرنا چاہیئے اور اس میں کسی بھی ایسے عمل سے اجتناب کرنا چاہیئے جو اس مہینے کی حرمت کو پامال کرنے کے زمرے میں آتا ہو۔

مثلاً: روزہ خوری کرنا، گناہوں کا ارتکاب کرنا وغیرہ۔

نبی کریم ﷺ کا اِرشاد ہے: "عَظِّمُوْا حُرْمَتَهُ، فَإِنَّ حُرْمَتَهُ عِنْدَ اللهِ مِنْ أَعْظَمِ الْحُرُمَاتِ فَلَا تَنْتَهِكُوْا فَإِنَّ الْحَسَنَاتِ وَالسَّيِّئَاتِ تُضَاعَفُ فِيْهِ" رمضان کی

حرمت کی تعظیم کرو اِس لئے کہ اُس کی حُرمت اللہ تعالیٰ کے نزدیک سب سے بڑی حرمت ہے پس تم اُسے پامال مت کرنا ، بیشک رمضان میں نیکیوں (کا اَجر)اور گناہوں (کے وَبال) کو بڑھادیا جاتا ہے۔(کنز العمال عن الدّیلمی:24269)

حضرت عائشہ صدیقہ رضی اللہ عنہا فرماتی ہیں:

”كَانَ رَسُولُ اللهِ صَلَّى اللَّهُ عَلَيْهِ وَسَلَّمَ إِذَا دَخَلَ رَمَضَانُ تَغَيَّرَ لَوْنُهُ وَكَثُرَتْ صَلَاتُهُ، وَابْتَهَلَ فِي الدُّعَاءِ،وَأَشْفَقَ مِنْهُ“جب رمضان المُبارک آتا تو نبی کریم ﷺ کا رنگ متغیر ہوجاتا، آپ کی نمازیں زیادہ ہوجاتیں، آپ دعاء میں گڑگڑانے لگتے،اور آپ پر خوف طاری ہوتا۔(شعب الایمان:3353)

حضرت ابوہریرہ رضی اللہ عنہ سے مَروی ہے کہ نبی کریم ﷺ اِرشاد فرماتے ہیں:

”فَاتَّقُوا شَهْرَ رَمَضَانَ، فَإِنَّ الْحَسَنَاتِ تُضَاعَفُ فِيهِ مَا لَا تُضَاعَفُ فِيمَا سِوَاهُ وَكَذَلِكَ السَّيِّئَاتُ“رمضان کے مہینے میں (اللہ تعالیٰ سے )ڈرتے رہنا کیونکہ اِس مہینے میں نیکیوں (کے اجر) کو اِس قدر بڑھادیا جاتا ہے جتنا رمضان کے علاوہ کسی مہینے میں نہیں بڑھایا جاتا، اِسی طرح گناہوں (کے وَبال) کو بھی (اِس قدر بڑھادیا جاتا ہے جتنا رمضان کے علاوہ کسی مہینے میں نہیں بڑھایا جاتا)۔(طبرانی اوسط:4827)

## رمضان کاادب واحترام اور اس کی قدردانی کی صورتیں:

رمضان المُبارک کے ادب واحترام اور اس کی قدردانی کی کئی صورتیں ہیں:

① رمضان المُبارک سے عقیدت اور محبّت رکھی جائے، اور اِس مہینے کے بارے میں کوئی نازیبا اور ناشائستہ جُملہ نہ کہاجائے،اِس مہینے کو بوجھ سمجھتے ہوئے کوسا نہ جائے۔

② رمضان المُبارک کے روزے رکھے جائیں اور بغیر کسی شرعی اور واقعی عُذر کے روزہ ہر گز ہر گز نہ چھوڑا جائے، اِس لئے کہ روزہ نہ رکھنا رمضان کی سب سے بڑی ناقدری ہے۔ اگر شرعی عُذر کی وجہ سے روزہ نہ بھی رکھنا ہو تب بھی سب کے سامنے کھانے پینے سے گریز کیا جائے، چھپ کر مخفی رہتے ہوئے کھایا پیا جائے۔

③ رمضان المُبارک میں ہر قسم کے تمام ظاہری و باطنی گناہوں سے مکمل اجتناب کیا جائے، بالخصوص کھلم کھلا اور علی الاِعلان گناہ کبھی بھی اور کسی بھی صورت میں نہ کیا جائے اِس لئے کہ یہ رمضان المُبارک کی بہت بڑی ناقدری ہے، جس سے رمضان کا تقدّس پامال ہوتا ہے، اوراِس کے نتیجے میں اللہ کا عذاب آسکتا ہے۔

④ رمضان المُبارک میں قرآن کریم کی زیادہ سے زیادہ تلاوت کا اہتمام کیا جائے، یہ نبی کریم ﷺ، حضرات صحابہ کرام اور تابعین و تبع تابعین اور ہر دَور کے اَسلاف اور اللہ کے نیک بندوں کا ہمیشہ سے طریقہ چلا آرہا ہے۔

⑤ آخری عشرے کی خصوصی قدر کی جائے اور اس میں اعتکاف جیسی عظیم عبادت کی کوشش کی جائے، شبِ قدر کو پانے کی بھرپور کوشش کی جائے۔

## ﴿تیسرا عمل: روزے رکھنا﴾

اِس مہینے کا سب سے اہم حکم روزے رکھنا ہے جو ہر عاقل و بالغ مَرد و عورت پر فرض عین ہے جبکہ اُسے بیماری، سفر اور حیض و نفاس لاحق نہ ہو، ورنہ بعد میں رکھنا ضروری ہوگا، اور اگر بعد میں رکھنے کی بھی طاقت نہ ہو تو فدیہ اداء کرنا لازم ہوگا۔

اللہ تبارک و تعالیٰ اِرشاد فرماتے ہیں:

﴿يَا أَيُّهَا الَّذِينَ آمَنُوا كُتِبَ عَلَيْكُمُ الصِّيَامُ كَمَا كُتِبَ عَلَى الَّذِينَ مِنْ قَبْلِكُمْ لَعَلَّكُمْ تَتَّقُونَ﴾

اے ایمان والو! تم پر روزے فرض کر دیے گئے ہیں جس طرح تم سے پہلے لوگوں پر فرض کیے گئے تھے تاکہ تمہارے اندر تقویٰ پیدا ہو۔(البقرۃ:183)

ایک اَعرابی نبی کریم ﷺ کے پاس آئے اور سوال کیا:

"أَخْبِرْنِي مَا فَرَضَ اللَّهُ عَلَيَّ مِنَ الصِّيَامِ؟"

یارسول اللہ! مجھ پر اللہ تعالیٰ نے کتنے روزے فرض کیے ہیں؟ آپ ﷺ نے اِرشاد فرمایا: "شَهْرَ رَمَضَانَ إِلَّا أَنْ تَطَّوَّعَ شَيْئًا" رمضان کے فرض کیے ہیں، ہاں اگر تم اس کے علاوہ اور نفلی روزے رکھنے چاہو تو رکھ سکتے ہو۔(بخاری:1891)

حضرت ابوہریرہ رضی اللہ عنہ فرماتے ہیں کہ نبی کریم ﷺ نے رمضان کی آمد پر اِرشاد فرمایا:

"أَتَاكُمْ رَمَضَانُ شَهْرٌ مُبَارَكٌ فَرَضَ اللَّهُ عَزَّوَجَلَّ عَلَيْكُمْ صِيَامَهُ"

تمہارے پاس رمضان کا مہینہ آیا ہے جو مبارک مہینہ ہے اللہ تعالیٰ نے اس کے روزے رکھنا تم پر فرض کیا ہے۔(نسائی:2106)

**روزہ رکھنے کے آداب:**

روزہ ایک اہم ترین عبادت ہے جس پر بڑے اَجر و ثواب اور کثیر فوائد و منافع رکھے گئے ہیں، روزہ کے فضائل میں اُن کا تفصیلی تذکرہ ہو چکا ہے، لہٰذا اِس عبادت کو خوب اہتمام کے ساتھ آداب و شرائط کا مکمل لحاظ رکھتے ہوئے اداء کرنا چاہیئے تاکہ کسی بھی قسم کی کوتاہی اور معمولی سی بھی غفلت کی وجہ سے اجر و ثواب ضائع اور نیکی برباد نہ

ہو جائے۔ ذیل میں روزے کے کچھ آداب ذکر کیے جارہے ہیں، جن کالحاظ رکھ کر بہت اچھے طریقے سے روزے کے فضائل اور فوائد کو حاصل کیا جاسکتا ہے:

❶ اِخلاصِ نیّت کا اہتمام۔
❷ روزہ اَعمالِ صالحہ کے ساتھ گزارنا۔
❸ معاصی و مُنکَرات سے کُلّی اِجتناب۔
❹ آنکھ، کان اور زبان کی حفاظت۔
❺ لڑائی جھگڑے سے گریز کرنا۔
❻ حرام اور مشتبہ مال سے احتراز۔
❼ کھانے پینے میں اِعتدال۔
❽ ڈرتے رہنا۔

## ❶ پہلا ادب: اِخلاصِ نیّت کا اہتمام:

روزہ بلکہ ہر عمل کیلئے ضروری ہے اس میں نیت کو خالص اور درست رکھا جائے، اِس لئے کہ نیتوں کے کھوٹ کی وجہ سے عمل کی کوئی حیثیت نہیں رہتی۔

حدیث میں ہے: نبی کریم ﷺ کا اِرشاد ہے:

"إِنَّمَا الأَعْمَالُ بِالنِّيَّاتِ، وَإِنَّمَا لِكُلِّ امْرِئٍ مَا نَوَى" اَعمال کا دارومدار نیتوں پر ہے اور اِنسان کیلئے صرف وہی کچھ ہے جس کی اُس نے نیت کی۔ (بخاری:1)

حدیث میں ریاکاری کی غرض سے روزہ رکھنے کو شرک قرار دیا گیا ہے، چنانچہ حدیث میں ہے، حضرت شداد بن اوس رضی اللہ عنہ نبی کریم ﷺ کا یہ اِرشاد نقل فرماتے ہیں:

"مَنْ صَامَ يُرَائِي فَقَدْ أَشْرَكَ، وَمَنْ صَلَّى يُرَائِي، فَقَدْ أَشْرَكَ وَمَنْ تَصَدَّقَ يُرَائِي فَقَدْ أَشْرَكَ" جس نے دکھلاوے کیلئے روزہ رکھا اُس نے شرک کیا، جس نے دکھلاوے کیلئے نماز پڑھی اُس نے شرک کیا، جس نے دکھلاوے کیلئے صدقہ کیا اُس نے شرک کیا۔ (شعب الایمان:6426)

حضرت انس بن مالک رضی اللہ عنہ نبی کریم صلی اللہ علیہ وسلم کا یہ اِرشاد نقل فرماتے ہیں:

"مَنْ فَارَقَ الدُّنْيَا عَلَى الْإِخْلَاصِ لِلّٰهِ وَحْدَهُ وَعِبَادَتِهِ لَا شَرِيكَ لَهُ، وَإِقَامِ الصَّلَاةِ، وَإِيتَاءِ الزَّكَاةِ، مَاتَ وَاللّٰهُ عَنْهُ رَاضٍ" جو شخص دنیا سے اِس حالت میں جدا ہوا کہ اُس نے صرف اللہ ہی کیلئے اِخلاص اختیار کیا ہو، صرف اللہ کی عبادت کرتا ہو اور اُس کے ساتھ کسی کو شریک نہ ٹھہراتا ہو، نماز قائم کرتا ہو، زکوۃ اداء کرتا ہو تو وہ اِس حالت میں انتقال کرتا ہے کہ اللہ تعالیٰ اُس سے راضی ہوتا ہے۔(ابن ماجہ:70)

ایک اور روایت میں ایمان کا عین مِصداق "اِخلاص" ہی کو قرار دیا گیا ہے، چنانچہ کسی شخص نے آپ صلی اللہ علیہ وسلم سے دریافت کیا کہ ایمان کسے کہتے ہیں؟ آپ صلی اللہ علیہ وسلم نے اِرشاد فرمایا: اِخلاص کو کہتے ہیں۔(شعب الایمان:6442)

حضرت معاذ بن جبل رضی اللہ عنہ کو جب نبی کریم صلی اللہ علیہ وسلم یمن کا گورنر بناکر بھیج رہے تھے تو اُنہوں نے آپ صلی اللہ علیہ وسلم سے وصیت کی درخواست کی، آپ صلی اللہ علیہ وسلم نے اِرشاد فرمایا:

"أَخْلِصْ دِيْنَكَ يَكْفِيكَ الْقَلِيلُ مِنَ الْعَمَلِ"

اپنے دین کو خالص رکھو، تمہارے لئے تھوڑا سا عمل بھی (اللہ کے دربار میں) کافی ہوجائے گا۔(شعب الایمان:6443)

نیّت کی قدر و قیمت اور اس کی اہمیت کو اِس بات سے بھی سمجھا جاسکتا ہے کہ نبی کریم صلی اللہ علیہ وسلم نے اُسے عمل سے بھی بہتر قرار دیا ہے، چنانچہ اِرشاد فرمایا:

"نِيَّةُ الْمَرْءِ خَيْرٌ مِنْ عَمَلِهِ"

مؤمن کی نیّت اُس کے عمل سے بھی بہتر ہے۔(شعب الایمان:6446)

### ❷ دوسرا ادب: روزہ اَعمالِ صالحہ کے ساتھ گزارنا:

روزہ کا ایک ادب یہ ہے کہ اُسے زیادہ سے زیادہ اَعمالِ خیر، اَعمالِ صالحہ اور خوب عبادت کے کاموں کے ساتھ گزارنا چاہیئے، یعنی عام دنوں کے مقابلے میں کچھ اِضافی محنت اور کوشش کرنی چاہیئے۔

حضرت جابر بن عبد اللہ رَضِیَ اللہُ عَنْہُ فرماتے ہیں:

"وَلَا تَجْعَلْ يَوْمَ فِطْرِكَ وَصَوْمِكَ سَوَاءً"

اپنے روزہ رکھنے اور نہ رکھنے کے دن کو ایک جیسا مت بناؤ۔ (شعب الایمان:3374)

اِس سے معلوم ہوا کہ روزہ رکھنے کا دن عبادات اور اعمالِ صالحہ کے اعتبار سے عام دنوں سے کچھ ممتاز اور نمایاں ہونا چاہیئے، ایسا نہ ہو کہ روزہ رکھ کر بھی عام روٹین کے مطابق دن گزار دیا جائے، کچھ نہ کچھ تبدیلی اور اِضافی محنت و کوشش اور مُجاہدہ کرنا چاہیئے۔

روزہ کے درمیان مندرجہ ذیل اعمال اختیار کیے جاسکتے ہیں:

(1) پانچوں نمازوں کے اہتمام کے ساتھ ساتھ زیادہ سے زیادہ نوافل کے پڑھنے کی کوشش کرنی چاہیئے، مثلاً: اِشراق، چاشت، سُنن زَوال، تحیۃ الوضو، تحیۃ المسجد وغیرہ۔

(2) چلتے پھرتے، اُٹھتے بیٹھتے آتے جاتے، کام کاج کے دوران جتنا ممکن ہو، زبان کو اللہ کے ذکر سے تَر رکھنا چاہیئے، چوتھا کلمہ، تیسرا کلمہ، درود شریف، اِستغفار اور جو اَذکار بھی آسانی کے ساتھ پڑھے جاسکیں پڑھنا اور پڑھتے رہنا چاہیئے تاکہ زیادہ سے زیادہ وقت کو بہتر اَنداز میں قیمتی بنایا جاسکے۔ (3) روزہ کی حالت میں قرآن کریم کی تلاوت کا خوب اہتمام کرنا چاہیئے اور ترتیل اور تجوید کا لحاظ رکھتے ہوئے زیادہ سے زیادہ ماہِ رمضان میں

قرآن کریم ختم کرنے کی کوشش کرنی چاہیئے۔(4)روزہ کی حالت میں اپنی حیثیت کے مطابق اگر روزانہ ہر روزہ میں کچھ نہ کچھ صدقہ خیرات کرنے کا موقع مل جائے تو بہت ہی اچھا ہے،ورنہ جس قدر ممکن ہو اللہ کے راستے میں خرچ کرنا اور کرتے رہنا چاہیے، اِس لئے کہ رمضان نبی کریم ﷺ کے فرمان کے مطابق سخاوت اور غریبوں کی غمخواری کا مہینہ ہے،یہی وجہ ہے کہ نبی کریم ﷺ کی سخاوت رمضان میں سب سے زیادہ بڑھ جاتی تھی۔(5)روزہ کی حالت میں دینی اور اِسلامی کتب کا مطالعہ کیا جاسکتا ہے اور کرنا چاہیئے،علمِ دین حاصل کرنا ایک بڑا عظیم اَجر وثواب کا بھی کام ہے اور ہر مسلمان کی زندگی کا ایک لازمی فریضہ ہے ،روزہ کی حالت میں اپنے اوقات کو قیمتی بنانے کیلئے یہ ایک بہترین مشغولیت ہے۔(6)روزہ کی حالت میں اپنے اوقات کو زیادہ سے زیادہ مسجد میں گزارنے کا اہتمام کرنا چاہیئے،اِس کی وجہ سے عبادت کا ماحول بھی ملے گا اور بہت سے اُن فتنوں سے حفاظت بھی ہوگی جس کا اِنسان مسجد سے باہر جاکر شکار ہوجاتا ہے۔مسجدوں میں جم کر بیٹھنا یہ اللہ کے نیک اور صالح بندوں کا طریقہ ہے، روزہ کی حالت میں اعتکاف کی نیت سے زیادہ سے زیادہ مسجد میں اپنے اوقات کو گزار کر روزہ کو قیمتی بنایا جاسکتا ہے۔

### ③ تیسرا ادب:تمام معاصی ومنکرات سے کُلّی اِجتناب:

روزہ کی حالت میں ہر قسم کے گناہوں سے مکمل اجتناب کرنا ضروری ہے،اِس لئے کہ روزہ صرف ظاہری طور پر کھانے پینے سے رُکنے ہی کا نام نہیں بلکہ روزہ در حقیقت اللہ تعالیٰ کی نافرمانیوں اور تمام گناہوں سے بچنے کی ایک ایسی مشق کا نام ہے ،جس میں

بندوں سے حلال اور جائز لذتوں کو ترک کرواکر حرام لذتوں کو ترک کرنے کی عملی مشق کروائی جاتی ہے، اب اگر کوئی روزے کی حالت میں جائز لذتوں کو تو ترک کردے اور جھوٹ، غیبت، بد نظری وغیرہ جیسی حرام لذتوں کو حاصل کرنے میں لگا رہے تو ظاہر ہے کہ اُسے روزے کی حقیقت اور مقصد تک کیسے رَسائی ہوسکتی ہے، اِسی لئے تو نبی کریم ﷺ نے ایسے لوگوں کے بارے میں اِرشاد فرمایا ہے:

”رُبَّ صَائِمٍ لَيْسَ لَهُ مِنْ صِيَامِهِ إِلَّا الْجُوعُ“

کتنے ہی روزہ رکھنے والے ایسے ہیں جنہیں اُن کے روزے سے سوائے بھوک کے کچھ بھی حاصل نہیں ہوتا۔(سنن ابن ماجہ:1690)

ایک اور روایت میں ہے:”كَمْ مِنْ صَائِمٍ لَيْسَ لَهُ مِنْ صِيَامِهِ إِلَّا الظَّمَأُ“ کتنے ہی روزہ دار ایسے ہیں جنہیں ان کے روزے سے سوائے پیاس کے کچھ بھی حاصل نہیں ہوتا۔(سنن دارمی:2762)

ایک اور روایت میں ہے، آپ ﷺ نے اِرشاد فرمایا:

”مَنْ لَمْ يَدَعْ قَوْلَ الزُّورِ وَالعَمَلَ بِهِ، فَلَيْسَ لِلَّهِ حَاجَةٌ فِي أَنْ يَّدَعَ طَعَامَهُ وَشَرَابَهُ“ جو شخص روزہ رکھ کر بھی جھوٹے کردار و گفتار سے باز نہ آیا تو اللہ تعالیٰ کو اس کے بھوکا پیاسا رہنے سے کوئی غرض نہیں۔(بخاری:1903)

ایک روایت میں ہے، آپ ﷺ نے اِرشاد فرمایا:”الصِّيَامُ جُنَّةٌ مَا لَمْ يَخْرِقْهُ“ روزہ ڈھال ہے جب تک کہ اُسے پھاڑ نہ دیں، کسی نے دریافت کیا کہ کس چیز سے اِنسان اُس کو پھاڑ دیتا ہے؟ آپ ﷺ نے اِرشاد فرمایا:

"بِكَذِبٍ أَوْ غِيبَةٍ" جھوٹ بولنے اور غیبت کرنے سے۔(طبرانی اوسط:4536)

حضرت جابر بن عبد اللہ رَضِیَ اللّٰہُ عَنْہُ سے موقوفاً مروی ہے:

"إِذَا صُمْتَ فَلْيَصُمْ سَمْعُكَ، وبَصَرُكَ، وَلِسَانُكَ عَنِ الْكَذِبِ، وَالْمَحَارِمِ" جب تم روزہ رکھو تو تمہارے کان، آنکھ اور زبان کا بھی جھوٹ اور تمام حرام کاموں سے روزہ ہونا چاہیئے۔(شعب الایمان:3374)

حدیث میں ایک واقعہ ذکر کیا گیا ہے:

ایک مرتبہ دو عورتوں نے روزہ رکھا، کسی نے اکر آپ صَلَّی اللّٰہُ عَلَیْہِ وَسَلَّم سے عرض کیا: یارسول اللہ! یہاں دو عورتوں نے روزہ رکھا ہے اور وہ دونوں پیاس کی شدّت کی وجہ سے مرنے کے قریب ہیں، آپ صَلَّی اللّٰہُ عَلَیْہِ وَسَلَّم خاموش رہے، وہ شخص پھر آیا، راوی کہتے ہیں یہ دوپہر کی سخت گرمی کا وقت تھا، اُس نے آکر پھر وہی عرض کیا کہ یارسول اللہ! وہ بالکل مرنے کے قریب ہیں، آپ صَلَّی اللّٰہُ عَلَیْہِ وَسَلَّم نے اُن عورتوں کو بُلوایا، وہ دونوں آئیں تو ایک پیالہ منگوایا گیا، نبی کریم صَلَّی اللّٰہُ عَلَیْہِ وَسَلَّم نے ان میں سے ایک سے فرمایا کہ اس میں قے کرو، اُس نے قے کی تو اس میں سے خون۔ پیپ اور گوشت نکلا، یہاں تک کہ آدھا پیالہ بھر گیا، پھر دوسری عورت سے بھی یہی فرمایا، اُس نے بھی قَے کی تو یہی چیزیں نکلیں یہاں تک کہ پورا پیالہ بھر گیا، نبی کریم صَلَّی اللّٰہُ عَلَیْہِ وَسَلَّم نے اِرشاد فرمایا:

"إِنَّ هَاتَيْنِ صَامَتَا عَمَّا أَحَلَّ اللهُ لَهُمَا، وَأَفْطَرَتَا عَلَى مَا حَرَّمَ اللهُ عَلَيْهِمَا، جَلَسَتْ إِحْدَاهُمَا إِلَى الْأُخْرَى، فَجَعَلَتَا يَأْكُلَانِ لُحُومَ النَّاسِ" یعنی انہوں نے اللہ کی حلال چیزوں سے رُک کر روزہ تو رکھ لیا لیکن اللہ کی حرام کردہ چیزوں کو اختیار

کر کے روزہ توڑ دیا، یہ دونوں ایک ساتھ بیٹھ کر لوگوں کا گوشت کھا رہی تھیں (یعنی غیبت کر رہی تھیں)۔(مسند احمد:23653)

## ❹ چوتھا ادب: آنکھ، کان اور زبان کی بطورِ خاص حفاظت کا اہتمام:

روزہ کی حالت میں سارے ہی گناہوں سے بالکلیہ اجتناب کرنا چاہیئے لیکن اِنسان کے جسم کے تین اعضاء ایسے ہیں جن کے ذریعہ سب سے زیادہ گناہ کیا جاتا ہے اور سب سے زیادہ اللہ تعالیٰ کی نافرمانی میں یہی اعضاء مبتلاء ہوتے ہیں۔

مولانا رومی رحمۃ اللہ علیہ فرماتے ہیں:

چشم بند و گوش بند ولب بہ بند      گر نہ بینی نور حق بر من بخند

یعنی اپنی آنکھ، کان اور ہونٹ کو (اللہ کی نافرمانیوں سے) بند رکھو، پھر اگر حق تعالیٰ جلّ شانہ کے نور کو اپنی آنکھوں سے نہ دیکھو تو مجھ پر ہنس دینا۔

اِس لئے اِن تینوں اَعضاء کی خصوصی حفاظت کا اہتمام کرنے کیلئے اِنہیں مستقلاً الگ سے ذکر کیا جارہا ہے:

## آنکھوں کی حفاظت:

آنکھ ایک ایسا راستہ ہے جس کے ذریعہ اِنسان کے دل تک اچھی یا بُری چیزیں جاتی رہتی ہیں اور دل و دماغ پر اِنسان کے دیکھنے کا براہِ راست بہت زیادہ اور بہت گہرا اثر ہوتا ہے۔ اِسی لئے ہر حالت میں اور بطورِ خاص روزہ کی حالت میں اپنی نگاہوں کو خصوصی طور پر حرام لذتوں کے حصول سے بچا کر قابو میں رکھنا چاہیئے، تاکہ بکثرت ہونے والے بد نگاہی کے گناہ سے احتراز کیا جاسکے۔

## بد نظری کی مُمانعت اور اُس کی وعیدیں:

اللہ تعالیٰ نے قرآن کریم میں بڑی وضاحت اور صراحت کے ساتھ نگاہوں کو پست رکھنے کا حکم دیا ہے، اور اس حکم میں عورتوں کے ضمنی طور پر شامل ہونے پر اکتفا نہیں کیا بلکہ عامِ طرزِ بیان سے بالکل ہٹ کر عورتوں کو مستقلاً اِس بات کا حکم دیا گیا ہے، چنانچہ سورۃ النّور میں مَردوں اور عورتوں کو الگ الگ اِس بات کا حکم دیا ہے کہ وہ اپنی نگاہیں نیچی رکھیں۔(سورۃ النّور:30،31)

ایک اور جگہ اِرشاد فرمایا:

﴿يَعْلَمُ خَائِنَةَ الْأَعْيُنِ وَمَا تُخْفِي الصُّدُورُ﴾ اللہ آنکھوں کی چوری کو بھی جانتا ہے اور اُن باتوں کو بھی جو سینوں نے چھپا رکھا ہے۔(آسان ترجمہ قرآن)

بد نظری کرنا آنکھوں کا زنا ہے، حدیث میں ہے، نبی کریم ﷺ کا اِرشاد ہے:

"كُتِبَ عَلَى ابْنِ آدَمَ نَصِيبُهُ مِنَ الزِّنَا، مُدْرِكٌ ذَلِكَ لَا مَحَالَةَ، فَالْعَيْنَانِ زِنَاهُمَا النَّظَرُ" ابن آدم پر اس کے زنا سے حصہ لکھ دیا گیا ہے وہ لا محالہ (یقینی طور پر) اسے ملے گا پس آنکھوں کا زنا (نامحرم کو) دیکھنا ہے۔(مسلم:2657)

حضرت عبد اللہ بن مسعود رضی اللہ عنہ فرماتے ہیں:

"مَا كَانَ مِنْ نَظْرَةٍ فَلِلشَّيْطَانِ فِيهَا مَطْمَعٌ، وَالْإِثْمُ حَوَازُّ الْقُلُوبِ"

ہر نظر (جو کسی نامحرم پر ڈالی جائے اُس) میں شیطان کی طرف سے حرص و طمع موجود ہوتی ہے، اور گناہ دلوں کو کھٹکنے والی چیز کا نام ہے۔(طبرانی کبیر:8749)

حضرت عبد اللہ بن مسعود رضی اللہ عنہ نبی کریم ﷺ کا یہ اِرشاد نقل فرماتے ہیں:

"إِنَّ النَّظْرَةَ سَهْمٌ مِنْ سِهَامِ إِبْلِيسَ مَسْمُومٌ" بیشک بد نظری ابلیس کے زہریلے تیروں میں سے ایک تیر ہے (جس کے ذریعہ وہ شکار کرتا ہے)۔(طبرانی کبیر:10362)

ایک اور روایت میں ہے، آپ ﷺ نے اِرشاد فرمایا:

"لَعَنَ اللهُ النَّاظِرَ والْمَنْظُورَ إِلَيْهِ" اللہ تعالیٰ کی لعنت ہے اُس شخص پر جس نے (کسی نامحرم کی طرف) دیکھا اور اُس پر جس کی طرف دیکھا گیا۔(شعب الایمان:7399)

حضرت ابو امامہ رضی اللہ عنہ نبی کریم ﷺ کا یہ اِرشاد نقل فرماتے ہیں:

"لَتَغُضُّنَّ أَبْصَارَكُمْ، وَلَتَحْفَظُنَّ فُرُوجَكُمْ، وَلَتُقِيمُنَّ وُجُوهَكُمْ أَوْ لَتُكْسَفَنَّ وُجُوهُكُمْ" تم لوگ اپنی نگاہوں کو لازمی پست رکھو اور شرمگاہوں کی لازمی حفاظت کرو اور اپنے چہروں کو لازمی سیدھا رکھو ورنہ تمہارے چہروں کو بے نور کردیا جائے گا۔(طبرانی کبیر:7840)

## کان کی حفاظت:

کانوں کو حرام اور بُری چیزوں سے روکنا بہت ضروری ہے، ورنہ اِس کے ذریعہ بھی دل تک بہت سی گندگیاں اور گناہوں کی نجاستیں پہنچتی رہتی ہیں، اور دل سیاہ اور تاریک ہوتے ہوتے ظلمت کدہ بن کر رہ جاتا ہے۔ روزہ کی حالت میں بطورِ خاص اپنے کانوں کی حفاظت کا اہتمام کرنا چاہیئے، چنانچہ روزہ کی حالت میں لوگوں کی ہونے والی بُرائیوں اور غیبتوں کو سننا، گانے سننا، میوزک اور موسیقی سننا، ٹی وی وغیرہ میں نشر ہونے والے فضول اور لغو، بلکہ غیر شرعی اور غیر اخلاقی پر گرام کو دیکھنا اور سننا یہ سب کانوں کا انتہائی غلط اِستعمال ہے جس سے روزے کا اَجر جاتا رہتا ہے۔

حضرت جابر بن عبد اللہ رَضِیَ اللہُ عَنْہُ سے موقوفاً مروی ہے: "إِذَا صُمْتَ فَلْيَصُمْ سَمْعُكَ" جب تم روزہ رکھو تو تمہارے کان کا بھی روزہ ہونا چاہیئے۔ (شعب الایمان:3374)

## تنبیہ:

یاد رکھیں! رمضان المُبارک میں ٹی وی (TV) پر آنے والے مختلف قسم کے پروگرام جو اگرچہ رمضان ٹرانسمیشن کے عُنوان سے دین و مذہب کے نام پر کیے جارہے ہوتے ہیں لیکن اُن کے اندر بھی میوزک، موسیقی اور بہت سی غیر شرعی اور غیر اَخلاقی حرکات دکھائی جارہی ہوتی ہیں جنہیں دیکھنا اپنے روزے کے اجر و ثواب کو ضائع کردینے کے سوا کچھ نہیں، علاوہ اَزیں اُس میں مردوں اور عورتوں کا اختلاط، خواتین کا بے حجاب اور بے پردہ ہوکر، بلکہ بن ٹھن کر اور مزیّن اور آراستہ ہوکر شرکت کرنا یہ سب کچھ واضح طور پر دکھایا جارہا ہوتا ہے جس سے دیکھنے والے روزہ داروں کی آنکھ اور کان دونوں ہی سنگین گناہ کے مرتکب ہوتے ہیں۔ اِسی طرح موبائل کی ٹونز میں گانے اور موسیقی کو اِستعمال کرنا، میوزک پر مشتمل نعتوں کو سننا یہ سب گناہ ایسے ہیں جو رمضان میں بھی کیے جارہے ہوتے ہیں، ان سب سے بچنا ضروری ہے۔

## زبان کی حفاظت:

زبان اِنسان کے جسم کا بہت ہی چھوٹا سا عُضو ہے لیکن اِس کے ذریعہ سے پھیلنے والے شرور اور مفاسد بہت زیادہ وَسیع اور دیرپا ہوتے ہیں، اِس لئے روزہ کی حالت میں اِس کی حفاظت کا خصوصی بلکہ بہت زیادہ خصوصیت کے ساتھ اہتمام کرنا چاہیئے۔ یہ وہ عُضو ہے جس کے ذریعہ سب سے زیادہ گناہ صادر ہوتے ہیں اور اِسی وجہ سے سب سے زیادہ

قیامت کے دن اِسی عُضو کی وجہ سے لوگ جہنم کی آگ میں ڈالے جائیں گے۔اِس بارے میں چند روایات ملاحظہ فرمائیں:

حدیث میں ہے، آپ ﷺ نے اِرشاد فرمایا:"أَكْثَرُ خَطَايَا ابنِ آدَمَ فِي لِسَانِهِ" ابن آدم کی اکثر خطائیں اُس کی زبان میں ہوتی ہیں۔(طبرانی کبیر:10446)

حضرت معاذ بن جبل رضی اللہ عنہ نبی کریم ﷺ کا یہ اِرشاد نقل فرماتے ہیں:

"هَلْ يَكُبُّ النَّاسَ عَلَى مَنَاخِرِهِمْ فِي جَهَنَّمَ إِلَّا حَصَائِدُ أَلْسِنَتِهِمْ، وَهَلْ تَتَكَلَّمُ إِلَّا بِمَا عَلَيْكَ أَوْ لَكَ "لوگوں کو اُن کے منہ کے بل جہنم میں صرف اُن کی زبانوں کی کھیتیاں ہی تو گرائیں گی، اور تم جو بھی بات کرتے ہو وہ یا تو تمہارے اوپر وبال ہے یا تمہارے لئے فائدہ مند ہے۔(شعب الایمان:4607)

حضرت ابوہریرہ رضی اللہ عنہ روایت ہے کہ رسول اللہ ﷺ سے پوچھا گیا کہ کس عمل کی وجہ سے لوگ زیادہ جنت میں داخل ہوں گے؟ آپ ﷺ نے اِرشاد فرمایا:

"تَقْوَى اللَّهِ وَحُسْنُ الخُلُقِ" اللہ کے خوف اور حسن اخلاق سے۔

پھر پوچھا گیا کہ زیادہ تر لوگ جہنم میں کن اعمال کی وجہ سے جائیں گے؟ آپ ﷺ نے اِرشاد فرمایا:"الفَمُ وَالفَرْجُ" منہ (یعنی زبان) اور شرمگاہ کی وجہ سے۔(ترمذی:204)

حضرت معاذ بن جبل رضی اللہ عنہ سے روایت ہے کہ میں نبی اکرم ﷺ کے ساتھ ایک سفر میں تھا، آپ ﷺ نے مجھ سے اِرشاد فرمایا:"أَلَا أُخْبِرُكَ بِمَلَاكِ ذَلِكَ كُلِّهِ" اے مُعاذ! کیا میں تمہیں دین کے تمام اَعمال کی جڑ کے بارے میں نہ بتاؤں؟ میں نے عرض کیا: کیوں نہیں یارسول اللہ! ضرور بتایئے، آپ ﷺ نے اپنی زبان مبارک پکڑی اور

اِرشاد فرمایا: ”كُفَّ عَلَيْكَ هٰذَا“ اسے اپنے قابو میں رکھو۔ میں نے عرض کیا: یارسول اللہ! کیا گفتگو کے بارے میں بھی ہمارا مواخذہ ہو گا؟ آپ ﷺ نے فرمایا:

”ثَكِلَتْكَ أُمُّكَ يَا مُعَاذُ! وَهَلْ يَكُبُّ النَّاسَ فِي النَّارِ عَلَى وُجُوهِهِمْ أَوْ عَلَى مَنَاخِرِهِمْ إِلَّا حَصَائِدُ أَلْسِنَتِهِمْ“ افسوس ہے تم پر اے معاذ! کیا لوگوں کو دوزخ میں منہ یا نتھنوں کے بَل زبان کے علاوہ بھی کوئی چیز گراتی ہے۔ (ترمذی:2616)

## زبان کی حفاظت نجات دلانے والا عمل ہے:

حضرت عبد اللہ بن عمرو رضی اللہ عنہ نبی کریم ﷺ کا یہ اِرشاد نقل فرماتے ہیں:

”مَنْ صَمَتَ نَجَا“ جس نے خاموشی اختیار کی وہ نجات پا گیا۔ (ترمذی:2501)

حضرت انس بن مالک رضی اللہ عنہ نبی کریم ﷺ کا یہ اِرشاد نقل فرماتے ہیں: جسے یہ پسند ہو کہ وہ (آفات و مصائب سے) محفوظ رہے اُسے چاہیئے کہ خاموشی کو اپنے اوپر لازم کرلے۔ مَنْ سَرَّهُ أَنْ يَّسْلَمَ فَلْيَلْزَمِ الصَّمْتَ۔ (طبرانی اوسط:1934)

ایک موقع پر حضرت ابوذر رضی اللہ عنہ نے نبی کریم ﷺ سے نصیحت کی درخواست کی تو آپ ﷺ نے اُنہیں کئی قیمتی نصائح اِرشاد فرمائی، اُن میں سے ایک جامع نصیحت یہ بھی تھی: ”عَلَيْكَ بِطُوْلِ الصَّمْتِ، فَإِنَّهُ مَطْرَدَةٌ لِلشَّيْطَانِ، وَعَوْنٌ لَكَ عَلَى أَمْرِ دِيْنِكَ“ طویل خاموشی اختیار کرنے کو اپنے اوپر لازم کرو کیونکہ خاموشی شیطان کو دور بھگاتی ہے اور دینی امور میں تمہاری مددگار ہوتی ہے۔ (شعب الایمان:4592)

حضرت وُہیب بن وَرد رحمۃ اللہ علیہ فرماتے ہیں:

”اَلْحِكْمَةُ عَشَرَةُ أَجْزَاءٍ: فَتِسْعَةٌ مِنْهَا فِي الصَّمْتِ، وَالْعَاشِرَةُ عُزْلَةُ النَّاسِ“

حکمت و دانائی کے دس اجزاء ہیں، اُن میں سے 9 اجزاء خاموشی میں ہیں اور دسواں حصہ لوگوں سے عُزلت اور کنارہ کشی میں ہے۔(الصّمت لابن ابی الدّنیا:62، رقم:36)

## ⑤ پانچواں ادب: لڑائی جھگڑے سے گریز کرنا:

روزہ کی حالت میں اِنسان کے مزاج و طبیعت میں کچھ چڑچڑاپن سا آجاتا ہے، بالخصوص جبکہ وہ گرمیوں کے روزے ہوں تو تپتی ہوئی گرمی اور شدّتِ پیاس کے عالَم میں قوّتِ برداشت اور تحمل کی سکَت کافی کم ہوکر رہ جاتی ہے جس کی وجہ سے معمولی سی ناگواری بھی بڑی ناگواری بن جاتی ہے اور اِنسان لڑنے جھگڑنے اور گالم گلوچ پر اُتر آتا ہے، اِسی وجہ سے نبی کریم ﷺ نے روزہ دار کو بطورِ خاص اِس سے منع فرمایا ہے، چنانچہ حضرت ابوہریرہ رضی اللہ عنہ نبی کریم ﷺ کا یہ اِرشاد نقل فرماتے ہیں:

”وَإِذَا كَانَ يَوْمُ صَوْمِ أَحَدِكُمْ فَلاَ يَرْفُثْ وَلاَ يَصْخَبْ، فَإِنْ سَابَّهُ أَحَدٌ أَوْ قَاتَلَهُ، فَلْيَقُلْ إِنِّي امْرُؤٌ صَائِمٌ“ جب تم میں سے کسی کا روزہ ہو تو اُسے چاہیئے کہ کوئی فحش بات نہ کرے اور نہ شور مچائے، اگر کوئی شخص اُسے گالی دے یا جھگڑا کرے تو کہہ دے کہ میں روزہ دار آدمی ہوں۔(بخاری:1904)

ایک اور روایت میں ہے، آپ ﷺ نے اِرشاد فرمایا:

”الصِّيَامُ جُنَّةٌ فَلاَ يَرْفُثْ وَلاَ يَجْهَلْ، وَإِنِ امْرُؤٌ قَاتَلَهُ أَوْ شَاتَمَهُ فَلْيَقُلْ: إِنِّي صَائِمٌ مَرَّتَيْنِ“ ”روزہ ڈھال ہے، اِس لئے کوئی شخص (روزہ کی حالت میں) نہ فحش بات کرے اور نہ ہی جہالت کی بات کرے، اگر کوئی اس سے جھگڑا کرے یا گالی دے تو اُسے چاہیئے کہ دو مرتبہ کہہ دے ”مَیں روزہ سے ہوں“۔(بخاری:1894)

گھروں میں کام کاج کرنے والے نوکر، خادم، چوکیدار ڈرائیور، مالی اور مزدور وغیرہ کے ساتھ رمضان المُبارک میں آسانی اور سہولت کا معاملہ کرنا چاہیئے، اُن کے کاموں اور ذمّہ داریوں میں کمی کرنی چاہیئے اور یہ سوچنا چاہیئے کہ وہ بھی ایک اِنسان ہی ہیں اُن کو بھی روزے کی حالت میں کسی قدر آرام اور سکون کی ضرورت ہے۔

اِسی طرح بیوی بچوں پر بھی بے جا غصہ کرنا، چیخنا چلّانا اور معمولی معمولی بات پر بے قابو اور آپے سے باہر ہو جانا یہ اللہ کے نیک اور محبوب بندوں کا ہرگز طریقہ نہیں، اپنے اندر نرمی اور تحمل کی صفت پیدا کرنی چاہیئے، بالخصوص روزہ کی حالت میں تو اِن اخلاقی بُرائیوں کے قریب بھی نہیں پھٹکنا چاہیئے کیونکہ یہ چیزیں روزہ میں بطورِ خاص منع کی گئی ہیں، جیسا کہ مذکورہ بالا احادیث میں اِس کی صراحت موجود ہے۔

حدیث میں آتا ہے، حضرت جابر بن عبد اللہ رَضِیَ اللّٰہُ عَنْہُ فرماتے ہیں: جب تم روزہ رکھو تو اپنے خادم کو تکلیف و اَذیت مت پہنچاؤ۔ (شعب الایمان:3374)

ایک اور روایت میں ہے، نبی کریم صَلَّی اللّٰہُ عَلَیْہِ وَسَلَّم نے اِرشاد فرمایا:

”مَنْ خَفَّفَ عَنْ مَمْلُوكِهِ فِيهِ غَفَرَ اللهُ لَهُ وَأَعْتَقَهُ مِنَ النَّارِ“

جس نے اِس مہینے اپنے غلاموں کے بوجھ کو ہلکا کیا اللہ تعالیٰ اُس کی مغفرت فرمادیں گے اور اُس جہنّم سے آزاد کر دیں گے۔ (شعب الایمان:3336)

حضرت جابر بن عبد اللہ رَضِیَ اللّٰہُ عَنْہُ فرماتے ہیں:

”وَلْيَكُنْ عَلَيْكَ وَقَارٌ وَسَكِينَةٌ يَوْمَ صِيَامِكَ“ روزہ رکھنے کے دن تمہارے اوپر وَقار اور سکون کی کیفیت ہونی چاہیئے۔ (شعب الایمان:3374)

## غصہ کی مُمانعت و قباحت:

حدیث میں ہے: ایک شخص نے نبی کریم ﷺ سے کہا کہ مجھے کسی چیز کا حکم دیجئے، لیکن بہت زیادہ نہ بتائیے تا کہ میں (اچھی طرح) سمجھ سکوں۔ آپ ﷺ نے ارشاد فرمایا: غصہ مت کرو، غصہ مت کرو۔ (مسند احمد: 8744)

حضرت ابو درداء رضی اللہ عنہ فرماتے ہیں کہ میں نے نبی کریم ﷺ سے کہا کہ مجھے ایسا کوئی عمل بتائیے جو میرے لئے جنت میں داخل ہونے کا سبب بن جائے۔ آپ ﷺ نے ارشاد فرمایا: غصہ مت کرو اور تمہارے لئے جنت ہے۔ (طبرانی اوسط: 2353)

ایک دفعہ نبی کریم ﷺ حضرات صحابہ کرام رضی اللہ عنہم کے ساتھ بیٹھے ہوئے تھے کہ اتنے میں ایک شخص نے حضرت ابو بکر صدیق رضی اللہ عنہ کو کوئی تکلیف دہ بات کہی حضرت صدیقِ اکبر رضی اللہ عنہ خاموش رہے، پھر اُس نے کہا، حضرت ابو بکر صدیق رضی اللہ عنہ خاموش رہے، پھر تیسری مرتبہ اُس نے کہا تو حضرت صدیقِ اکبر رضی اللہ عنہ نے اُسے جواب دیدیا۔ نبی کریم ﷺ یہ دیکھ کر اُٹھ کھڑے ہوئے، حضرت ابو بکر صدیق رضی اللہ عنہ نے کہا کہ یا رسول اللہ! کیا آپ کو مجھ سے ناگواری ہوئی ہے؟ حضور ﷺ نے اِرشاد فرمایا:

ایک فرشتہ آسمان سے اُتر کر مستقل اُس کو جھٹلا رہا تھا اور تمہاری جانب سے اُسے جواب دے رہا تھا، جب تم نے اُسے جواب دیدیا تو شیطان آگیا، پس اب جبکہ شیطان آگیا تو میں نہیں بیٹھ سکتا۔ (ابو داؤد: 4896)

حضرت عبد اللہ بن عمرو رضی اللہ عنہ نے نبی کریم ﷺ پوچھا: مجھے اللہ تعالیٰ کے غضب سے کون سی چیز دور کر سکتی ہے؟ آپ ﷺ نے فرمایا: غصہ مت کرو۔ (مسند احمد: 6634)

نبی کریم ﷺ نے اپنے ایک خطبہ میں ارشاد فرمایا: غصہ جہنم کی آگ کا ایک انگارہ ہے جو ابنِ آدم کے قلب میں سلگتا ہے، کیا تم اُس کی آنکھوں کی سُرخی نہیں دیکھتے اور اُس کی گردن کی پھولی ہوئی رگیں نہیں دیکھتے۔(ترمذی: 2191)

نبی کریم ﷺ نے اِرشاد فرمایا: بے شک غصہ ایمان کو ایسے فاسد کردیتا ہے جیسے اِیلوا شہد کو خراب کردیتا ہے۔(شعب الایمان:7941)

## ❻ چھٹا ادب: حرام اور مشتبہ مال سے اِجتناب:

روزہ کا ایک اہم ادب یہ ہے کہ حلال اور غیر مُشتبہ مال سے سحری اور اِفطاری کا اہتمام کیا جائے تاکہ جو روزہ رکھا جارہا ہے وہ قبول ہو اور اُس کا مکمل اجر و ثواب حاصل ہوسکے، کیونکہ حدیث کے مطابق مالِ حرام سے کیا جانے والا عمل بارگاہِ الٰہی میں قبولیت کے مقام پر نہیں پہنچتا، چنانچہ نبی کریم ﷺ کا اِرشاد ہے:

”وَالَّذِي نَفْسُ مُحَمَّدٍ بِيَدِهِ، إِنَّ الْعَبْدَ لَيَقْذِفُ اللُّقْمَةَ
الْحَرَامَ فِي جَوْفِهِ مَا يُتَقَبَّلُ مِنْهُ عَمَلَ أَرْبَعِينَ يَوْمًا“

قسم ہے اُس ذات کی جس کے قبضے میں محمّد (ﷺ) کی جان ہے! بیشک بندہ جب کوئی حرام لقمہ اپنے پیٹ میں ڈالتا ہے تو اُس کے چالیس دن تک کا عمل قبول نہیں ہوتا۔(طبرانی اوسط:6495)

ایک موقع پر نبی کریم ﷺ نے ایسے شخص کا ذکر فرمایا جو طویل سفر کرکے، پراگندہ بال اور غبار آلودہ جسم کے ساتھ آسمان کی طرف اپنے ہاتھوں کو دراز کرکے کہتا ہے

اے رب! اے رب! حالانکہ اس کا کھانا حرام ہو، اس کا پہننا حرام ہو، اس کا لباس حرام ہو اور اس کی غذا حرام ہو تو اس کی دعا کیسے قبول ہو گی۔ (مسلم:1015)

حضرت ابو ہریرہ رضی اللہ عنہ نبی کریم صلی اللہ علیہ وسلم کا یہ اِرشاد نقل فرماتے ہیں:

"**لَأَنْ يَجْعَلَ أَحَدُكُمْ فِي فِيهِ تُرَابًا خَيْرٌ لَهُ مِنْ أَنْ يَجْعَلَ فِي فِيهِ مَا حَرَّمَ اللهُ عَزَّ وَجَلَّ**"، "تم میں سے کسی کا اپنے منہ میں خاک ڈال لینا یہ اس بہتر ہے کہ وہ اپنے میں اللہ کی حرام کردہ کوئی چیز رکھے۔ (شعب الایمان:5379)

## ساتواں ادب: اِفطار و سحر میں اعتدال کے ساتھ کھانا:

اعتدال اور میانہ رَوی سے ہر چیز کے اندر حُسن اور خوشنمائی پیدا ہو جاتی ہے اِسی لئے شریعتِ محمّدیہ میں اعتدال کی صرف ترغیب ہی نہیں بلکہ حد درجہ تاکید بھی کی گئی ہے۔ کھانا پینا بھی ایک ایسا عمل ہے جس میں اِفراط و تفریط سے بچنا اور اِعتدال کو ملحوظ رکھنا انتہائی ضروری ہے ورنہ کھانے کا اصل مقصد ہی فوت ہو جاتا ہے اور یہ نفع مند ہونے کے بجائے نقصان دہ ثابت ہو جاتا ہے۔

رمضان المُبارک میں عُمومی طور پر یہ دیکھنے میں آتا ہے کہ سحری میں حفظِ ماتقدّم کے نام پر اور اِفطاری میں تلافیِ مافات کے نام پر خوب ڈٹ کر کھایا جاتا ہے جس کی وجہ سے عبادت پر قوّت حاصل ہونے کے بجائے اور سستی اور کمزوری پیدا ہو جاتی ہے اور اِس کے نتیجے میں نیند اور آرام کا تقاضہ بڑھ جاتا ہے اور رمضان المُبارک کے اَعمال کی ادائیگی میں کمر کَسنا مشکل اور گراں ہو جاتا ہے، بلکہ بعض اوقات تو تَراویح اور قیام

اللیل جیسی عظیم عبادت متاثر ہو کر رہ جاتی ہے، اِس لئے کھانے پینے میں اعتدال کو ملحوظِ خاطر رکھنا چاہیئے۔

حضرت شیخ الحدیث مولانا زکریا رحمۃ اللہ علیہ اکابر و مشائخ کے حوالے سے روزے کے آداب بیان کرتے ہوئے فرماتے ہیں:

> اِفطار کے وقت حلال مال سے بھی اتنا زیادہ نہ کھانا چاہیئے کہ شکم سیر ہو جائے، اِس لئے کہ روزہ کی غرض اس سے فوت ہو جاتی ہے۔ (فضائلِ رمضان:29)

## شکم پُری کی مذمّت پر چند احادیث:

حضرت مِقدام بن معدیکرب رضی اللہ عنہ نبی کریم صلی اللہ علیہ وسلم کا یہ اِرشاد نقل فرماتے ہیں:

**"مَا مَلَأَ آدَمِيٌّ وِعَاءً شَرًّا مِنْ بَطْنِهِ حَسْبُ ابْنِ آدَمَ أُكُلَاتٌ يُقِمْنَ صُلْبَهُ، فَإِنْ كَانَ لَا مَحَالَةَ، فَثُلُثٌ لِطَعَامِهِ، وَثُلُثٌ لِشَرَابِهِ، وَثُلُثٌ لِنَفَسِهِ"**

کسی شخص نے پیٹ سے زیادہ بُرا برتن نہیں بھرا، اِبنِ آدم کیلئے تو چند لقمے ہی کافی ہیں جس کے ذریعہ وہ اپنی پیٹھ کو سیدھا رکھ سکے، اور اگر لامحالہ کھانا ہی ہے تو (اِس طرح کھاؤ کہ پیٹ کا) ایک تہائی کھانے کیلئے، ایک تہائی پینے کیلئے اور ایک تہائی سانس لینے کیلئے چھوڑنا چاہیئے۔ (شعب الایمان:5263)

حضرت عبد اللہ بن عمر رضی اللہ عنہما نبی کریم صلی اللہ علیہ وسلم کا یہ اِرشاد نقل فرماتے ہیں:

**"الكَافِرُ يَأْكُلُ فِي سَبْعَةِ أَمْعَاءٍ، وَالْمُؤْمِنُ يَأْكُلُ فِي مِعًى وَاحِدٍ"**

کافر سات آنتیں بھر کر اور مؤمن ایک آنت بھر کر کھانا کھاتا ہے۔ (ترمذی:1818)

حضرت عائشہ صدیقہ رضی اللہ عنہا فرماتی ہیں کہ رسول اللہ صَلَّى اللهُ عَلَيْهِ وَسَلَّم نے ایک غلام خریدنا چاہا تو (آزمانے کیلئے) اُس کے سامنے کچھ کھجوریں رکھیں، غلام نے بڑی کثرت سے وہ کھجوریں کھائیں، آپ صَلَّى اللهُ عَلَيْهِ وَسَلَّم نے اِرشاد فرمایا:

"إِنَّ كَثْرَةَ الْأَكْلِ شُؤْمٌ"

بیشک زیادہ کھانا نحوست کا باعث ہے۔

پھر آپ صَلَّى اللهُ عَلَيْهِ وَسَلَّم نے اُس غلام کو واپس کر دیا۔(شعب الایمان:5263)

حضرت لُقمان علیہ السلام نے اپنے بیٹے کو نصیحت کرتے ہوئے اِرشاد فرمایا:

"يَا بُنَيَّ لَا تَأْكُلْ شِبَعًا فَوْقَ شِبَعٍ، فَإِنَّكَ إِنْ تَنْبُذْهُ إِلَى الْكَلْبِ خَيْرٌ لَكَ"

اے بیٹے! ایک دفعہ سیر ہو جانے کے بعد مزید مت کھاؤ، کیونکہ وہ کھانا (جو پیٹ بھر جانے کے بعد کھایا جائے) کتے کے آگے ڈالدینا زیادہ بہتر ہے۔(شعب الایمان:5306)

حضرت ابوسُلیمان رحمۃ اللہ علیہ فرماتے ہیں:

"إِذَا جَاعَ الْقَلْبُ وَعَطِشَ صَفَا وَرَقَّ، وَإِذَا شَبِعَ وَ رَوَى عَمِيَ"

جب قَلب بھوک و پیاس کی حالت میں ہوتا ہے تو صاف اور نَرم ہوتا ہے اور جب کھاپی کر سیر اور سیر اب ہو جاتا ہے تو اَندھا ہو جاتا ہے۔(شعب الایمان:5313)

حضرت فُضیل بن عیاض رحمۃ اللہ علیہ فرماتے ہیں:

"خَصْلَتَانِ تُقَسِّيَانِ الْقَلْبَ: كَثْرَةُ النَّوْمِ وَكَثْرَةُ الْأَكْلِ"

دو عادتیں دل کو سخت کر دیتی ہیں: زیادہ سونا اور زیادہ کھانا۔(شعب الایمان:5315)

حضرت ابوسُلیمان رحمۃ اللہ علیہ فرماتے ہیں:

”إِنَّ اللّٰهَ تَعَالَى يُعْطِي الدُّنْيَا مَنْ يُحِبُّ وَمَنْ لَا يُحِبُّ،وَإِنَّ الْجُوعَ عِنْدَهُ:فِي خَزَائِنَ لَا يُعْطِيهِ إِلَّا مَنْ أَحَبَّ خَاصَّةً“

بیشک اللہ تعالیٰ دنیا اُس کو بھی دیتے ہیں جس سے محبّت کرتے ہیں اور اُس کو بھی جس سے محبت نہیں کرتے ، لیکن بھوک اللہ کا ایک ایسا خزانہ ہے جو صرف اُنہی کو عطاء کرتے ہیں جس سے محبّت کرتے ہیں۔(شعب الایمان:5326)

حضرت ابو سُلیمان رحمۃ اللہ علیہ فرماتے ہیں:

”مِفْتَاحُ الدُّنْيَا:الشِّبَعُ، وَمِفْتَاحُ الْآخِرَةِ: الْجُوعُ“

دنیا کی کنجی سیر ہو کر کھانا ہے اور آخرت کی کنجی بھوک ہے۔(شعب الایمان:5327)

حضرت ابراہیم خوّاص رحمۃ اللہ علیہ بعض اہلِ علم سے نقل فرماتے ہیں:

”لَا يَطْمَعُ أَحَدٌ فِي السَّهَرِ مَعَ الشِّبَعِ“

کوئی شخص سیر ہو کے کھانا کھا کر رات کو(عبادت کیلئے)جاگنے کی اُمید نہ رکھے(اِس لئے کہ شکم پُری کی وجہ سے رات کو اُٹھنا مشکل ہوتا ہے)۔(شعب الایمان:5348)

حضرت ابراہیم خوّاص رحمۃ اللہ علیہ ہی ایک اور اِرشاد منقول ہے،وہ فرماتے ہیں:

”إِنَّ اللّٰهَ يُحِبُّ ثَلَاثَةً وَيُبْغِضُ ثَلَاثَةً، فَأَمَّا مَا يُحِبُّ:فَقِلَّةُ الْأَكْلِ، وَقِلَّةُ النَّوْمِ، وَقِلَّةُ الْكَلَامِ، وَأَمَّا مَا يُبْغِضُ: فَكَثْرَةُ الْكَلَامِ، وَكَثْرَةُ الْأَكْلِ، وَكَثْرَةُ النَّوْمِ“

بیشک اللہ تعالیٰ تین چیزیں پسند اور تین چیزیں ناپسند کرتے ہیں: پسندیدہ تین چیزیں: کم کھانا، کم سونا اور کم بولنا ہے اور ناپسندیدہ تین چیزیں: زیادہ بولنا، زیادہ کھانا اور زیادہ سونا ہے۔(شعب الایمان:5349)

### ❽ آٹھواں ادب: اللہ سے ڈرتے رہنا:

روزہ کا ایک ادب یہ ہے کہ روزہ دار کو اپنے روزے کے قبول ہونے کے بارے میں اللہ تعالیٰ سے اُمید رکھنے کے ساتھ ساتھ قبول نہ ہونے کے بارے میں ڈرتے بھی رہنا چاہیئے، تاکہ بالکل مُطمئن ہونے کی وجہ سے اُس کے آداب کا لحاظ رکھنے سے بے فکر نہ ہو جائے اور مایوس ہونے کی وجہ سے روزہ رکھنے کے سلسلے کو ترک ہی نہ کر بیٹھے۔ دونوں ہی چیزوں کو مدِّ نظر رکھنا چاہیئے اور اِسی کو خوف و رَجاء کی درمیانی کیفیت کہا جاتا ہے اور دوسرے الفاظ میں یوں کہتے ہیں کہ: ”کرتے رہو اور ڈرتے رہو“۔

## ﴿چوتھا عمل: سحری کھانا﴾

رمضان المُبارک کا ایک اہم کام جو ہر روزے کے آغاز میں کیا جاتا ہے وہ سحری کھانے کا عمل ہے۔ سحری کو اگرچہ محض ایک شکم پُری اور روزوں کیلئے تقویت حاصل کرنے کا ذریعہ سمجھا جاتا ہے اور بہت سے لوگ اِس کے عبادت ہونے کو نہیں جانتے، لیکن حقیقت یہ ہے کہ یہ ایک عبادت ہے، نبی کریم ﷺ اور دیگر انبیاء کی سنت ہے اور اِس کا اہتمام کرنا باعثِ اجر و ثواب ہے۔ حدیث میں آتا ہے:

نبی کریم ﷺ سحری کو پسند کیا کرتے تھے۔ (المراسیل لأبی داؤد:96)

بہت سی احادیث میں آپ ﷺ نے اِس کی تاکید فرمائی ہے، اور فرمایا ہے کہ سحری مت چھوڑا کرو اگرچہ پانی کا ایک گھونٹ ہی پی لو۔ (مسند احمد:11086)

اللہ تعالیٰ اور اُس کے فرشتے سحری کھانے والوں کیلئے رحمت کی دعاء کرتے ہیں، نبی کریم ﷺ خود بھی سحری کرنے والوں کیلئے رحمت کی دعاء فرماتے تھے۔ یہ سب اِس

بات کی واضح دلیل ہیں کہ سحری صرف پیٹ بھرنے کا نام نہیں بلکہ اس میں عبادت کا اَجر وثواب بھی رکھا گیا ہے۔

## سحری کے آداب:

❶...... سحری کھانا مستحب ہے، اِس کو بالکلیہ ترک کرنے سے بچنا چاہیئے، کچھ کھانے پینے کو جی نہ چاہ رہا ہو جیسا کہ بعض لوگوں سے اس وقت میں کھایا نہیں جاتا یا رمضان کے ابتدائی روزوں میں عادت نہ ہونے کی وجہ سے طبیعت نہیں ہوتی تب بھی کچھ نہ کچھ کھجوریں یا کم از کم پانی کا ایک گھونٹ ہی سحری کی نیت سے پی لینا چاہیئے، یہ مستحب ہے، ما قبل کئی احادیث میں اس کی ترغیب اور تاکید گزر چکی ہے۔

❷...... سحری میں کوئی چیز بھی کھائی جاسکتی ہے، اور اُس کے ساتھ اگر کچھ کھجوریں بھی کھالی جائیں تو بہت بہتر ہے، نبی کریم ﷺ نے اسے پسند فرمایا ہے اور اسے بہترین سحری قرار دیا ہے، چنانچہ اِرشادِ نبوی ہے:

"نِعْمَ سَحُورُ الْمُؤْمِنِ التَّمْرُ" مؤمن کی بہترین سحری کھجور ہے۔(ابوداؤد:2345)

❸...... سحری کو آخری وقت میں تاخیر سے کھانا چاہیئے، کیونکہ سحری میں تاخیر کو پسند کیا گیا ہے، حضرت ابوذر رضی اللہ عنہ فرماتے ہیں کہ نبی کریم ﷺ نے اِرشاد فرمایا:

"لَا تَزَالُ أُمَّتِي بِخَيْرٍ مَا عَجَّلُوا الْإِفْطَارَ وَأَخَّرُوا السُّحُورَ"

میری اُمت اُس وقت تک بھلائی پر رہے گی جب تک وہ اِفطار کو جلد اور سحری کو تاخیر سے کریں گے۔(مسند احمد:21312)

اِس سے معلوم ہوا کہ بعض لوگ رات ہی کو دیر سے کھانا وغیرہ کھا کر جو سحری کی نیت کر لیتے ہیں اور صبح اُٹھ کر بالکل سحری نہیں کرتے، اُن کا یہ عمل پسندیدہ نہیں۔

۴........ سحری کا وقت صبح صادق تک ہے، خواہ وہ سحری سونے سے پہلے کی جائے یا بعد میں، البتہ رات کے چھٹے حصے یعنی آخری پہر میں سحری کرنا مستحب اور پسندیدہ ہے اور اتنی زیادہ تاخیر کے ساتھ سحری کرنا کہ سحری کا وقت نکلنے میں ہی شک ہونے لگ جائے، یہ مکروہ ہے۔(عالمگیری:1/200)

## سحری کی چند عُمومی کوتاہیاں:

۱ بعض لوگ سحری کرتے ہی نہیں، اُن کا یہ عمل صحیح نہیں، کچھ نہ کچھ کھالینا چاہیئے، اگرچہ ایک کھجور یا پانی کا ایک گھونٹ ہی کیوں نہ ہو۔

۲ بعض لوگ رات ہی کو سحری کی نیت سے کھانا کھا کر سو جاتے ہیں جو اگرچہ جائز ہے لیکن پسندیدہ نہیں اس لیے کہ نبی کریم ﷺ نے سحری دیر سے کھانے کو خیر کا باعث قرار دیا ہے۔

۳ بعض لوگ سحری اتنی تاخیر سے کرتے ہیں کہ وقت ہی نکل جاتا ہے یا اُس میں شک پیدا ہو جاتا ہے، یہ درست نہیں، کیونکہ تاخیر افضل ہے لیکن اس قدر تاخیر کرنا کہ وقت کے نکلنے میں ہی شک واقع ہو جائے، مکروہ ہے۔(عالمگیری:1/200)

۴ بعض لوگ اذان یا سائرن بجنے کے انتظار میں کھاتے رہتے ہیں، یہ درست نہیں، کیونکہ اذان تو وقت کے ختم ہونے کے بعد ہوتی ہے، اور وقت کے بعد تک کھاتے پیتے

رہنا درست نہیں، اِس لئے کسی مستند ٹائم ٹیبل کو دیکھتے ہوئے ایک دو منٹ پہلے ہی کھانا پینا بند کردینا چاہیئے۔

۵ بعض لوگ سحری میں آنکھ نہ کھلنے کی صورت میں روزہ ہی ترک کر دیتے ہیں، جو کسی طرح درست نہیں، کیونکہ سحری کھانا روزہ کیلئے شرط نہیں، اگر کوئی نہ کھا سکے تب بھی روزہ رکھنا بہر حال ضروری ہے۔

## ﴿پانچواں عمل: اِفطاری کرنا﴾

سحری کی طرح اِفطاری بھی جو کہ ایک کھانے کا اور اپنی بھوک و پیاس کو ختم کرنے کا مَرغوب اور پسندیدہ عمل ہے، لیکن یہ بھی اللہ تعالیٰ کو بہت محبوب ہے، دن بھر کے روزے کے بعد شام کو تھکا ماندہ، بھوکا پیاسا، اللہ کی رضاء و خوشنودی کے حصول کیلئے قربانی دینے والا روزہ دار جب اِفطاری کیلئے بیٹھتا ہے اور کھانا پینا سب کچھ سامنے ہوتے ہوئے بھی اذان کے انتظار میں بیٹھا اللہ کو یاد کرتا ہے، اللہ کے سامنے ہاتھ اُٹھاتا ہے تو اللہ تعالیٰ کو اس کی یہ اداء بہت پسند آتی ہے اور اِسی لئے اللہ تعالیٰ اِس وقت اپنے بندوں پر خصوصی رحمت کی نگاہ ڈالتے ہیں، چنانچہ دعائیں قبول ہوتی ہیں، مغفرت کے خزانے لٹائے جاتے ہیں اور جہنم سے بے شمار لوگوں کی گردنوں کو آزاد کیا جاتا ہے۔

**اِفطاری کے آداب:**

① ......اِفطاری میں جلدی کرنا چاہیئے، وقت پورا ہو جانے کے بعد بلا ضرورت تاخیر کرنا پسندیدہ عمل نہیں ہے، حدیث میں ہے، نبی کریم ﷺ نے اِرشاد فرمایا:

"لَا تَزَالُ أُمَّتِي بِخَيْرٍ مَا عَجَّلُوا الْإِفْطَارَ وَأَخَّرُوا السُّحُورَ"

میری اُمت اُس وقت تک بھلائی پر رہے گی جب تک وہ اِفطار کو (وقت داخل ہوتے ہی) جلدی اور سحری کو تاخیر سے کریں گے۔ (مسند احمد:21312)

ایک حدیثِ قدسی میں ہے، اللہ تبارک وتعالیٰ اِرشاد فرماتے ہیں:

**"أَحَبُّ عِبَادِي إِلَيَّ أَعْجَلُهُمْ فِطْرًا"**

میرے بندوں میں سب سے زیادہ محبوب میرے نزدیک وہ ہیں جو لوگوں میں سب سے زیادہ جلدی اِفطار کرنے والے ہیں۔ (صحیح ابن خزیمہ:2062)

اِسی وجہ سے غروبِ آفتاب کے بعد نمازِ مغرب سے پہلے کچھ نہ کچھ کھا پی لینا چاہیئے تاکہ روزہ کھولنے میں تاخیر نہ ہو، نبی کریم ﷺ کے بارے میں حضرت انس رضی اللہ عنہ فرماتے ہیں: **"كَانَ لَا يُصَلِّي الْمَغْرِبَ حَتَّى يُفْطِرَ وَلَوْ كَانَ شَرْبَةً مِنْ مَاءٍ"**

نبی کریم ﷺ مغرب کی نماز نہیں پڑھتے تھے یہاں تک کہ آپ ﷺ روزہ کھول لیتے، اگرچہ پانی کا ایک گھونٹ ہی کیوں نہ ہو۔ (صحیح ابن خزیمہ:2063)

②...... اِفطاری میں بہتر ہے کہ کھجور سے روزہ کھولا جائے، نبی کریم ﷺ نے اِسے برکت کا باعث قرار دیا ہے، اور اگر کھجور نہ ہو تو پانی سے روزہ کھولنا چاہیئے، چنانچہ حدیثِ پاک میں آتا ہے آپ ﷺ نے اِرشاد فرمایا:

**"إِذَا أَفْطَرَ أَحَدُكُمْ فَلْيُفْطِرْ عَلَى تَمْرٍ، فَإِنَّهُ بَرَكَةٌ، فَإِنْ لَمْ يَجِدْ تَمْرًا فَالْمَاءُ فَإِنَّهُ طَهُورٌ"** جب تم میں سے کوئی روزہ کھولے تو اُسے کھجور سے کھولنا چاہیئے اِس لئے کہ یہ برکت کا باعث ہے اور اگر کھجور نہ ملے تو پانی سے کھولنا چاہیئے کیونکہ یہ پاک کرنے والا ہے۔ (ترمذی:658)

③......اِفطاری کا وقت رحمتوں اور برکتوں کے لُوٹنے، دعاؤں کے قبول ہونے اور جہنم سے خلاصی حاصل کرنے کا وقت ہوتا ہے، لہٰذا اِس اہم ترین وقت کو غفلت، گپ شپ اور کھیل کود میں یا صِرف اِفطاری کی تیاری میں ہی صَرف نہیں کر دینا چاہیئے بلکہ اللہ تعالیٰ کی طرف رجوع کر کے خوب دعاؤں کا اہتمام کرنا چاہیئے۔ صحابیِ رسول حضرت سیدنا عبد اللہ بن عمرو رَضِیَ اللہُ عَنْہُ کے بارے میں آتا ہے کہ وہ اِفطار کے مُبارک وقت اپنے اہل و عیال کو لے کر بہت اہتمام سے دعاء کیا کرتے تھے۔(شعب الایمان:3624)

## اِفطاری کے وقت کی چند دعائیں:

نبی کریم صَلَّی اللہُ عَلَیْہِ وَسَلَّمَ سے اِفطاری کے بابرکت وقت میں مندرجہ ذیل دعائیں پڑھنا ثابت ہے، اِنہیں یاد کر کے اپنی دعاؤں میں شامل کرنا چاہیئے:

حضرت عبد اللہ بن عمر رَضِیَ اللہُ عَنْہُمَا اِفطاری کے وقت یہ دعاء مانگا کرتے تھے:

«يَا وَاسِعَ الْمَغْفِرَةِ اغْفِرْ لِي»

ترجمہ: اے وسیع مغفرت والے اللہ! میری مغفرت فرما۔(شعب الایمان:3620)

حضرت عبد اللہ بن مسعود رَضِیَ اللہُ عَنْہُ سے اِفطاری کے وقت یہ دعاء منقول ہے:

«اَللّٰهُمَّ إِنِّي أَسْأَلُكَ بِرَحْمَتِكَ الَّتِي وَسِعَتْ كُلَّ شَيْءٍ أَنْ تَغْفِرَلِي»

ترجمہ: اے اللہ! میں آپ سے آپ کی اُس رحمت کے واسطے سے مانگتا ہوں جو ہر چیز پر وسعت رکھتی ہے، آپ میری مغفرت فرمادیجئے۔(شعب الایمان:3621)

حضرت معاذ رَضِیَ اللہُ عَنْہُ فرماتے ہیں کہ نبی کریم صَلَّی اللہُ عَلَیْہِ وَسَلَّمَ جب اِفطار کرتے تو یہ دُعاء پڑھا کرتے تھے: ”«اَلْحَمْدُ لِلّٰهِ الَّذِي أَعَانَنِي فَصُمْتُ وَرَزَقَنِي فَأَفْطَرْتُ»“

ترجمہ: تمام تعریفیں اللہ کیلئے ہیں جس نے میری مدد کی تو میں نے روزہ رکھا اور مجھے رزق دیا تو میں نے روزہ کھولا۔ (شعب الایمان: 3619)

ایک روایت میں ہے: جب تم میں سے کوئی روزہ سے ہو اور اُس کے قریب کھانا (اِفطاری کیلئے) پیش کیا جائے تو اس کو یہ دُعاء پڑھنی چاہیئے:

«بِسْمِ اللهِ وَالْحَمْدُ لِلّٰهِ اَللّٰهُمَّ لَكَ صُمْتُ وَعَلَى رِزْقِكَ أَفْطَرْتُ وَعَلَيْكَ تَوَكَّلْتُ سُبْحَانَكَ وَبِحَمْدِكَ تَقَبَّلْ مِنِّيْ إِنَّكَ أَنْتَ السَّمِيْعُ الْعَلِيْمُ»

ترجمہ: اللہ تعالیٰ کے نام سے شروع کرتا ہوں اور تمام تعریفیں اللہ ہی کیلئے ہیں، اے اللہ! میں نے آپ ہی کیلئے روزہ رکھا اور آپ ہی کے رزق پر روزہ کھولا اور آپ ہی پر مجھے توکّل و بھروسہ ہے، آپ کی ذات ہر عیب سے پاک ہے اور تمام تعریفیں آپ ہی کیلئے ہیں، آپ میری جانب سے اِس روزہ کو قبول کرلیجئے، بیشک آپ سننے اور جاننے والے ہیں۔ (کنز العمال: 23873)

ایک اور روایت میں ہے، نبی کریم ﷺ جب اِفطار کرتے تو یہ کہا کرتے تھے:

«اَللّٰهُمَّ لَكَ صُمْتُ وَعَلَى رِزْقِكَ أَفْطَرْتُ»

ترجمہ: اے اللہ! آپ ہی کیلئے میں نے روزہ رکھا اور آپ کے دیے ہوئے رزق ہی سے روزہ کھولا۔ (ابوداؤد: 2358)

حضرت مَروان بن سالم مقفّع فرماتے ہیں: میں نے حضرت عبد اللہ بن عُمر رضی اللہ عنہما کو دیکھا کہ اُنہوں نے اپنی ڈاڑھی کو مٹھی میں لیا اور مٹھی سے زائد بالوں کو کاٹ دیا۔ اور فرمایا کہ میں نے نبی کریم ﷺ کو دیکھا ہے کہ جب آپ اِفطار کرتے تو یہ دعاء پڑھتے تھے:

«ذَهَبَ الظَّمَأُ، وَابْتَلَّتِ الْعُرُوقُ وَثَبَتَ الْأَجْرُ إِنْ شَاءَ اللّٰهُ»

پیاس ختم ہوگئی، رَگیں تَر ہوگئیں اور اِن شاء اللہ اَجر ثابت ہوگیا۔(ابو داؤد:2357)

## اِفطاری میں پائی جانے والی چند عمومی کوتاہیاں:

اِفطاری کے بارے میں مندرجہ ذیل چند کوتاہیاں ایسی ہیں جو عموماً لوگوں میں بکثرت دیکھنے میں آتی ہیں، ان سے بچنے کا اہتمام کرنا چاہیئے:

❶ دیکھا یہ جاتا ہے کہ لوگ اِفطاری کے قیمتی وقت کو خریداری اور تیاری میں صَرف کردیتے ہیں، جس کی وجہ سے بھاگتے دوڑتے اِفطاری ہوتی ہے۔ ❷ بعض لوگ اِفطاری کا وقت ہوجانے کے بعد بلاضرورت تاخیر کرتے ہیں جو درست نہیں۔ ❸ کچھ لوگ جلد بازی میں وقت سے پہلے ہی اِفطاری کرلیتے ہیں، اُن کا عمل بھی درست نہیں، بلکہ ان کی کوتاہی تاخیر کرنے والوں سے بھی بڑی ہے، اِس لئے کہ اِس سے روزہ ٹوٹ جاتا ہے، جس کی وجہ سے دن بھر کی محنت پر پانی پھر جاتا ہے۔ ❹ اِفطاری میں بعض حضرات اِسراف اور فضول خرچی کے مرتکب ہوتے ہیں، یعنی اپنی حیثیت و ضرورت سے زیادہ کا اہتمام کرتے ہیں جس کی وجہ سے اکثر یہ منظر دیکھنے میں آتا ہے کہ کھانے پینے کی قیمتی، مہنگی اور بیش بہا اشیاء ضائع ہوکر کوڑا کرکٹ کی نذر ہوکر پھینک دی جاتی ہیں جو یقیناً رزق کی بڑی ناقدری ہے، اِس سے رزق چھن جانے کا اندیشہ ہوتا ہے۔

❺ بعض لوگ اچھی طرح پیٹ بھر کر اور سکون سے اِفطاری کرنے کی وجہ سے جماعت ہی کو ترک بیٹھتے ہیں اور گھروں میں نماز پڑھ لیتے ہیں جو کسی طرح درست نہیں، مساجد میں عموماً اِفطاری کے دس پندرہ منٹ کے بعد نماز ہوتی ہے جو روزہ کھولنے اور اِفطاری کرنے کیلئے کافی وقت ہوتا ہے، لہٰذا اِس کوتاہی سے بچنا چاہیئے۔

❻ اِفطاری کے وقت بہت سے لوگوں کی یہ عادت دیکھنے میں آتی ہے کہ وہ اِفطاری کے اِس عظیم، قیمتی اور بابرکت وقت میں ٹی وی (TV) کھول کے بیٹھ جاتے ہیں، جس کی وجہ سے اِس قیمتی وقت میں آنکھوں اور کانوں کے مُہلِک اور تباہ کُن گناہ میں مبتلاء ہوتے ہیں، بد نظری بھی ہوتی ہے اور موسیقی اور میوزک وغیرہ کی آوازیں بھی کانوں میں پڑتی رہتی ہیں۔اُن لوگوں کا یہ کہنا ہوتا ہے کہ "معیاری وقت پر اِفطاری کی جاسکے"، حالآنکہ یہ عُذرِ لنگ کے سوا کچھ نہیں، بھلا کیا اِفطاری کے وقت پر مطلع ہونے کا یہی ایک راستہ رہ گیا ہے کہ اللہ کے نام پر رکھے جانے والے روزہ کو اُسی کی نافرمانی اور گناہ کی حالت میں کھولا جائے.....؟؟

## ﴿چھٹا عمل: کسی روزہ دار کو اِفطار کرانا﴾

رمضان المُبارک میں اَجر و ثواب کَمانے اور نیکیوں کا ذخیرہ جمع کرنے کا ایک بہت ہی قیمتی موقع یہ ہوتا ہے کہ کسی روزہ دار کو اِفطاری کرواکر اُس کے روزہ کھولنے میں مُعاوِن بنا جائے، یقیناً یہ ایسی نیکی ہے جو "کم خرچ بالا نَشین" کے عینِ مصداق ہے۔

قرآن و حدیث میں تو ویسے بھی کسی بھوکے کو کھانا کھلانے کے بہت کثرت سے فضائل ذکر کیے گئے ہیں، پھر اگر وہ بھوکا شخص روزہ دار بھی ہو تو اُس کو کھلانا اور پلانا یقیناً اور بھی زیادہ اَجر و ثواب کے حصول کا باعث ہوجاتا ہے، یہی وجہ ہے کہ اِس مہینے کو نبی کریم ﷺ نے "شَهْرُ الْمُوَاسَاةِ" یعنی غریبوں کے ساتھ غم گساری کا مہینہ قرار دیا، اور کسی روزہ دار کو اِفطار کرنے کے بہت کثرت سے فضائل بیان کیے تاکہ اَجر و ثواب کے

حصول کے ساتھ ساتھ لوگوں میں نصرتِ باہمی اور ایک دوسرے کے دُکھ درد کو محسوس کرنے کا جذبہ بھی پیدا ہو سکے۔

## اِفطاری کرانے کے چند آداب:

❶ اِفطاری کرانے کے لئے ضروری نہیں کہ مکمل اِفطاری کا پر تکلّف انتظام کیا جائے بلکہ حدیث کے مطابق ایک کھجور، ایک پانی یا لَسّی یا شربت کا گھونٹ، یا ایک روٹی کا ٹکڑا یا لقمہ کھلانے والے کو بھی افطاری کرانے کے تمام فضائل حاصل ہوں گے۔ چنانچہ نبی کریم ﷺ نے جب کسی روزہ دار کو اِفطار کرانے کے فضائل بیان کیے تو حضرات صحابہ کرام رضی اللہ عنہم نے آپ ﷺ سے دریافت کیا کہ یارسول اللہ! ہم میں سے ہر شخص کے پاس اتنی وسعت نہیں ہوتی کہ کسی روزہ دار کو اِفطار کرادے تو وہ کیسے یہ فضیلت حاصل کرسکتا ہے؟ آپ ﷺ نے اِرشاد فرمایا: یہ ثواب اللہ تعالیٰ اُس کو بھی عطاء فرمادیں گے جو ایک گھونٹ لَسّی پلاکر ہی کسی روزہ دار کو اِفطار کرادے یا ایک کھجور ہی سے اِفطار کرادے، یا ایک گھونٹ پانی پلادے۔ (شعب الایمان: 3336)

ایک روایت میں ہے آپ ﷺ نے فرمایا: روٹی کا ایک لقمہ یا روٹی کا اک ٹکڑا بھی کھلا دینا کافی ہے۔ (شعب الایمان:3669)

❷ اِفطاری کرانے میں اِسراف و فضول خرچی سے گریز کرنا چاہیئے، ایسا نہ ہو کہ بہت سی کھانے پینے کی چیزیں پھینکنا پڑجائیں، جیسا کہ عموماً دیکھنے میں آتا ہے۔

❸ اِفطاری کرانے میں نام و نمود اور شہرت پسندی سے بہر صورت بچنا چاہیئے، کیونکہ یہ اِفطاری کرانے کے عظیم اجر کو ضائع کردینے کے مترادف ہے، جیسا کہ عموماً دیکھنے میں

آتا ہے کہ بڑے اور لمبے دستر خوانوں کو بیش بہا چیزں سے مزیّن و آراستہ کر کے اُس کی فوٹوز کھنچوائی جاتی ہیں، اُن تصاویر کو سوشل میڈیا، ذرائع اِبلاغ اور فیس بوک وغیرہ پر اپلوڈ کر دیا جاتا ہے اور اُسے یادگار کے طور پر محفوظ رکھا جاتا ہے، یہ بھی اجر و ثواب کو ضائع کر دینے والی بات ہے۔

۴ اِفطاری کرانے اور کھلانے میں بسا اوقات نمازِ مغرب ہی کو ضائع کر دیا جاتا ہے، یا اُس کی جماعت کو ترک کر دیتے ہیں اور یہ کہا جاتا ہے کہ ”سکون سے کھاؤ پیو، نماز یہیں پر جماعت سے اداء کی جائے گی“، یاد رکھیں! یہ مسجد کی جماعت سے بڑی محرومی کی بات ہے۔

## ﴿ساتواں عمل: تراویح پڑھنا﴾

تراویح رمضان المُبارک کی ایک اہم اور عظیم عبادت ہے جس کی برکت سے لوگوں کو روزانہ نماز میں لمبے لمبے قیام کی توفیق ملتی ہے، روزانہ چالیس اِضافی سجدوں کے ذریعہ اللہ تعالیٰ کا قرب حاصل ہوتا ہے، قرآن کریم کی مسحور کُن آوازوں سے مساجد گونجنے لگتی ہیں، اللہ تعالیٰ کے مقدّس اور بابرکت کلام کے بے شمار ختم ہوتے ہیں۔

حضرت ابو سلمہ بن عبد الرحمن اپنے والد سے نبی کریم ﷺ کا یہ اِرشاد نقل فرماتے ہیں: ”شَهْرٌ كَتَبَ اللَّهُ عَلَيْكُمْ صِيَامَهُ، وَسَنَنْتُ لَكُمْ قِيَامَهُ، فَمَنْ صَامَهُ وَقَامَهُ إِيْمَانًا وَاحْتِسَابًا خَرَجَ مِنْ ذُنُوبِهِ كَيَوْمِ وَلَدَتْهُ أُمُّهُ“ رمضان وہ مہینہ ہے جس کے روزوں کو اللہ تعالیٰ نے فرض قرار دیا ہے اور میں نے تمہارے لئے اس کے قیام یعنی تراویح پڑھنے کو سنت قرار دیا ہے، پس جس نے ایمان کی حالت میں اجر و ثواب کی

امید رکھتے ہوئے اِس مہینے میں روزے رکھے اور تراویح پڑھی وہ گناہوں سے اُس دن کی طرح نکل جاتا ہے جس دن اُس کی ماں نے اُسے جنا تھا۔(ابن ماجہ:1328)

## آٹھواں عمل: عبادت کی کثرت کرنا

رمضان المُبارک میں اپنی عبادت کو بڑھا دینا نبی کریم ﷺ کی سنت ہے، اِس لئے سال کے دوسرے مہینوں کے مقابلے میں اِس ماہِ مُبارک میں عبادت کی زیادہ سے زیادہ کوشش اور محنت کرنی چاہیئے، عبادت کیلئے خوب مُجاہدہ اور ریاضت کا اہتمام کرنا چاہیئے، یہی حضرات صحابہ کرام رضی اللہ عنہم کا طریقہ تھا، جس کی ہر زمانے کے اولیاء اور صلحاء پیروی کرتے رہے ہیں۔

حضرت امّاں عائشہ صدیقہ رضی اللہ عنہا فرماتی ہیں:

**”كَانَ رَسُولُ اللهِ صَلَّى اللَّهُ عَلَيْهِ وَسَلَّمَ إِذَا دَخَلَ رَمَضَانُ تَغَيَّرَ لَوْنُهُ وَكَثُرَتْ صَلَاتُهُ، وَابْتَهَلَ فِي الدُّعَاءِ، وَأَشْفَقَ مِنْهُ“** جب رمضان المُبارک آتا تو نبی کریم ﷺ کا رنگ متغیر ہو جاتا، آپ ﷺ کی نمازیں زیادہ ہو جاتیں، آپ ﷺ دعاء میں گڑ گڑانے لگتے، اور آپ ﷺ پر خوف طاری ہوتا۔(شعب الایمان:3353)

ایک اور روایت میں ہے، حضرت عائشہ صدیقہ رضی اللہ عنہا فرماتی ہیں: **”كَانَ رَسُولُ اللّٰهِ صَلَّى اللّٰهُ عَلَيْهِ وَسَلَّمَ إِذَا دَخَلَ رَمَضَانَ شَدَّ مِئْزَرَهُ، ثُمَّ لَمْ يَأْتِ فِرَاشَهُ حَتَّى يَنْسَلِخَ“** جب رمضان المُبارک آتا تو نبی کریم ﷺ اپنا اِزار کَس لیتے پھر رمضان کے اختتام تک اپنے بستر پر تشریف نہ لاتے۔(صحیح ابن خزیمہ:2216)

## عبادت کی صورتیں:

رمضان المُبارک میں دن بھر روزہ رکھا جاتا ہے، رات کو تراویح میں قرآن کریم پڑھا اور سنا جاتا ہے، اِس کے علاوہ نمازیں اداء کی جاتی ہیں یہ سب یقیناً عبادت ہیں، لیکن صرف انہی پر اکتفاء نہیں کرنا چاہیئے بلکہ سنّت کے مطابق اپنے اعمال اور عبادات کو اور زیادہ بڑھانا چاہیئے، بہت سے فضیلتوں والے نفلی اعمال ایسے ہیں جن میں کم وقت کے اندر زیادہ سے زیادہ آخرت کا ذخیرہ کیا جاسکتا ہے، مثلاً: قرآن کریم کی تلاوت، ذکر و اَذکار، تسبیحات، دعاء، صدقہ و خیرات، دن اور رات کی پانچ نمازوں اور اُن کی سنتوں کی ادائیگی کے ساتھ ساتھ اِشراق، چاشت، اوّابین، تحیۃ الوضو، تحیۃ المسجد، تہجد اور صلاۃ التسبیح وغیرہ، اِن سب ہی کا خوب ذوق و شوق اور رغبت و سبقت کے ساتھ اہتمام کرنا چاہیئے، اور زیادہ سے زیادہ رمضان کی برکتوں اور رحمتوں کو سمیٹنے کی کوشش کرنی چاہیئے۔

## آخری عشرہ میں عبادت کا خصوصی اہتمام:

ویسے تو رمضان کا پورا مہینہ ہی خوب عبادت اور نیکیاں جمع کرنے کا ہے، لیکن احادیثِ طیّبہ سے معلوم ہوتا ہے کہ رمضان المُبارک کے آخری عشرہ میں عبادت کو اور بھی زیادہ بڑھادینا چاہیئے، اِس لئے کہ یہ رمضان کے سب سے اہم اور قیمتی ایّام ہوتے ہیں، اِس میں شبِ قدر جیسی عظیم رات رکھی گئی ہے، یہی وجہ ہے کہ نبی کریم ﷺ اِس عشرہ میں رمضان کے دیگر ایّام کے مقابلے میں سب سے زیادہ عبادت کا اہتمام فرمایا کرتے تھے۔ چنانچہ مندرجہ ذیل روایات اِس پر شاہد ہیں:

حضرت عائشہ صدیقہ رضی اللہ عنہا فرماتی ہیں:

"كَانَ النَّبِيُّ صَلَّى اللهُ عَلَيْهِ وَسَلَّمَ إِذَا دَخَلَ العَشْرُ شَدَّ مِئْزَرَهُ، وَأَحْيَا لَيْلَهُ، وَأَيْقَظَ أَهْلَهُ" جب رمضان کا آخری عشرہ ہوتا تو نبی کریم صلی اللہ علیہ وسلم اپنا اِزار کس لیتے رات کو جاگتے اور اپنے اہل کو کو بھی جگاتے تھے۔(بخاری:2024)

مسلم شریف کی روایت میں ہے:"كَانَ رَسُولُ اللهِ صَلَّى اللهُ عَلَيْهِ وَسَلَّمَ إِذَا دَخَلَ الْعَشْرُ أَحْيَا اللَّيْلَ وَأَيْقَظَ أَهْلَهُ وَجَدَّ وَشَدَّ الْمِئْزَرَ" جب رمضان کا آخری عشرہ آتا تو رسول اللہ صلی اللہ علیہ وسلم رات کو جاگتے، اپنے گھر والوں کو جگاتے، عبادت کیلئے خوب جد وجہد کرتے اور اِزار کس لیا کرتے تھے۔(مسلم:1174)

ایک اور روایت میں ہے، حضرت عائشہ صدیقہ رضی اللہ عنہا فرماتی ہیں:"كَانَ رَسُولُ اللهِ صَلَّى اللهُ عَلَيْهِ وَسَلَّمَ يَجْتَهِدُ فِي الْعَشْرِ الْأَوَاخِرِ مَا لَا يَجْتَهِدُ فِي غَيْرِهِ" نبی کریم صلی اللہ علیہ وسلم رمضان کے آخری عشرہ میں (عبادت کیلئے) جتنی محنت فرماتے، باقی دنوں میں اتنی نہیں فرماتے تھے۔(مسلم:1175)

حضرت علی کرّم اللہ وجہہ فرماتے ہیں:

"كَانَ يُوقِظُ أَهْلَهُ فِي العَشْرِ الأَوَاخِرِ مِنْ رَمَضَانَ" نبی کریم صلی اللہ علیہ وسلم رمضان کے آخری عشرہ میں اپنے گھر والوں کو جگایا کرتے تھے۔(ترمذی:795)

حضرت زینب بنت امّ سلمہ رضی اللہ عنہا فرماتی ہیں:

"لَمْ يَكُنِ النَّبِيُّ صَلَّى اللَّهُ عَلَيْهِ وَسَلَّمَ إِذَا بَقِيَ مِنْ رَمَضَانَ عَشْرَةُ أَيَّامٍ يَدَعُ أَحَدًا مِنْ أَهْلِهِ يُطِيقُ الْقِيَامَ إِلَّا أَقَامَهُ" جب رمضان المُبارک کے دس دن

باقی رہ جاتے تو آپ ﷺ اپنے گھر والوں میں سے جو رات کو قیام (یعنی عبادت کیلئے جاگنے) کی طاقت رکھتا تو آپ اُسے ضرور جگاتے تھے۔ (فتح الباری:4/ 269)

## ﴿نواں عمل: فرائض وواجبات کا اہتمام کرنا﴾

عبادت کے اعمال میں سب سے اہم اور بنیادی چیز شرعاً لازم ہونے والی ذمّہ داریوں کو پورا کرنا ہے، اسی میں اگر غفلت اور کوتاہی بَرتی جائے تو نفلی اعمال کی کوئی حیثیت نہیں ہوتی، جیسا کہ بعض لوگ فرض نماز کو ترک کردیتے ہیں یا جماعت کے ساتھ نماز پڑھنے کو اہمیت نہیں دیتے لیکن نفلی اور مستحب اعمال میں وقت، مال اور اپنی توانائیاں لگاتے رہتے ہیں، یادرکھئے! یہ سراسر غلطی اور غلط فہمی ہے۔

حدیثِ قدسی میں آتا ہے اللہ تعالیٰ اِرشاد فرماتے ہیں:

"مَا تَقَرَّبَ إِلَيَّ عَبْدِي بِشَيْءٍ أَحَبَّ إِلَيَّ مِمَّا افْتَرَضْتُ عَلَيْهِ"

میرا بندہ کسی بھی چیز کے ذریعہ میرا قرب اُس سے زیادہ بہتر چیز سے حاصل نہیں کرسکتا جو میں نے اُس پر فرض کی ہے۔یعنی سب سے زیادہ قرب اور نزدیکی مجھ سے فرائض کے اداء کرنے سے حاصل ہوتی ہے۔ (بخاری:6502)

اِس سے معلوم ہوا کہ سب سے بڑی عبادت اور قرب کا ذریعہ فرائض و واجبات کی ادائیگی ہے، اُن میں کسی قسم کی کوتاہی یا غفلت کا مرتکب نہیں ہونا چاہیئے، اِس کو یوں بھی سمجھا جاسکتا ہے کہ فرائض کی ادائیگی انسان کی ڈیوٹی اور اُس کی ذمہ داری ہے جبکہ نوافل اُووَرٹائم اور پارٹ ٹائم کا نام ہے، ظاہر ہے کہ ہر ذی شعور اور عقل و فہم کا حامل یہ سمجھتا ہے کہ ذمّہ داری کو نبھانا اصل ہوتا ہے، اووَر ٹائم لگانا ضروری نہیں ہوتا۔

حضرت ابوہریرہ رَضِیَ اللہُ عَنْہُ سے مروی ہے کہ نبی کریم صَلَّی اللہُ عَلَیْہِ وَسَلَّم نے اِرشاد فرمایا:

"أَفْضَلُ الصَّلَاةِ بَعْدَ الصَّلَاةِ الْمَكْتُوبَةِ الصَّلَاةُ فِي جَوْفِ اللَّيْلِ"

فرض نماز کے بعد سب سے افضل نماز تہجّد کی نماز پڑھنا ہے۔(مسلم:1163)

اِس حدیث سے اندازہ لگایا جاسکتا ہے کہ تہجّد کِس قدر عظیم اور اجر و ثواب کی حامل نماز ہے کہ اُسے افضل ترین نماز کہا گیا ہے لیکن اِس کے بارے میں بھی حدیث میں صراحت کے ساتھ یہ موجود ہے کہ وہ سب سے افضل نماز تو ہے لیکن اُس کا درجہ بھی فرض نمازوں کے بعد ہے، کیونکہ فرض نمازوں سے زیادہ افضل کوئی نماز نہیں۔

حضرت عمر بن خطاب رَضِیَ اللہُ عَنْہُ نے ایک دفعہ حضرت سلیمان بن ابی حثمہ رَحْمَۃُ اللہِ عَلَیْہ کو صبح کی نماز میں نہ پایا، صبح کو آپ بازار تشریف لے گئے، راستے میں سلیمان بن ابی حثمہ رَحْمَۃُ اللہِ عَلَیْہ کا گھر بھی پڑتا تھا، آپ نے اُن کی والدہ سے حضرت سُلیمان بن ابی حثمہ رَحْمَۃُ اللہِ عَلَیْہ کی خیریت دریافت کی کہ کیا بات ہے صبح کی نماز میں وہ نظر نہیں آئے ؟ اُن کی والدہ نے بتایا: "إِنَّهُ بَاتَ يُصَلِّي فَغَلَبَتْهُ عَيْنَاهُ" وہ رات بھر نماز پڑھتے رہے تھے، صبح کو اُن کی آنکھ لگ گئی اِس لئے وہ نماز میں حاضر نہ ہوسکے۔ حضرت عمر رَضِیَ اللہُ عَنْہُ نے فرمایا:

"لَأَنْ أَشْهَدَ صَلَاةَ الصُّبْحِ أَحَبُّ إِلَيَّ مِنْ أَنْ أَقُومَ لَيْلَةً"

صبح کی نماز میں حاضر ہونا میرے نزدیک اِس سے زیادہ بہتر ہے کہ میں رات بھر قیام میں گزار دوں۔(مؤطا مالک:328)

شارحِ بخاری، محدّثِ کبیر علّامہ ابن حجر عسقلانی رَحْمَۃُ اللہِ عَلَیْہ نے بعض اکابر سے بڑا سچا اور حکیمانہ جملہ نقل کیا ہے، فرمایا:

”مَنْ شَغَلَهُ الْفَرْضُ عَنِ النَّفْلِ فَهُوَ مَعْذُوْرٌ
وَمَنْ شَغَلَهُ النَّفْلُ عَنِ الْفَرْضِ فَهُوَ مَغْرُوْرٌ “
جو فرض میں لگنے کی وجہ سے نوافل کا اہتمام نہ کر سکا وہ معذور ہے، اور جو نوافل میں لگنے کی وجہ سے فرض کا اہتمام نہ کر سکا وہ دھوکے میں ہے۔(فتح الباری:11/343)

حضرت عبد اللہ بن عباس رضی اللہ عنہما سے کسی سائل نے سوال کیا کہ یہ بتایئے کہ کوئی شخص دن بھر روزہ رکھے اور رات بھر نفلیں پڑھتا رہے لیکن جمعہ اور جماعت میں شریک نہ ہوتا ہو (اِس کے بارے میں آپ کیا فرماتے ہیں) حضرت عبد اللہ بن عباس رضی اللہ عنہما نے فرمایا: ”هُوَ فِي النَّارِ“ وہ جہنمی ہے۔(ترمذی:218)

ایک دفعہ حضرت اُمِّ انس رضی اللہ عنہا نے نبی کریم صلی اللہ علیہ وسلم سے وصیت کی درخواست کی، آپ صلی اللہ علیہ وسلم نے اِرشاد فرمایا: ”اُهْجُرِي الْمَعَاصِيَ فَإِنَّهَا أَفْضَلُ الْهِجْرَةِ وَحَافِظِي عَلَى الْفَرَائِضِ، فَإِنَّهَا أَفْضَلُ الْجِهَادِ، وَأَكْثِرِي مِنْ ذِكْرِ اللهِ، فَإِنَّكِ لَا تَأْتِي اللهَ بِشَيْءٍ أَحَبَّ إِلَيْهِ مِنْ كَثْرَةِ ذِكْرِهِ“ گناہوں کو ترک کردو اِس لئے کہ یہ سب سے افضل ہجرت ہے، فرائض کی حفاظت کرو کیونکہ یہ سب سے افضل جہاد ہے، اللہ کا ذکر کثرت سے کرو اِس لئے کہ تم اللہ تعالیٰ کے پاس اُس کے ذکر کی کثرت سے زیادہ بڑھ کوئی محبوب چیز لے کر نہیں جاسکتیں۔(طبرانی کبیر:25/129)

ایک اور روایت میں ہے، نبی کریم صلی اللہ علیہ وسلم نے اِرشاد فرمایا: ”أَقِيمِي الصَّلَاةَ، فَإِنَّهَا أَفْضَلُ الْجِهَادِ“ نماز قائم کرواِس لئے کہ یہ افضل جہاد ہے۔(طبرانی کبیر:25/149)

## ﴿دسواں عمل: ہر قسم کے گناہوں سے بچنا﴾

رمضان المُبارک کا ایک اہم ترین کام بلکہ اُسے رمضان کا سب سے اہم اور ضروری کام کہا جاسکتا ہے وہ "ترکِ مُنکَرات" ہے، یعنی ہر قسم کے ظاہری و باطنی گناہوں سے بالکلیہ اجتناب کرنا، بلکہ اللہ تبارک و تعالیٰ نے تو روزوں کی فرضیت کا مقصد ہی یہ بتلایا ہے کہ لوگ گناہوں سے بچنے والے بن جائیں۔(البقرۃ)

اِسی لئے روزے میں جائز اور حلال چیزیں ترک کروادی جاتی ہیں تاکہ حرام اور ناجائز چیزوں کا ترک کرنا اور بھی زیادہ آسان ہو جائے۔

ایک روایت میں ہے، نبی کریم ﷺ کا اِرشاد ہے: رمضان المُبارک کی پہلی رات میں جنّت کے دروازے کھول دیے جاتے ہیں اور اُس کا کوئی دروازہ بند نہیں ہوتا، اور ایک مُنادی صدا لگاتا ہے: "يَا بَاغِيَ الْخَيْرِ! أَقْبِلْ، وَيَا بَاغِيَ الشَّرِّ! أَقْصِرْ" اے خیر کے طلبگار! متوجّہ ہو جا اور اے شرّ کے طلبگار! باز آجا۔(ترمذی:682)

اِس حقیقت کو بہت اچھی طرح سمجھ لینا اور یاد رکھنا چاہیئے کہ "ترکِ مُنکَرات" یعنی گناہوں کو چھوڑنا عبادت کی سب سے اہم شکل ہے، جس کو عموماً دین کی صحیح سمجھ نہ ہونے کی وجہ سے عبادت ہی نہیں سمجھا جاتا، حالآنکہ یہ صرف عبادت ہی نہیں بلکہ افضل ترین عبادت ہے، نبی کریم ﷺ نے گناہ سے بچنے کو افضل ترین عبادت قرار دیا ہے، چنانچہ اِرشادِ نبوی ہے:

"اتَّقِ الْمَحَارِمَ تَكُنْ أَعْبَدَ النَّاسِ"

حرام کردہ کاموں سے بچو تم سب سے بڑے عبادت گزار بن جاؤ گے۔(ترمذی:2305)

سنن ابن ماجہ کی روایت میں ہے: "کُنْ وَرِعًا تَکُنْ أَعْبَدَ النَّاسِ" متقی بن جاؤ تم لوگوں میں سب سے بڑے عبادت گزار بن جاؤ گے۔(ابن ماجہ:4217)

حضرت عبد اللہ بن عباس رضی اللہ عنہما سے کسی شخص نے سوال کیا:

"رَجُلٌ کَثِیرُ الذُّنُوبِ کَثِیرُ الْعَمَلِ أَحَبُّ إِلَیْكَ،أَوْ رَجُلٌ قَلِیلُ الذُّنُوبِ قَلِیلُ الْعَمَلِ؟" وہ شخص جو بہت زیادہ عمل کرتا ہے اور گناہ بھی خوب کرتا ہے وہ آپ کے نزدیک زیادہ پسندیدہ ہے یا وہ شخص جو عمل کم کرتا ہے اور گناہ بھی کم کرتا ہے؟ حضرت عبد اللہ بن عباس رضی اللہ عنہما نے فرمایا:

"مَا أَعْدِلُ بِالسَّلَامَةِ شَیْئًا"

میں گناہوں سے محفوظ رہنے کے برابر کوئی چیز نہیں سمجھتا۔(ابن ابی شیبہ:34771)

حضرت عائشہ صدیقہ رضی اللہ عنہا فرماتی ہیں:

"أَقِلُّوا الذُّنُوبَ فَإِنَّکُمْ لَنْ تَلْقَوا اللَّهَ بِشَيْءٍ یُشْبِهُ قِلَّةَ الذُّنُوبِ"

گناہ کم کیا کرو اِس لئے کہ تم اللہ تعالیٰ سے کسی بھی ایسے عمل کے ساتھ ملاقات نہیں کرو گے جو (افضلیت میں) گناہ کم کرنے کے مُشابہ ہو۔(ابن ابی شیبہ:34738)

حضرت سیدتنا اَماں عائشہ صدیقہ رضی اللہ عنہا فرماتی ہیں:

"إِنَّ النَّاسَ قَدْ ضَیَّعُوا أَعْظَمَ دِیْنِهِم:الْوَرَعَ"

بیشک لوگوں نے اپنے دین کی سب سے عظیم چیز یعنی تقویٰ اور پرہیز گاری کو ضائع کر دیا ہے۔(مصنّف ابن ابی شیبہ:34742)

حضرت عائشہ صدیقہ رضی اللہ عنہا نبی کریم صَلَّی اللہُ عَلَیْہِ وَسَلَّم کا یہ اِرشاد نقل فرماتی ہیں:

"مَنْ سَرَّہُ أَنْ يَسْبِقَ الدَّائِبَ الْمُجْتَهِدَ فَلْيَكُفَّ عَنِ الذُّنُوبِ"

جسے یہ پسند ہو کہ وہ (عبادت میں) تھکنے والے اور خوب کوشش کرنے والے سے بھی آگے بڑھ جائے اُسے چاہیئے کہ گناہوں سے بچے۔(شعب الایمان:6928)

گناہوں سے بچنے کا سال بھر ہی اہتمام بلکہ اِلتزام کرنا اور کرتے رہنا چاہیئے، رمضان المُبارک میں اس کا اہتمام اور بھی زیادہ بڑھادینا چاہیئے کیونکہ رمضان جیسے عظیم اور بابرکت مہینے میں بھی گناہوں سے باز نہ آنا اور اپنی سال بھر کی غلط رَوِش کو جاری رکھنا سوائے ہَلاکت اور تباہی و بربادی کے علاوہ کچھ نہیں۔

رمضان المُبارک کی ناقدری اور بے احترامی کی وعیدیں جن کا پہلے تذکرہ گزر چکا ہے، وَہاں اس کی مزید تفصیل ملاحظہ کی جاسکتی ہے۔

## گیارہواں عمل: سنن و نوافل کا اہتمام کرنا

اِس میں کوئی شک نہیں کہ سب سے زیادہ اہم چیز فرائض کا اداء کرنا ہے، اُن سے زیادہ اللہ تعالیٰ کا قُرب حاصل کرنے کا کوئی ذریعہ نہیں۔(بخاری:6502)

لٰہذا فرائض میں کسی قسم کی بھی کوتاہی سے بچنا بہر حال ضروری ہے، اور اس کے ساتھ ساتھ اللہ تعالیٰ نے ہم پر یہ احسان فرمایا کہ دن اور رات میں کچھ سنن و نوافل ایسے مقرر کردیے جن سے انسان کو اللہ تعالیٰ کا اور بھی زیادہ تعلّق اور قُرب حاصل کرنے کا موقع ملتا ہے، نیز فرائض میں رہ جانے والی کمی اور کوتاہی کا تدارک بھی ہوتا ہے اور بندہ اُن کی برکت سے اللہ کا محبوب اور پسندیدہ بن جاتا ہے۔

حضرت ابوہریرہ رَضِیَ اللہُ عَنْہُ نبی کریم صَلَّی اللہُ عَلَیْہِ وَسَلَّم کا یہ اِرشاد نقل فرماتے ہیں:

”مَا يَزَالُ عَبْدِي يَتقَرَّبُ إِلَيَّ بِالنَّوَافِلِ حَتَّى أُحِبَّهُ، فَإِذَا أَحْبَبْتُهُ: كُنْتُ سَمْعَهُ الَّذِي يَسْمَعُ بِهِ، وَبَصَرَهُ الَّذِي يُبْصِرُ بِهِ، وَيَدَهُ الَّتِي يَبْطِشُ بِهَا، وَرِجْلَهُ الَّتِي يَمْشِي بِهَا، وَإِنْ سَأَلَنِي لَأُعْطِيَنَّهُ، وَلَئِنِ اسْتَعَاذَنِي لَأُعِيذَنَّهُ“

نوافل کی وجہ سے بندہ میرے قریب ہوتا رہتا ہے یہاں تک کہ میں اس کو اپنا محبوب بنالیتا ہوں، تو پھر میں اُس کا کان بن جاتا ہوں جس سے وہ سنے، اُس کی آنکھ بن جاتا ہوں جس سے وہ دیکھے، اور اُس کا ہاتھ بن جاتا ہوں جس سے وہ کسی چیز کو پکڑے اور اُس کا پاؤں بن جاتا ہوں جس سے وہ چلے۔ اگر وہ مجھ سے کچھ مانگتا ہے تو میں اس کو عطاء کرتا ہوں اور کسی چیز سے پناہ چاہتا ہے تو میں پناہ دیتا ہوں۔(بخاری:6502)

حضرت ابوہریرہ رَضِیَ اللہُ عَنْہُ نبی کریم صَلَّی اللہُ عَلَیْہِ وَسَلَّم کا یہ اِرشاد نقل فرماتے ہیں:

قیامت کے دن بندے کے اعمال میں سب سے پہلے نماز کا حساب کیا جائے گا، اگر نماز اچھی نکل آئی تو وہ شخص کامیاب اور بامراد ہو گا اور اگر نماز بے کار ثابت ہوئی تو وہ نامراد اور خسارہ میں ہو گا، اور اگر نماز میں کچھ کمی پائی گئی تو اللہ تعالیٰ کا اِرشاد ہو گا:

”اُنْظُرُوا هَلْ لِعَبْدِيْ مِنْ تَطَوُّعٍ فَيُكَمَّلَ بِهَا مَا انْتَقَصَ مِنَ الفَرِيْضَةِ ثُمَّ يَكُونُ سَائِرُ عَمَلِهِ عَلَى ذٰلِكَ“

دیکھو! اِس بندے کے پاس کہ کیا کچھ نفلیں بھی ہیں کہ جن سے فرضوں کو پورا کر دیا جائے؟ اگر نکل آئیں تو اُن سے فرضوں کی تکمیل کر دی جائے گی اُس کے بعد پھر اِسی طرح باقی اعمال روزہ زکوۃ وغیرہ کا حساب ہو گا۔(ترمذی:413)

## نوافل کے اہتمام کی برکتیں:

مذکورہ بالا حدیثوں سے معلوم ہوا کہ سنن و نوافل کی برکت سے بندے کو مندرجہ ذیل فوائد حاصل ہوتے ہیں:

❶ نوافل کا اہتمام کرنے کی برکت سے بندہ اللہ تعالیٰ کا محبوب بن جاتا ہے۔ ”مَا يَزَالُ عَبْدِي يَتَقَرَّبُ إِلَيَّ بِالنَّوَافِلِ حَتَّى أُحِبَّهُ“۔(بخاری:6502)

❷ نوافل کا اہتمام کرتے رہنے کی برکت سے بندہ کے اَعضاء و جَوارح اللہ تعالیٰ کی اِطاعت میں اِستعمال ہونے لگ جاتے ہیں۔ ”فَإِذَا أَحْبَبْتُهُ كُنْتُ سَمْعَهُ الَّذِي يَسْمَعُ بِهِ، وَبَصَرَهُ الَّذِي يُبْصِرُ بِهِ، وَيَدَهُ الَّتِي يَبْطِشُ بِهَا، وَرِجْلَهُ الَّتِي يَمْشِي بِهَا“۔(بخاری:6502)

❸ نوافل کا اہتمام کرنے کی برکت سے بندے کی دُعائیں اللہ کے حضور قبول ہونے لگ جاتی ہیں۔ ”وَإِنْ سَأَلَنِي لَأُعْطِيَنَّهُ، وَلَئِنِ اسْتَعَاذَنِي لَأُعِيذَنَّهُ“۔(بخاری:6502)

❹ نوافل کے اہتمام کی برکت سے فَرائض میں جو کمی رہ جائے قیامت کے دن اُس کی تکمیل کردی جائے گی۔ ”فَيُكَمَّلَ بِهَا مَا انْتَقَصَ مِنَ الفَرِيضَةِ“۔(ترمذی:413)

مذکورہ بالا فضائل اور برکات کو حاصل کرنے کیلئے نوافل کا خوب اہتمام کرنا چاہیئے اور رمضان اس کیلئے بہترین موقع ہوتا ہے، کیونکہ ہر طرف نیکی کا ماحول ہوتا ہے، جذبات میں روحانیت کا غلبہ ہوتا ہے اور سب سے بڑھ کر یہ کہ سرکش شیاطین کو مقیّد کردیا جاتا ہے جس کی وجہ سے نیکی کرنا آسان ہوجاتا ہے، پس ایسے میں آگے بڑھنا اور نوافل کا اہتمام کرنا کیا مشکل ہے۔۔!!

## ﴿بارہواں عمل: قرآن کریم کی بکثرت تلاوت کرنا﴾

رمضان المُبارک قرآن کریم کا مہینہ ہے، اللہ تعالیٰ نے اِس مہینے میں قرآن کریم نازل کیا، چنانچہ اِرشادِ باری ہے: ﴿شَهْرُ رَمَضَانَ الَّذِي أُنْزِلَ فِيهِ الْقُرْآنُ﴾ رمضان کا مہینہ وہ وہ مہینہ ہے جس میں قرآن کریم اُتارا گیا۔ اور صرف یہی نہیں بلکہ دوسری تمام آسمانی کتابیں بھی اِسی مہینے میں نازل ہوئیں۔ (طبرانی اوسط:3740)

پس اِسی مُناسبت کی وجہ سے اِس مہینے میں قرآن کریم کی کثرت سے تلاوت کا اہتمام کرنا چاہیئے، نبی کریم ﷺ رمضان المُبارک میں حضرت جبریل علیہ السلام سے قرآن کریم کا دَور کیا کرتے تھے، چنانچہ حضرت عبد اللہ بن عبّاس رضی اللہ عنہما فرماتے ہیں: "كَانَ رَسُولُ اللَّهِ صَلَّى اللهُ عَلَيْهِ وَسَلَّمَ أَجْوَدَ النَّاسِ، وَكَانَ أَجْوَدُ مَا يَكُونُ فِي رَمَضَانَ حِينَ يَلْقَاهُ جِبْرِيلُ، وَكَانَ يَلْقَاهُ فِي كُلِّ لَيْلَةٍ مِنْ رَمَضَانَ فَيُدَارِسُهُ الْقُرْآنَ" نبی کریم ﷺ لوگوں میں سب سے زیادہ سخی تھے اور سب سے زیادہ آپ ﷺ رمضان میں سخی ہو جاتے تھے جبکہ حضرت جبریل علیہ السلام آپ ﷺ سے ملا کرتے تھے، حضرت جبریل علیہ السلام رمضان کی ہر رات میں آپ ﷺ سے ملاقات کرتے اور آپ کے ساتھ قرآن کریم کا دور کرتے تھے۔ (بخاری:6)

بلکہ جس سال آپ ﷺ کی وفات ہوئی ہے اُس کے رمضان میں آپ ﷺ نے دو مرتبہ دَور فرمایا تھا۔ (ابن ابی شیبہ:30288)

پس اِسی وجہ سے نبی کریم ﷺ کی اتباع میں ایمان والوں کو بھی رمضان المُبارک میں قرآن کریم کی تلاوت کی خوب کثرت کرنی چاہیئے۔

## تیرھواں عمل: کثرت سے اللہ کا ذکر کرنا

حضرت عمر بن خطاب رضی اللہ عنہ سے روایت ہے کہ نبی کریم صلی اللہ علیہ وسلم ارشاد فرماتے ہیں:

"ذَاكِرُ اللَّهِ فِي رَمَضَانَ مَغْفُورٌ لَهُ، وَسَائِلُ اللَّهِ فِيهِ لَا يَخِيبُ" رمضان میں اللہ کا ذکر کرنے والے کی مغفرت ہوتی ہے اور اللہ تعالیٰ سے سوال کرنے والا محروم نہیں رہتا۔ (طبرانی اوسط:6170)(شعب الایمان:3355)

مذکورہ روایت سے رمضان کا ایک اہم کام ذکرِ الٰہی میں مصروف اور مشغول ہونا معلوم ہوتا ہے۔ رمضان المُبارک کی ساعتوں کو قیمتی بنانے اور اُس کے ایّام کی قدر و قیمت کو حاصل کرنے کیلئے ذکرِ الٰہی ایک بہترین عمل ہے، جس کو جتنا بھی کیا جائے کم ہے۔ روزہ رکھ کر فضول کاموں میں یا خالی بیٹھ کر وقت کو ضائع کرنے کے بجائے چلتے پھرتے، اُٹھتے بیٹھتے، سوتے جاگتے، کام کاج کے دوران اپنی زبان کو اللہ کے ذکر میں مصروف رکھنا چاہیئے تاکہ وقت بھی قیمتی بن جائے، روزہ بھی اعلیٰ درجہ کی قبولیت پر فائز ہو اور رمضان کی بھی صحیح طور پر قدر دانی ہوسکے۔

ایک اَعرابی نے جب نبی کریم صلی اللہ علیہ وسلم سے درخواست کی کہ اِسلام کے احکامات بہت سے ہیں، مجھے کوئی ایسی (جامع) بات بتایئے جس کو میں اچھے طریقے سے تھام لوں، تو آپ صلی اللہ علیہ وسلم نے اِرشاد فرمایا: "لَا يَزَالُ لِسَانُكَ رَطْبًا مِنْ ذِكْرِ اللَّهِ عَزَّ وَجَلَّ" تمہاری زبان ہمیشہ اللہ تعالیٰ کے ذکر سے تَر رہنی چاہیئے۔ (ابن ماجہ:3793)

حضرت مُعاذ بن جبل رضی اللہ عنہ نبی کریم صلی اللہ علیہ وسلم کا یہ اِرشاد نقل فرماتے ہیں:

"لَيْسَ يَتَحَسَّرُ أَهْلُ الْجَنَّةِ إِلَّا عَلَى سَاعَةٍ مَرَّتْ بِهِمْ لَمْ يَذْكُرُوا اللهَ فِيهَا"

اہلِ جنّت کو کسی بات پر حسرت نہ ہو گی مگر صرف اُس گھڑی پر جو اُن پر اللہ کے ذکر کے بغیر گزری ہو گی۔(شعب الایمان:509)

## ذکر کے فوائد و مَنافع:

قرآن و حدیث میں جس کثرت سے اللہ تعالیٰ کے ذکر کے فضائل و فوائد ذکر کیے ہیں اتنا کسی بھی عمل کے بارے میں منقول نہیں اور اُس کی وجہ یہی ہے کہ دین کے ہر عمل کی اَساس اور بنیاد اللہ کا ذکر ہی ہے، ورنہ اس کے بغیر نماز روزہ، حج اور جہاد بھی بے معنی ہو کر رہ جاتا ہے۔

ذیل میں قرآن و حدیث سے ماخوذ ذکرِ الٰہی کے چند فضائل و فوائد کو مختصر اُعنوانات کی صورت میں ذکر کیا جارہا ہے، ان کی مزید تفصیل کیلئے دیے گئے حوالہ جات کی طرف رجوع فرمائیں:

(1) ذکر کرنے والے کو اللہ تعالیٰ یاد کرتے ہیں۔(البقرۃ:152)(بخاری:7405)

(2) ذکر کرنا اَفضل ترین عَمل ہے۔(ترمذی:3377)

(3) ذکر کرنا اللہ تعالیٰ کا محبوب ترین عمل ہے۔(طبرانی کبیر:20/93-25/129)

(4) ذکر کرنا اللہ تعالیٰ کے عَذاب سے نجات کا ذریعہ ہے۔(ابن ماجہ:3790)

(5) دلوں کا حقیقی سکون اللہ ہی کے ذکر میں ہے۔(الرّعد:28)

(6) ذکر کی بدولت جنّت کے اعلیٰ درجات تک رسائی ہوتی ہے۔(الترغیب:2302)

(7) تہجد، صدقہ اور جہاد کا بہترین بدل ذکرِ الٰہی ہے۔(شعب الایمان:505)

(8) اللہ تعالیٰ کا ذکر دِلوں کی صفائی کا بہترین ذریعہ ہے۔(الترغیب:2295)

(9) کثرت سے ذکر کرنے والوں کیلئے سب سے اَفضل درجہ ہے۔(ترمذی:3376)

(10) کھڑے بیٹھے اور لیٹے اللہ کا ذکر کرنے والے عقلمند ہیں۔(آلِ عمران:191)

(11) ذکر کی برکت سے ہر عبادت کا اَجر بڑھ جاتا ہے۔(مسند احمد:15614)

(12) ذکر کرنا صدقہ سے بھی افضل ہے۔(طبرانی اوسط:5969،7414)

(13) پابندی سے ذکر کرنے والے سبقت کرنے والوں میں سے ہیں۔(ترمذی:3596)

(14) پابندی سے ذکر کرنے والوں کیلئے گناہوں کی بخشش۔(ترمذی:3596)

(15) ذکر کرنے اور نہ کرنے والا زندہ اور مُردہ کی طرح ہے۔(بخاری:6407)

(16) ذکر کے حلقے مغفرت کا باعث ہیں۔(مسند احمد:12453)

(17) ذکر اور حمد کرنے والوں پر اللہ تعالیٰ فخر فرماتے ہیں۔(ترمذی:3379)

(18) اہلِ ذکر کی مجلس کو فرشتے گھیر لیتے ہیں، رحمتِ الٰہی ڈھانپ لیتی ہے اور اُن پر سکینہ نازل ہوتا ہے۔(مسلم:2700)

(19) ذکرِ الٰہی شیطانی وَساوس سے بچنے کا بہترین ذریعہ ہے۔(شعب الایمان:536)

## رمضان المبارک میں چار چیزوں کی کثرت کا حکم:

حضرت سلمان فارسی رَضِیَ اللّٰہُ عَنْہُ سے مَروی ایک طویل حدیث جس میں اُنہوں نے نبی کریم صَلَّی اللّٰہُ عَلَیْہِ وَسَلَّمَ کا وہ خطبہ ذکر کیا ہے جو آپ صَلَّی اللّٰہُ عَلَیْہِ وَسَلَّمَ نے شعبان کی آخری تاریخ میں رمضان سے ایک دن پہلے اِرشاد فرمایا تھا، اس میں رمضان سے متعلّق بڑی قیمتی اور مُفید نصیحتیں اِرشاد فرمائی ہیں، اُن میں سے ایک نصیحت یہ بھی تھی، آپ صَلَّی اللّٰہُ عَلَیْہِ وَسَلَّمَ نے اِرشاد فرمایا:

"فَاسْتَكْثِرُوا فِيهِ مِنْ أَرْبَعِ خِصَالٍ، خَصْلَتَانِ تَرْضَوْنَ بِهَا رَبَّكُمْ، وَخَصْلَتَانِ لَا غِنَى لَكُمْ عَنْهُمَا، فَأَمَّا الْخَصْلَتَانِ اللَّتَانِ تَرْضَوْنَ بِهَا رَبَّكُمْ: فَشَهَادَةُ أَنْ لَا إِلَهَ إِلَّا اللّٰهُ وَتَسْتَغْفِرُونَهُ، وَأَمَّا اللَّتَانِ لَا غِنَى لَكُمْ عَنْهُمَا فَتَسْأَلُونَ اللّٰهَ الْجَنَّةَ، وَتَعُوذُونَ بِهِ مِنَ النَّارِ" رمضان المبارک میں چار چیزوں کی کثرت رکھا کرو جن میں سے دو چیزیں اللہ کی رضا کیلئے اور دو چیزیں ایسی ہیں کہ جن کو حاصل کیے بغیر کوئی چارہ کار نہیں: پہلی دو چیزیں جن سے تم اپنے رب کو راضی کرو وہ کلمہ طیّبہ اور اِستغفار کی کثرت ہے اور دوسری دو چیزیں جن کے بغیر کوئی چارہ کار نہیں وہ یہ ہے کہ جنّت کی طلب کرو اور آگ سے پناہ مانگو۔(شعب الایمان:3336)

اِس سے معلوم ہوا کہ مندرجہ ذیل چار چیزوں کی کثرت کرنی چاہیئے:

١ کلمہ طیّبہ کی کثرت کرنا۔
٢ اِستغفار کی کثرت کرنا۔
٣ اللہ تعالیٰ سے جنّت کا سوال کرنا۔
٤ جہنّم سے اللہ تعالیٰ کی پناہ مانگنا۔

مذکورہ بالا چاروں چیزوں کی کثرت کیلئے مندرجہ ذیل کلمہ کی چلتے پھرتے کثرت کریں، کیونکہ چاروں چیزیں اِس ایک کلمہ میں موجود ہیں:

**لَآ اِلٰهَ اِلَّا اللّٰهُ اَسْتَغْفِرُكَ وَ اَسْئَلُكَ الْجَنَّةَ الْفِرْدَوْسَ وَ اَعُوْذُبِكَ مِنَ النَّارِ۔**

اللہ کے سوا کوئی معبود نہیں، یا اللہ! میں تجھ سے مغفرت چاہتا ہوں، تجھ سے جنّت الفردوس کا سوال کرتا ہوں اور جہنّم سے تیری پناہ چاہتا ہوں۔

## ﴿چودھواں عمل: کثرت سے دعاء کا اہتمام کرنا﴾

رمضان المُبارک میں اللہ تعالیٰ کی جانب سے رحمتوں اور برکتوں کا ظہور ہوتا ہے اور اِسی لئے اِس مہینے میں بندوں کی طرف سے مانگی جانے والی دعائیں بکثرت قبول ہوتی ہیں، جیسا کہ احادیثِ طیّبہ میں ذکر کیا گیا ہے، جن کی تفصیل ماقبل گزری ہے، یہاں مختصراً اُن کا خلاصہ ملاحظہ فرمائیں:

(1)روزے دار کی دعاء کو ردّ نہیں کیا جاتا۔(مسند احمد:10183)

(2)روزہ دار، مسافر اور مظلوم کی بد دُعاء قبول ہوتی ہے۔(شعب الایمان:3323)

(3)روزہ دار کا سونا عبادت اور اُس کی خاموشی تسبیح ہے، اُس کا عمل بڑھادیا جاتا ہے، اُس کی دعاء قبول ہوتی ہے اور اُس کا گناہ معاف کیا جاتا ہے۔(شعب الایمان:3652)

(4)روزہ دار کی دعاء اِفطار کے وقت ردّ نہیں ہوتی۔(ترمذی:3598،2526)

(5)مقرّب فرشتے روزہ داروں کی دُعاء پر آمین کہتے ہیں۔(شعب الایمان:3445)

(6)رمضان میں اللہ تعالیٰ سے سوال کرنے والا محروم نہیں رہتا۔(طبرانی اوسط:6170)

یہی وجہ ہے کہ نبی کریم ﷺ نے رمضان المُبارک میں خود بھی دُعاؤں کا اہتمام کیا ہے اور اپنی اُمّت کو بھی اِس کی تاکید فرمائی ہے۔

حضرت عائشہ صدیقہ رضی اللہ عنہا فرماتی ہیں: ”كَانَ رَسُولُ اللهِ صَلَّى اللَّهُ عَلَيْهِ وَسَلَّمَ إِذَا دَخَلَ رَمَضَانُ تَغَيَّرَ لَوْنُهُ وَ كَثُرَتْ صَلَاتُهُ، وَابْتَهَلَ فِي الدُّعَاءِ، وَأَشْفَقَ مِنْهُ“ جب رمضان المُبارک آتا تو نبی کریم ﷺ کا رنگ متغیر ہو جاتا، آپ کی نمازیں

زیادہ ہوجاتیں، آپ ﷺ دعاء میں گڑگڑانے لگتے، اور آپ ﷺ پر خوف طاری ہوجاتا۔(شعب الایمان:3353)

حضرت عبادہ بن صامت رضی اللہ عنہ سے مروی ہے کہ ایک دفعہ نبی کریم ﷺ نے رمضان کے قریب اِرشاد فرمایا:

**"أَتَاكُم رَمَضَانُ شَهْرُ بَرَكَةٍ يَغْشَاكُمُ اللّٰهُ فِيهِ فَيُنْزِلُ الرَّحْمَةَ وَ يَحُطُّ الْخَطَايَا وَيَسْتَجِيبُ فِيهِ الدُّعَاءَ"**

رمضان کا مہینہ آگیاہے جو بڑی برکت والا ہے، اللہ تعالیٰ اس میں تمہاری طرف متوجہ ہوتے ہیں اور اپنی رحمتِ خاصہ نازل فرماتے ہیں خطاؤں کو معاف کرتے ہیں، دعاء کو قبول کرتے ہیں۔(الترغیب والترھیب:1490)

حضرت ابوسعید خدری رضی اللہ عنہ نبی کریم ﷺ کا یہ اِرشاد نقل فرماتے ہیں:**"إِنَّ لِكُلِّ مُسْلِمٍ فِي كُلِّ يَوْمٍ وَلَيْلَةٍ دَعْوَةً مُسْتَجَابَةً"** رمضان المُبارک میں ہر مسلمان کیلئے ہر شب وروز میں ایک دعاء ضرور قبول ہوتی ہے۔(کشف الاستار عن زوائد البزار:963)

## دُعاء کیسے مانگی جائے:

1 صبح شام کی دُعائیں پڑھنے کا اہتمام کریں، اِس کیلئے صبح شام کی دُعاؤں پر مشتمل کوئی بھی کتاب پڑھی جاسکتی ہے، ایک چھوٹی سی مُفید کتاب "مؤمن کا ہتھیار" کے نام سے ملتی ہے، اُس میں صبح شام کی دُعائیں جمع کی گئی ہیں اُسے خرید کر رکھیں اور صبح شام اُنہیں مانگیں، اِن شاء اللہ اِس کے ذریعہ زندگی کے لیل ونہار کی بڑی برکتیں اور رحمتیں حاصل کی جاسکتی ہیں۔

۲ نبی کریم ﷺ سے مختلف کاموں اور مواقع پر جو دُعائیں پڑھنا ثابت ہیں اُنہیں یاد کرنے اور پڑھنے کی کوشش کیجئے، اِس کیلئے "پُر نور دُعائیں" کے نام سے دُعاؤں کا ایک بہت اچھا اور جامع مجموعہ ملتا ہے، اُسے خریدیں اور موقع موقع کی جو مسنون دُعائیں ہیں ،اُنہیں پڑھنے کی کوشش کریں، اِس سے اِتباعِ سنت کا عظیم ثواب بھی ملے گا اور کاموں میں سہولت، آسانی اور نورانیت بھی حاصل ہوگی۔

۳ دن اور رات میں کوئی وقت مقرر کر کے اُس میں پندرہ بیس منٹ خوب اہتمام اور پابندی کے ساتھ دُعاء مانگیں، اور گریہ وبکاء اور آہ وزاری (اگرچہ وہ مصنوعی ہی کیوں نہ ہو) کے ساتھ دُعاء مانگیں، اِن شاء اللہ تعالیٰ اپنی آنکھوں سے اپنی زندگی کے سارے مسائل کو حل ہوتا ہوا دیکھیں گے۔

۴ رمضان المُبارک میں سحری اور اِفطاری کا وقت دُعاؤں کی قبولیت کے اعتبار سے بہت ہی اہم وقت ہوتا ہے، اِس وقت کی قدر کرتے ہوئے اس میں خوب دعاؤں کا اہتمام کیجئے، خود بھی اور اپنے بچوں اور گھر والوں کو بھی اِن اوقات میں دعاء کی تلقین کیجئے، بلکہ اُنہیں لے کر بیٹھیں اور اجتماعی دعاء کا اہتمام کیجئے، اِس سے گھر میں دعاء مانگنے کا ماحول پیدا ہوگا اور بچوں کی بہترین تربیت بھی ہوگی۔

۵ نبی کریم ﷺ کی مانگی گئی مُبارک اور مُستجاب دعاؤں کا ایک بہت اہم اور قیمتی مجموعہ جو "مُناجاتِ مقبول" کے نام سے ملتا ہے جو حضرت حکیم الاُمّت مولانا اَشرف علی تھانوی رحمۃ اللہ علیہ نے ترتیب دیا ہے، اُس میں احادیثِ طیّبہ میں منقول دعائیں ہفتہ کی سات منزلوں پر تقسیم کر کے جمع کی گئی ہیں، اگر روزانہ اُس کی ایک منزل کو پڑھ لیا

جائے تو بہت آسانی سے احادیثِ طیّبہ کی مبارک دعائیں مانگی جاسکتی ہیں۔اِس لئے رمضان المُبارک میں دُعائیں مانگنے کیلئے بہت ہی بہتر طریقہ یہ ہے کہ مناجاتِ مقبول خرید لیں اور روزانہ پابندی سے اُس کی ایک منزل پڑھ لیا کریں۔

**دُعاء کے فضائل وفوائد:**

(1)اللہ تعالیٰ نے دعاء کی قبولیت کا وعدہ کیا ہے۔(غافر:60)(البقرۃ:186)(النمل:62)

(2)اللہ تعالیٰ دعاء کرنے والے کے ساتھ ہوتے ہیں۔(ترمذی:2388)

(3)دعاء اللہ تعالیٰ کے نزدیک سب سے زیادہ معزز چیز ہے۔(ترمذی:3370)

(4)دعاء عینِ عبادت بلکہ مغز کی حیثیت رکھتی ہے۔(ترمذی:3371،3372)

(5)اللہ تعالیٰ اپنے سامنے ہاتھ پھیلانے اور دُعاء مانگنے والوں سے خوش اور نہ مانگنے والوں سے ناراض ہوتے ہیں ۔(ترمذی:3373،3571)

(6)دعاء کبھی نفع سے خالی نہیں ہوتی۔(ترمذی:3381)(ابن ابی شیبہ:29172)

(7)اللہ تعالیٰ سے دعاء مانگنے والے کیلئے اللہ کی رحمت اور جنّت کے دروازے کھل جاتے ہیں۔(ترمذی:3548)(مستدرکِ حاکم:1833)

(8)دعاء نازل شدہ اور آئندہ نازل ہونے والی تمام مصیبتوں، آفتوں اور بلاؤں میں نافع اور مُفید ثابت ہوتی ہے۔(مستدرکِ حاکم:1815)

(9)دعاء ہلاکت سے بچنے کا بہترین ذریعہ ہے۔(مستدرکِ حاکم:1818)

(10)فتنوں کے دَور میں دُعاء نجات کا بہترین ذریعہ ہے۔(ابن ابی شیبہ:29173)

(11) اللہ تعالیٰ سے دعاء کرنا مؤمن کیلئے (شیاطین و مَصائب سے بچنے کیلئے) اسلحہ، دین کا ستون اور آسمان و زمین کا نور ہے۔(مستدرکِ حاکم:1812)

(12) دعاء کرنے والے کا ہاتھ خالی لوٹانے سے اللہ تعالیٰ کو حیاء آتی ہے۔(ابوداؤد:1488)

(13) دعاء کرنے کی برکت سے اِنسان کو اپنے (ظاہری و باطنی) دشمن سے نجات اور رزق میں وسعت حاصل ہوتی ہے۔(مسند ابی یعلی موصلی:1812)

## پندرہواں عمل: صدقہ و خیرات کی کثرت کرنا

رمضان المُبارک کے اعمال میں ایک اہم عمل "صدقہ و خیرات" کی کثرت ہے، اور یہ نبی کریم ﷺ کا طریقہ ہے، آپ ﷺ کی سخاوت یوں تو سال بھر ہی جاری رہتی تھی، لیکن رمضان المُبارک میں دیگر اعمال کی طرح آپ ﷺ کی سخاوت میں بھی اضافہ ہو جاتا تھا، چنانچہ رواياتِ ذیل میں اِس کی صراحت ہے، ملاحظہ فرمائیں:

حضرت عبد اللہ بن عبّاس رضی اللہ عنہما فرماتے ہیں:

"كَانَ رَسُولُ اللَّهِ صَلَّى اللهُ عَلَيْهِ وَسَلَّمَ أَجْوَدَ النَّاسِ،وَكَانَ أَجْوَدُ مَا يَكُونُ فِي رَمَضَانَ حِينَ يَلْقَاهُ جِبْرِيلُ،وَكَانَ يَلْقَاهُ فِي كُلِّ لَيْلَةٍ مِنْ رَمَضَانَ فَيُدَارِسُهُ القُرْآنَ، فَلَرَسُولُ اللَّهِ صَلَّى اللهُ عَلَيْهِ وَسَلَّمَ أَجْوَدُ بِالخَيْرِ مِنَ الرِّيحِ المُرْسَلَةِ" نبی کریم ﷺ لوگوں میں سب سے زیادہ سخی تھے اور سب سے زیادہ آپ رمضان میں سخی ہو جاتے تھے جبکہ حضرت جبریل علیہ السلام آپ سے ملا کرتے تھے، حضرت جبریل علیہ السلام رمضان کی ہر رات میں آپ سے ملاقات کرتے اور آپ کے ساتھ

ساتھ قرآن کریم کا دور کرتے تھے الغرض آپ ﷺ نفع رسانی میں تیز چلتی ہوا سے بھی زیادہ فیّاض اور سخی تھے۔(بخاری:6)

حضرت سیدنا عبد اللہ بن عبّاس رضی اللہ عنہما فرماتے ہیں:"كَانَ رَسُولُ اللهِ صَلَّى اللَّهُ عَلَيْهِ وَسَلَّمَ إِذَا دَخَلَ شَهْرُ رَمَضَانَ أَطْلَقَ كُلَّ أَسِيرٍ، وَأَعْطَى كُلَّ سَائِلٍ" جب رمضان المُبارک داخل ہوتا تو نبی کریم ﷺ ہر قیدی کو آزاد کردیتے اور ہر سائل کو نوازا کرتے تھے۔(شعب الایمان:3357)

حضرت انس رضی اللہ عنہ سے مَروی ہے کہ نبی کریم ﷺ سے افضل روزوں کے بارے میں دریافت کیا گیا، آپ ﷺ نے فرمایا:"شَعْبَانُ لِتَعْظِيمِ رَمَضَانَ" روزوں میں افضل روزہ(رمضان کے بعد) شعبان کے روزے ہیں جو کہ رمضان کی تعظیم میں رکھے جائیں۔ دریافت کیا گیا کہ سب سے افضل صدقہ کون سا ہے؟ آپ ﷺ نے اِرشاد فرمایا:"صَدَقَةٌ فِي رَمَضَانَ" وہ صدقہ جو رمضان میں کیا جائے۔(ترمذی:663)

حضرت سلمان فارسی رضی اللہ عنہ سے مَروی ایک طویل حدیث میں آپ ﷺ نے رمضان کے مہینہ کو غرباء و مَساکین اور ناداروں کے ساتھ غم گساری کا مہینہ قرار دیا ہے، چنانچہ اِرشاد فرمایا:"شَهْرُ الْمُوَاسَاةِ" یعنی رمضان کا مہینہ غریبوں کے ساتھ غم گساری کا مہینہ ہے۔(شعب الایمان:3336)

صدقہ و خیرات کرنا چونکہ غریبوں کے ساتھ غم گساری کی بہترین شکل ہے، اِس لئے اِس مہینے اِنفاق فی سبیل اللہ یعنی اللہ کے راستے میں خرچ کرنے کی عظیم عبادت میں

خوب بڑھ چڑھ کر حصہ لینا چاہیئے، جو نبی کریم ﷺ کی سنّت بھی ہے اور اِس مبارک مہینے کے "شَهْرُ الْمُوَاسَاةِ" ہونے کا تقاضا بھی ہے۔

## رمضان میں نبی کریم ﷺ کی سخاوت کی حکمت:

علماء کرام نے اِس کی مندرجہ ذیل وجوہات ذکر فرمائی ہیں:

❶ اِس لئے کہ اِس مہینے میں خود اللہ تبارک و تعالیٰ سخاوت فرماتے ہیں، چنانچہ جنت کے دروزوں کا کھل جانا، جہنم کے دروازوں کا بند ہو جانا، شیاطین کا مقید اور پابندِ سلاسل ہو جانا، نفل کا ثواب فرض کے برابر اور فرض کا ستر فرائض کے برابر ہو جانا یہ سب حق تعالیٰ جلّ شانہٗ کی سخاوت ہی کا مظہر ہیں۔

❷ رمضان کا مہینہ نیکیوں کا موسمِ بہار کی حیثیت رکھتا ہے جس کی وجہ سے طبیعتوں میں نیکیوں کی رغبت اور شوق بڑھ جاتا ہے اور ظاہر ہے کہ نیکیوں میں سے ایک اہم نیکی صدقہ و خیرات ہے پس رمضان المُبارک میں اِس کا اثر نبی کریم ﷺ کی طبیعت پر اور بھی زیادہ پڑتا تھا اور آپ ﷺ کی داد و دہش کا دریا ٹھاٹھیں مارنے لگتا تھا۔

❸ رمضان المُبارک کی ہر رات میں حضرت جبریل علیہ السلام سے ملاقات ہوتی تھی جو اللہ تعالیٰ کے فرشتے ہیں، جن میں حرص و ہوس کا شائبہ تک نہیں، اور چونکہ صحبت کا لازمی اثر پڑتا ہے اِس لئے آپ ﷺ کی سخاوت بڑھ جاتی تھی۔

④ رمضان المُبارک میں آپ ﷺ حضرت جبریل علیہ السلام کے ساتھ قرآن کریم کا دَور کیا کرتے تھے اور قرآن کریم ایسی عظیم اور بابرکت کتاب ہے جس کی تلاوت سے اللہ تعالیٰ سے تعلّق اور نفس کا غناء حاصل ہوتا ہے اور اِسی دل کے غناءِ کی وجہ سے نفس کے اندر سخاوت اور فیّاضی کا جذبہ پیدا ہوتا ہے اِس لئے آپ ﷺ کی فیاضی بھی اِس مہینہ بڑھ جایا کرتی تھی۔ (کشف الباری، بتغیر یسیر:1 / 471)

نیز ایک وجہ یہ بھی ہے کہ اِس مہینے صدقہ کی فضیلت بڑھ جاتی ہے، چنانچہ رمضان کے صدقہ کو افضل صدقہ قرار دیا گیا ہے۔

## ﴿سولہواں عمل: اعتکاف کرنا﴾

اِس ماہِ مُبارک کا ایک بہت قیمتی اور نہایت عظیم عمل "اعتکاف کا عمل" ہے جو دراصل ہر طرف سے ہٹ کٹ کر اللہ سے لو لگا کر بیٹھ جانے اور بیٹھے ہی رہنے کو کہا جاتا ہے۔

فقہاء کرام رحمۃ اللہ علیہم نے لکھا ہے:

اعتکاف اگر اخلاص کے ساتھ ہو تو افضل ترین اعمال میں سے ہے۔ اور اِس کی خوبیاں یہ ہیں کہ اعتکاف میں دل کو دنیاوی تمام تعلّقات سے فارغ کرکے نفس کو اللہ تعالیٰ کے سپرد کر دیا جاتا ہے اور دن رات معتکف اللہ کے گھر میں عبادت کیلئے چپک کر بیٹھ جاتا ہے۔ مشہور اور جلیل القدر تابعی حضرت عطاء بن ابی رباح رحمۃ اللہ علیہ فرماتے ہیں: معتکف کی مثال اُس شخص کی سی ہے جو کسی عظیم بادشاہ کی چوکھٹ پر جا پڑے، پس اِسی طرح

معتکف بھی بزبانِ حال یہ کہتا ہے کہ میں یہاں سے نہیں جاؤں گا یہاں تک میری مغفرت کر دی جائے۔(مراقی الفلاح:268،269)

احادیثِ طیّبہ میں اِعتکاف کے بہت کثرت سے فضائل ذکر کیے گئے ہیں، جن کی تفصیل ماقبل "اِعتکاف کے فضائل" میں گزر چکی ہے۔

## ﴿سترہواں عمل: شبِ قدر کی تلاش اور اُس میں عبادت﴾

اللہ تعالیٰ نے اِس عظیم اور بابرکت مہینے میں ایسی رات رکھی ہے جس میں عبادت کرنا ہزار مہینوں سے بھی افضل قرار دیا گیا ہے، گویا امتِ محمدیہ جس کی عمریں پچھلی امتوں کے مقابلے میں اگرچہ کم ہیں لیکن وہ شبِ قدر کی عبادت کے ذریعہ پچھلی امتوں کی طویل عمروں سے بھی زیادہ فضیلتوں اور اَجر و ثواب کو حاصل کرسکتے ہیں، بس صرف قدر دانی کی ضرورت ہے۔ اور شبِ قدر کو چونکہ مخفی رکھ کر اس کے تلاش کرنے کا حکم دیا گیا ہے اِس لئے اِس کو تلاش کرنے کی وجہ سے رمضان کی دیگر راتوں میں بھی عبادت کا شرف حاصل ہوتا ہے اور بندے کا لیلۃ القدر کے حصول میں ذوق و شوق کا اِظہار بھی ہوتا ہے، یہ سب آنحضرت ﷺ کے طفیل میں اللہ تعالیٰ کا اِس امّت پر احسانِ عظیم ہے، کاش...!! ہم اللہ تعالیٰ کے اِن الطاف و عنایات کو سمجھ کر اس کی قدر دانی کرنے والے بن جائیں تو کس قدر آخرت کیلئے ذخیرہ کیا جاسکتا ہے۔

نبی کریم ﷺ نے لیلۃ القدر کو تلاش کرنے کی تاکید فرمائی ہے اور رمضان المُبارک کے آخری عشرہ کی طاق راتوں میں لیلۃ القدر کے ہونے کا زیادہ احتمال ذکر فرمایا ہے، اِس لئے آخری عشرہ میں اور بالخصوص اُس کی طاق راتوں میں بہت اہتمام کے ساتھ

شبِ قدر کو تلاش کرنا چاہیئے اور اپنے محتاج ہونے کا زیادہ سے زیادہ اِظہار کرنا چاہیئے۔ حقیقت یہی ہے کہ جب بندہ اپنے ذوق و شوق کا اِظہار کرتا ہے، شبِ قدر کے حصول کیلئے کوشاں رہتا ہے اور اللہ تعالیٰ سے اِس کے حصول کیلئے دعائیں کرتا ہے تو وہ کبھی اِس سے محروم نہیں رہتا، اِس لئے کہ اللہ تبارک و تعالیٰ بڑے قدر دان ہیں، انسان کو اُس کی کوشش سے زیادہ عطاء کرتے ہیں۔

شبِ قدر کے فضائل کیلئے ماقبل "شبِ قدر کے فضائل" کا عُنوان ملاحظہ فرمائیں۔

## شبِ قدر کی نعمت کو کیسے حاصل کیا جائے:

ذیل میں اس کیلئے چند تجاویز پیش کی جارہی ہیں جن پر عمل کرکے اِن شاء اللہ اِس نعمتِ عُظمیٰ کو بآسانی حاصل کیا جاسکتا ہے، اسے پڑھیے، سمجھئے اور عمل کرنے کی کوشش کیجئے:

### ① پہلا کام: مانعِ مغفرت گناہوں سے اِجتناب اور سچی توبہ:

اِس عظیم شب کے آنے سے پہلے ہی ہر قسم کے گناہوں سے سچی توبہ کرلینی چاہیئے، بالخصوص وہ گناہ جن کی وجہ سے مغفرت سے محرومی کو حدیث میں بیان کیا گیا ہے، یعنی شراب نوشی، والدین سے بدسلوکی، قطع رحمی اور کینہ پروَری، اِن چاروں ہی گناہوں سے بالخصوص توبہ کرکے اپنے دامن کو پاک کیا جائے، اِن شاء اللہ جب رُکاوٹ دور ہوجائے گی تو شبِ قدر بھی نصیب ہوجائے گی۔

### ② دوسرا کام: اللہ تعالیٰ سے شبِ قدر کے حصول کی دُعاء کرنا:

ہر چیز اللہ ہی کے قبضہ قُدرت اور اُس کے اختیار میں ہے، وہی عطاء کرنے اور نوازنے والا ہے، لہٰذا اللہ ہی سے شبِ قدر کے حصول کو خوب آہ و زاری کے ساتھ مانگنا اور

طلب کرنا چاہیئے، اِن شاء اللہ تعالیٰ محرومی نہ ہوگی، اِس لئے کہ وہ دُعاؤں کو سننے اور قبول کرنے والا ہے، اُس نے خود ہی اِرشاد فرمایا ہے:

## ۳ تیسرا کام: شبِ قدر کی تلاش:

کوئی کام ہاتھ پر ہاتھ دَھرے بیٹھے بیٹھے نہیں ہوتا، اُس کے حصول کیلئے کچھ ہاتھ پاؤں مارنے پڑتے ہیں، لٰہذا شبِ قدر کو پانے والا اگر خوابِ خرگوش کے مزے لیتا غفلت کی نیند سوتا رہے تو کہاں اِس عظیم سعادت سے بہرہ وَر ہو سکتا ہے، ظاہر ہے کہ اِس کیلئے کچھ تو کرنا ہی پڑے گا، اور وہ کرنے کا کام یہ ہے کہ نبی کریم ﷺ کے فرامین کے مطابق شبِ قدر کو تلاش کیا جائے، کیونکہ جب کسی چیز کی طلبِ صادق ہو تو اُس تک رَسائی کوئی مُشکل نہیں ہوتی۔ بلکہ ہمارے لئے تو اِتنی آسانی رکھ دی گئی ہے کہ اِس عظیم رات کا مہینہ (رمضان)، اُس کا عشرہ (آخری) اور عشرہ کی بھی مخصوص (یعنی طاق) راتیں تک واضح طور پر بتادی گئی ہیں، گویا دوسرے الفاظ میں سال بھر کی صرف پانچ (21، 23، 25، 27، 29) کی راتوں میں شبِ قدر کو تلاش کرنا ہے، پس ایسے میں اِس مُبارک اور عظیم شب کو ڈھونڈنا کیا مُشکل ہے، لٰہذا ہر شخص کو چاہیئے کہ اِن مخصوص راتوں میں شبِ قدر کو تلاش کرے، جس کا طریقہ یہی ہے کہ خوب اہتمام کے ساتھ اِن راتوں میں عبادت کیلئے کمر کَس لے، اِن شاء اللہ ضرور نصیب ہوگی۔

## ۴ چوتھا کام: اِعتکافِ مسنون کا اہتمام:

شبِ قدر کو پانے کیلئے ایک انتہائی آسان طریقہ یہ ہے کہ رمضان المُبارک کے آخری عشرہ میں مسنون اعتکاف کا اہتمام کیا جائے، اِس کے ذریعہ اِن شاء اللہ بہت آسانی کے

ساتھ شبِ قدر نصیب ہوسکتی ہے، اِس لئے کہ مسجد کے ماحول میں عبادت کا خوب موقع ملتا ہے، راتوں کو جاگنا آسان ہوجاتا ہے اور نہ بھی ہو تو معتکف کا تو سونا بھی عبادت ہے، وہ اللہ کا مہمان ہوتا ہے، شبِ قدر سے وہ کیسے محروم رہ سکتا ہے۔

### ۵ پانچواں کام: ستائیسویں شب کا خصوصی اہتمام:

آخری عشرہ کی طاق راتوں میں سب سے زیادہ ستائیسویں شب کو شبِ قدر ہونے کا احتمال ہوتا ہے، بلکہ حضرت سیدنا اُبی بن کعب رضی اللہ عنہ تو قسم کھا کر فرمایا کرتے تھے کہ ستائیسویں شب ہی شبِ قدر ہے۔ (مُسلم:762)

اِس لئے ستائیسویں شب کو بطورِ خاص عبادت کا اہتمام کرنا چاہیئے، لیکن صرف اِسی ایک رات پر اکتفاء کرکے بیٹھ نہیں جانا چاہیئے اِس لئے کہ روایاتِ کثیرہ سے آخری عشرہ کی طاق راتوں میں اِس عظیم رات کے ہونے کا احتمال ہے لٰہذا ساری ہی راتوں میں تلاش کو جاری رکھنا چاہیئے۔

### ۶ چھٹا کام: مغرب اور عشاء کی نماز باجماعت کی ادائیگی:

نبی کریم صلی اللہ علیہ وسلم کا اِرشاد ہے:

”مَنْ صَلَّى الْعِشَاءَ فِي جَمَاعَةٍ فَكَأَنَّمَا قَامَ نِصْفَ اللَّيْلِ،
وَمَنْ صَلَّى الصُّبْحَ فِي جَمَاعَةٍ فَكَأَنَّمَا صَلَّى اللَّيْلَ كُلَّهُ“

جس نے عشاء کی نماز جماعت کے ساتھ اداء کی اُس نے گویا آدھی رات (عبادت کیلئے) قیام کیا، اور جس نے صبح (فجر) کی نماز جماعت کے ساتھ پڑھی اُس نے گویا پوری رات قیام کیا۔ (مُسلم:656)

ایک اور روایت میں ہے، آپ صَلَّی اللّٰہُ عَلَیْہِ وَسَلَّم کا اِرشاد ہے:

”مَنْ صَلَّى الْعِشَاءَ الْآخِرَةَ فِي جَمَاعَةٍ فَكَأَنَّمَا صَلَّى اللَّيْلَ كُلَّهُ وَمَنْ صَلَّى الْغَدَاةَ فِي جَمَاعَةٍ فَكَأَنَّمَا صَلَّى النَّهَارَ كُلَّهُ“

جس نے عشاء کی نماز جماعت کے ساتھ اداء کی اُس نے گویا پوری رات (عبادت کیلئے) قیام کیا اور جس نے صبح (فجر) کی نماز جماعت کے ساتھ پڑھی اُس نے گویا پورے دن قیام کیا۔(طبرانی کبیر:148)

ایک روایت میں ہے، آپ صَلَّی اللّٰہُ عَلَیْہِ وَسَلَّم کا اِرشاد ہے:

”مَنْ صَلَّى الْعِشَاءَ فِي جَمَاعَةٍ، فَقَدْ أَخَذَ مِنْ حَظِّهِ مِنْ لَيْلَةِ الْقَدْرِ“

جس نے عشاء کی نماز جماعت کے ساتھ اداء کی اُس نے یقیناً اُسی کے بقدر لیلۃ القدر میں سے حصہ پایا۔(طبرانی کبیر:7745)

مذکورہ روایات کی رو سے معلوم ہوا کہ شبِ قدر کے حصول کیلئے اگر کوئی تھوڑی سی بھی محنت و مشقت کرنے کی اور جاگنے کی سکت نہ رکھتا ہو تو کم از کم عشاء اور فجر کی نماز باجماعت ہی اہتمام کرلے تو اِن شاء اللہ شبِ قدر سے محروم نہ رہے گا۔

## ﴿شبِ قدر سے محروم چار بدنصیب اَفراد﴾

کچھ ایسے حرماں نصیب اور خائب و خاسر لوگ ہوتے ہیں جو اپنے گناہوں کی پاداش میں شبِ قدر جیسی عظیم اور بابرکت رات کی فضیلتوں کے حصول سے اور بالخصوص سب سے اہم چیز مغفرتِ خداوندی سے محروم رہ جاتے ہیں، وہ کون لوگ ہیں؟ حدیث میں اُن کی نشاندہی کی گئی ہے، جن سے اُن محروم ہونے والوں کے مغفرت سے محروم رہ جانے کے اَسباب بھی معلوم ہوتے ہیں، ایسے اَسباب اور امور کو مانعِ مغفرت امور کہا جاتا ہے، جن سے بہر صورت بچنا چاہیئے اور اگر خدانخواستہ کوئی مبتلاء ہو تو فوراً توبہ کرکے اللہ تعالیٰ کی طرف رجوع کرنا چاہیئے ورنہ اِس عظیم اور بابرکت رات میں مغفرت حاصل نہ ہوسکے گی۔

حضرت ابن عباس رَضِیَ اللہُ عَنْہُمَا سے نبی کریم صَلَّی اللہُ عَلَیْہِ وَسَلَّم کا یہ اِرشاد مَروی ہے:

شبِ قدر میں اللہ تعالیٰ کے حکم سے فرشتے زمین پر اُترتے ہیں اور ساری رات عبادت میں مشغول لوگوں سے سلام و مصافحہ کرکے اُن کی دعاؤں پر آمین کہتے ہوئے رات گزار کر صبح جب واپسی کا وقت ہوتا ہے تو فرشتے حضرت جبریل عَلَیْہِ السَّلَام سے دریافت کرتے ہیں کہ اللہ تعالیٰ نے امّتِ محمدیہ کے مومنوں کے ساتھ اُن کی ضروریات کے پورا کرنے کے بارے میں کیا معاملہ کیا؟ حضرت جبریل عَلَیْہِ السَّلَام فرماتے ہیں: "نَظَرَ اللّٰہُ إِلَیْهِمْ فِي هَذِهِ اللَّيْلَةِ فَعَفَا عَنْهُمْ، وَغَفَرَ لَهُمْ إِلَّا أَرْبَعَةً" اللہ تعالیٰ نے اِس شبِ قدر میں ایمان والوں پر نظرِ رحمت فرمائی اور چار اَفراد کے علاوہ سب کے ساتھ درگذر اور مغفرت کا معاملہ فرمادیا۔ یہ سُن کر حضرات صحابہ کرام رَضِیَ اللہُ عَنْہُم نے سوال کیا کہ وہ

کون سے افراد ہیں؟ آپ صَلَّی اللّٰہُ عَلَیْہِ وَسَلَّم نے اِرشاد فرمایا: "رَجُلٌ مُدْمِنُ خَمْرٍ، وَعَاقٌّ لِوَالِدَيْهِ، وَقَاطِعُ رَحِمٍ، وَمُشَاحِنٍ" شراب کا عادی، والدین کا نافرمان، رشتہ قطع کرنے والا اور کینہ پرَوَر۔ (شعب الایمان: 3421)

مذکورہ بالا حدیث سے معلوم ہوا کہ چار افراد لیلۃ القدر کی رحمتوں، برکتوں اور مغفرت سے محروم رہ جاتے ہیں:

❶ شراب کا عادی۔ ❷ والدین کا نافرمان۔

❸ قاطعِ رحم۔ ❹ کینہ پرَوَر۔

## ❶ پہلا شخص: شراب کا عادی:

شراب جس کو "اُمّ الخبائث" یعنی تمام بُرائیوں کی جڑ کہا گیا ہے، قرآن کریم میں اللہ تعالیٰ نے اسے "رِجْسٌ" یعنی گندگی قرار دیا ہے، اِس گندگی اور نجاست کو پینے والا بھی اِس رات کی مغفرت سے محروم رہتا ہے۔

## ❷ دوسرا شخص: والدین کا نافرمان :

والدین کے ساتھ حُسنِ سلوک کی اتنی زیادہ اہمیت ہے کہ اللہ تعالیٰ نے قرآن کریم میں کئی مقامات پر شرک سے منع کرتے ہوئے والدین کے ساتھ حُسنِ سلوک کی تعلیم و تاکید فرمائی ہے، اِس سے اِس حکم کی اہمیت و عظمت کا کسی قدر اندازہ لگایا جاسکتا ہے، یہی وجہ ہے کہ وہ بدبخت اور حرِماں نصیب شخص جس نے والدین کے ساتھ بدسلوکی کی ہو اور اُن کی آہیں اور بددُعائیں لی ہوں ایسا شخص اِس عظیم اور مُبارک رات کی مغفرت سے محروم رہ جاتا ہے۔

### ③ تیسرا شخص: قطع رحمی کرنے والا :

اللہ تعالیٰ نے انسان کے وجود کے ساتھ کچھ رشتے وابستہ کر رکھے ہیں جن کے ساتھ انسان کو حسنِ سلوک کی تعلیم دی گئی ہے، جو شخص اُن کے حقوق کو پامال کر کے بد سلوکی کا مُرتکب ہوتا ہے وہ "قاطعِ رحم" کہلاتا ہے، جس کی قرآن وحدیث کے اندر بڑی سخت وعیدیں اور عذاب بیان کیا گیا ہے، اِس لئے اِس گناہ سے بہر صورت بچنے کی کوشش کرنی چاہیئے ورنہ شبِ قدر جیسی عظیم نعمت سے محرومی ہو جاتی ہے۔

### ④ چوتھا شخص: کینہ پرور :

حدیث میں اس کو مُشاحن اور مُصارِم کہا گیا ہے، اور اس کا مطلب کسی کے ساتھ بغض اور عداوت رکھنے والے کے آتے ہیں۔(مرقاۃ:3/975)

اور اسی کو "کینہ پَرور" کہا جاتا ہے۔ حاصل اس کا یہ ہے کہ دل میں کسی کی دشمنی کو لے کر اُس کو نقصان پہنچانے کیلئے کوشاں رہنا کینہ کہلاتا ہے۔ حدیث کے مطابق ایسے شخص کی اس مُبارک رات میں مغفرت نہیں ہوتی۔ اِس لئے مؤمن کو چاہیئے کہ اپنے دل کو ہر طرح کی گندگی سے پاک رکھے۔

## ﴿مبارک راتوں کو کیسے گزارا جائے؟ چند ہدایات﴾

مندرجہ بالا کوتاہیوں سے اجتناب کرتے ہوئے حسبِ اِستطاعت جس قدر ہو سکے انسان کو عبادت کرنی چاہیئے، اِس کیلئے کوئی مخصوص طریقہ احادیث و روایات سے ثابت نہیں ہے، تاہم بغیر کسی تعیین و تخصیص کے ذیل میں چند ہدایات دی جارہی ہیں جن کی مدد سے ہم ان راتوں کو زیادہ قیمتی بنا سکتے ہیں:

### ❶ پہلی ہدایت: توبہ واِستغفار :

مُبارک راتوں کو قیمتی بنانے کا پہلا طریقہ یہ ہے کہ دو رکعت صلوۃ التوبہ پڑھ کر سچی توبہ کریں، اپنے گناہوں پر شرمندگی و ندامت کے ساتھ اللہ تعالیٰ سے صدقِ دل سے معافی مانگیں، چنانچہ شبِ قدر کے بارے میں حضرت عائشہ صدیقہ رضی اللہ عنہا نے جب حضور صلی اللہ علیہ وسلم سے سوال کیا کہ یارسول اللہ! اگر میں شبِ قدر پالوں تو اُس میں کیا پڑھوں تو آپ صلی اللہ علیہ وسلم نے اُن کو کوئی بڑا ذکر یا کوئی بڑی نماز اور تسبیح پڑھنے کیلئے نہیں کہا بلکہ ایک مختصر اور آسان سی دعاء تلقین فرمائی، جس میں عفو درگزر کی درخواست کی گئی ہے: "اَللّٰهُمَّ إِنَّكَ عُفُوٌّ تُحِبُّ الْعَفْوَ فَاعْفُ عَنِّيْ"۔(ترمذی:3513)

اے اللہ! تو درگزر کرنے والا ہے، درگزر کرنے کو پسند کرتا ہے، مجھ سے درگزر فرما۔

اِس سے معلوم ہوا کہ بابرکت راتوں میں سب سے بڑا کرنے کا کام جو عموماً لوگ نہیں کرتے اور مخصوص قسم کی خود ساختہ نماز پڑھنے کے پیچھے لگ جاتے ہیں وہ یہ ہے کہ اپنے ماضی کی زندگی پر سچے دل سے شرمسار ہوکر، آئندہ کی زندگی میں عملاً تبدیلی اور اِنقلاب لانے کا سچا اِرادہ لے کر توبہ اور اِستغفار کیا جائے، یہ عمل مبارک راتوں کی برکت کو سمیٹنے کا سب سے اہم اور سب سے زیادہ نفع مند طریقہ ہے۔

### توبہ کی قبولیت کی شرائط :

علّامہ نووی رحمۃ اللہ علیہ نے توبہ کی چار شرائط ذکر کی ہیں جن پر توبہ کی قبولیت موقوف ہے:

① **معصیت سے الگ ہوجانا:** گناہوں میں مشغول رہتے ہوئے توبہ نہیں ہوتی، توبہ کیلئے گناہوں کو چھوڑنا اور اُن سے کنارہ کش ہونا ضروری ہے، اِس سے معلوم ہوا کہ بعض

لوگ گناہوں میں لگے ہوئے ہونے کے باوجود جو توبہ توبہ کرتے ہیں وہ توبہ نہیں مذاق ہوتا ہے۔

② **اپنے کیے پر شرمندہ ہونا:** جو گناہ دانستگی یا نادانی میں سرزد ہو چکا ہے اُس پر شرمندہ و پشیمان ہونا یہ بھی توبہ کی شرط ہے، لہٰذا گناہ کر کے اُس کو لوگوں کے سامنے فخریہ طور پر ہرگز بیان نہیں کرنا چاہیئے جیسا کہ بعض لوگ اِس کا اِرتکاب کرتے ہیں۔

③ **آئندہ نہ کرنے کا پکا عزم کرنا:** توبہ کی ایک اہم شرط یہ ہے کہ دل میں آئندہ نہ کرنے کا پکا عزم اور پختہ اِرادہ ہو، اگرچہ یہ معلوم ہو کہ میں کمزور ہوں اور کسی وقت دوبارہ پھسل سکتا ہوں لیکن دل میں اُس کو عملاً کرنے کا ہرگز اِرادہ نہیں رکھنا چاہیئے۔

④ **حقوق کی ادائیگی:** چوتھی شرط یہ ہے کہ اگر وہ گناہ ایسا ہے کہ اُس کی ادائیگی لازم ہوتی ہو تو اُس کو اداء کرنا چاہیئے، مثلاً کسی کا مال دبا رکھا ہو تو صرف توبہ کرنے سے معاف نہیں ہوگا جب تک کہ اُس کو اداء نہ کردیا یا معاف نہ کرالیا جائے، کسی کو تکلیف پہنچائی ہو، حقوق کو پامال کیا ہو تو صاحبِ حق سے معاف کرائے بغیر توبہ قبول نہیں، اِسی طرح نمازیں نہ پڑھی ہوں، زکوۃ اداء نہ کی ہو یا اِن کے علاوہ کوئی شرعی فرائض و واجبات کی ادائیگی واجب الذمّہ ہو تو اُس کو اداء کرنا چاہیئے۔(شرح النّووی:17/25)

## ❷ دوسری ہدایت: قضاء نمازوں کی ادائیگی :

زندگی میں جو نمازیں اداء کرنے سے رہ گئی ہوں اُن کو قضاء کرنا لازم ہوتا ہے، اُن کی قضاء نہ کی جائے تو کل بروزِ قیامت اُن کا حساب دینا ہوگا، اور توبہ کی شرائط میں جیسا کہ ابھی گزرا اُن شرعی واجبات کو اداء کرنا اور اُن سے سُبکدوش ہونا ضروری ہے لہٰذا اپنی

توبہ کی تکمیل کی نیت سے زندگی بھر کی نمازوں کرکے اُن کی قضاء کرنے کی فکر کرنی چاہیئے اور مبارک راتوں میں نفلی عبادتوں مشغول ہونے سے بدرجہا بہتر شکل یہ ہے کہ اُن قضاء نمازوں کو اداء کیا جائے، ان شاء اللہ اِس میں نوافل میں مشغول ہونے سے زیادہ ثواب حاصل ہوگا، کیونکہ نوافل نہ پڑھنے کا حساب نہیں جبکہ نمازوں کی اگر قضاء نہ جائے تو اُس کا مؤاخذہ ہے۔

## قضاء نمازیں پڑھنے کا طریقہ:

اِس کا طریقہ یہ ہے کہ بالغ ہونے کے بعد سے لے کر اب تک جتنی نمازیں چھوٹ گئی ہیں اُن کا حساب کریں اور وہ ممکن نہ ہو تو ظنِّ غالب کے مطابق ایک اندازہ اور تخمینہ لگالیں اور اُسے کہیں لکھ لیں اُس کے بعد اُس کی قضاء کرنا شروع کردیں، اور اس میں آسانی کیلیئے یوں کیا جاسکتا ہے کہ ہر وقتی نماز کے ساتھ ساتھ وہی نماز قضاء بھی پڑھتے جائیں، اور جتنی نمازیں قضاء ہوتی جائیں اُنہیں لکھے ہوئے ریکارڈ میں سے کاٹتے جائیں، اِس سے ان شاء اللہ مہینہ میں ایک مہینہ کی اور سال میں ایک سال کی نمازیں بڑی آسانی کے ساتھ قضاء ہوجائیں گی۔

قضاء نمازوں میں نیت کرنے کا ایک طریقہ یہ ہے کہ ہر نماز میں یوں نیت کریں:

”میں اپنی تمام فوت شدہ نمازوں میں جو پہلی نماز ہے اُس کی قضاء کرتا ہوں“

کیونکہ ہر پہلی نماز قضاء کرلینے کے بعد اُس سے اگلی خود بخود پہلی بن جائے گی، یا یوں بھی نیت کی جاسکتی ہے کہ

”میں اپنی تمام فوت شدہ نمازوں میں جو آخری نماز ہے اُس کی قضاء کرتا ہوں“

اِس طریقے میں بھی جب آخری نماز قضاء ہو جائے گی تو اُس سے پہلے والی نماز خود آخری نماز بن جائے گی۔

### ③ تیسری ہدایت: نماز باجماعت کی ادائیگی:

رات میں تین نمازیں آتی ہیں: مغرب، عشاء اور فجر۔ اِن تینوں کو جماعت کے ساتھ صفِ اوّل میں خشوع و خضوع کے ساتھ اداء کیجئے، کم از کم جماعت کے ساتھ اِن نمازوں کو اداء کرنے والا رات کی عبادت سے محروم نہیں رہے گا، چنانچہ حدیث میں آتا ہے حضرت عثمان بن عفّان رضی اللہ عنہ سے نبی کریم صلی اللہ علیہ وسلم کا یہ اِرشاد منقول ہے:

**"مَنْ صَلَّى الْعِشَاءَ فِي جَمَاعَةٍ فَكَأَنَّمَا قَامَ نِصْفَ اللَّيْلِ، وَمَنْ صَلَّى الصُّبْحَ فِي جَمَاعَةٍ فَكَأَنَّمَا صَلَّى اللَّيْلَ كُلَّهُ"** جس نے عشاء کی نماز جماعت کے ساتھ اداء کی اُس نے گویا آدھی رات عبادت کی اور جس نے صبح کی نماز جماعت کے ساتھ اداء کی اُس نے گویا پوری رات نماز پڑھی۔ (مسلم:656)

### ④ چوتھی ہدایت: کچھ فضیلت والے اعمال:

جیسا کہ پہلے عرض کیا جاچکا ہے کہ مبارک راتوں میں کوئی مخصوص عمل تو ثابت نہیں، البتہ چند فضیلت والے اعمال جن میں کم وقت کے اندر زیادہ نیکیوں کا ذخیرہ جمع کیا جاسکتا ہے وہ ذکر کیے جارہے ہیں، اُنہیں بغیر کسی تخصیص و تعیین کے لازم سمجھے بغیر اختیار کیجئے تاکہ زیادہ سے زیادہ نیکیاں جمع کی جاسکیں:

## اوّابین کی نماز:

مغرب کے بعد اوّابین کی نماز ہے جس کی کم از کم چھ رکعات ہیں اور زیادہ سے زیادہ بیس، آپ کوشش کر کے مبارک رات کی برکتوں کو سمیٹئے اور بیس رکعت اداء کیجئے، حدیث کے مطابق بارہ سال کی عبادت کا ثواب حاصل ہوتا ہے، حضرت ابوہریرہ رضی اللہ عنہ نبی کریم صلی اللہ علیہ وسلم کا یہ اِرشاد نقل فرماتے ہیں: **"مَنْ صَلّٰى بَعْدَ الْمَغْرِبِ سِتَّ رَكَعَاتٍ لَمْ يَتَكَلَّمْ فِيمَا بَيْنَهُنَّ بِسُوءٍ عُدِلْنَ لَهُ بِعِبَادَةِ ثِنْتَيْ عَشْرَةَ سَنَةً"** جس نے مغرب کی نماز کے بعد چھ رکعت اِس طرح اداء کی کہ اُن کے درمیان کوئی بُری بات نہ کی ہو تو اُن کا ثواب بارہ سال کی عبادت کے برابر ہوتا ہے۔(ترمذی:435)

واضح رہے کہ اوّابین کی نماز کی مندرجہ بالا فضیلت صرف مبارک راتوں میں نہیں بلکہ سال بھر اِس فضیلت کو صرف چند منٹوں میں بآسانی حاصل کیا جاسکتا ہے، مبارک راتوں میں ایسے اعمال کو تو اور بھی اہتمام اور توجّہ سے اختیار کرنا چاہیئے۔

## صلوۃ التسبیح کی نماز:

صلوۃ التسبیح کی چار رکعتیں ہیں، جن کو ایک سلام سے پڑھا جاتا ہے، اگرچہ دو سلام سے بھی جائز ہے۔اِس نماز کی احادیث میں بڑی فضیلتیں منقول ہیں، انسان اس کے ذریعہ کم سے کم وقت کے اندر جو تقریباً آدھا گھنٹہ لگتا ہے، زیادہ سے زیادہ نفع کما سکتا ہے۔ اِس لئے سال بھر وقتاً فوقتاً اِس کے پڑھنے کی کوشش کرنی چاہیئے، اور مُبارک راتوں میں تو اِس کو اور بھی زیادہ اہتمام سے پڑھنا چاہیئے، اور یہ کوئی مشکل نہیں، بس دل میں نیکی کے حصول کا شوق ہونا چاہیئے خود ہی مشقت برداشت کرنا آسان ہو جاتا ہے۔

## قیام اللیل کا اہتمام:

قیام اللیل سے مراد تہجد کی نماز ہے جو فرائض کے بعد سب سے افضل نماز ہے، سال بھر بلکہ زندگی بھر اِس کا اہتمام کرنا چاہیئے، اور فضیلت و برکت والی راتوں میں اِس کو اور بھی زیادہ شوق وذوق، توجہ اور اہتمام سے اداء کرنا چاہیئے۔

## ﴿مبارک راتوں میں پائی جانے والی چند عمومی غلطیاں﴾

① مُبارک راتوں میں عبادت کا کوئی خاص طریقہ ثابت نہیں، جیسا عموماً یہ سمجھا جاتا ہے، چنانچہ بعض لوگ خاص نماز بیان کرتے ہیں کہ اتنی رکعت پڑھی جائے، پہلی رکعت میں فلاں سورت اتنی مرتبہ پڑھی جائے اور دوسری رکعت میں فلاں سورت اتنی تعداد میں پڑھی جائے، خوب سمجھ لینا چاہیئے کہ ایسی کوئی نماز یا عبادت اس رات میں ثابت نہیں، بلکہ نفلی عبادت جس قدر ہوسکے اس رات میں انجام دینی چاہیئے، نفل نماز پڑھیں، قرآن کریم کی تلاوت کریں، ذکر کریں، تسبیح پڑھیں، دعائیں کریں، یہ ساری عبادتیں اس رات میں کی جاسکتی ہیں لیکن کوئی خاص طریقہ ثابت نہیں۔

② بابرکت راتوں میں جاگنے کا مطلب پوری رات جاگنا نہیں ہوتا بلکہ آسانی کے ساتھ جس قدر جاگ کر عبادت کرنا ممکن ہو عبادت کرنا چاہیئے اور جب نیند کا غلبہ ہو تو سو جانا چاہیئے، بعض لوگ پوری رات جاگنے کو ضروری سمجھتے ہیں اور اِس کو حاصل کرنے کیلئے پوری رات جاگنے کی بتکلّف کوشش کرتے ہیں، اور جب نیند کا غلبہ ہوتا ہے تو آپس میں گپ شپ، ہنسی مذاق، پان گٹکا اور کھانے پینے چائے وغیرہ کے اندر مشغول ہو جاتے ہیں اور اِس میں مسجد کے آداب و تقدّس کو بھی پامال کیا جاتا ہے، یاد رکھئے! اِس طرح

کی فضولیات یا کسی غیر شرعی فعل میں لگ کر "نیکی برباد اور گناہ لازم" کا مصداق نہیں بننا چاہیئے۔

③ غروبِ آفتاب ہی سے رات کی ابتداء ہو جاتی ہے لہٰذا مغرب ہی سے مبارک راتوں کی برکت کو سمیٹنے میں لگ جانا چاہیئے، عشاء کے بعد کا انتظار نہیں کرنا چاہیئے، جیسا کہ عموماً دیکھنے میں یہ آتا ہے کہ لوگ رات کو جاگنے کا مطلب یہ سمجھتے ہیں کہ گیارہ بارہ بجے جب بستر پر جانے کا وقت ہوتا ہے اُس وقت بستر پر جانے کے بجائے مسجد میں جاکر عبادت کی جائے، اِس غلط فہمی کی وجہ سے رات کا ایک بڑا حصہ ضائع ہو جاتا ہے۔

④ مبارک راتوں میں جاگنے کا مطلب صرف جاگنا نہیں بلکہ عبادت کرنا ہے، چنانچہ صرف ہنسی مذاق، بات چیت، گپ شپ، کھانے پینے اور پینے پلانے کے دور میں جاگتے ہوئے صبح کر دینا کوئی عبادت نہیں، بلکہ اِن عظیم اور بابرکت راتوں میں، جھوٹ، چغلخوری غیبت کرنے اور سننے جیسے بڑے اور مُہلک گناہوں کا مرتکب ہو کر انسان اور بھی بڑے عذاب کا مستحق بن جاتا ہے، اِس لئے اِنفرادی طور پر یکسوئی کے ساتھ جس قدر آسانی سے ممکن ہو عبادت کرنی چاہیئے اور ہر قسم کے ہلّے گلّے سے قطعاً بچنا چاہیئے۔

⑤ مبارک راتوں میں اجتماعی عبادت کے بجائے انفرادی عبادت کا اہتمام کرنا چاہیئے اِس لئے کہ اِن راتوں میں اجتماعی عبادت کا نبی کریم ﷺ سے کوئی ثبوت نہیں، نیز جو خلوص، یکسوئی اور اللہ تعالیٰ کے ساتھ راز و نیاز انفرادی عبادت میں نصیب ہو سکتا ہے وہ اجتماعی عبادت میں کہاں...!!

## اٹھارہواں عمل: شبِ عید کی عبادت کا اہتمام

اِس مہینے کا ایک ایسا عمل جس سے اکثر لوگ غافل اور بے فکر نظر آتے ہیں، وہ "عید الفطر کی شب کی عبادت" ہے، عید کی تیاریوں کے نام پر بکثرت لوگ شاپنگ مال اور مارکیٹس میں یہ عظیم اور بابرکت رات گنوا دیتے ہیں، حالآنکہ یہی تو وہ رات ہے جس میں تمام رمضان بھر کے اعمال کی مزدوری دی جاتی ہے، اجر و ثواب کے خزانے اور مغفرت و رحمت کی بیش بہا دولت بکھیری جاتی ہے۔ کس قدر محرومی اور خسارے کی بات ہے کہ پورے مہینے روزے رکھ کر جب اَجر ملنے کا وقت آئے تو اِنسان اُس سے اِعراض کرنے لگا جائے، یہ تو ایسا ہی ہو گیا جیسے کوئی دن کام کرنے کے بعد شام کو جب مالک کی جانب سے اجرت ملنے کا وقت ہو تو مزدوری لینے سے اِنکار کر دے۔

اِس لئے اِس رات کی قدر دانی کرتے ہوئے اِس شب کو قیمتی بنانا چاہیئے اور اُس اجر و ثواب کے حصول کیلئے مُشتاق ہونا چاہیئے جو اللہ تعالیٰ کی جانب سے بندوں کو دیا جاتا ہے اِس شب کے فضائل کیلئے "شبِ عید کے فضائل" کا عُنوان ملاحظہ فرمائیں۔

## اُنیسواں عمل: صدقۃ الفطر اداء کرنا

عید الفطر کے دن کا ایک اہم حکم صدقہ فطر کا نکالنا ہے، جو رمضان کے اختتام پر نکال کر بندہ اپنے روزوں کے اندر ہونے والی تقصیرات اور کوتاہیوں کو اللہ تعالیٰ سے معاف کراتا ہے۔ حضرت جریر رَضِیَ اللہُ عَنْہُ سے نبی کریم صَلَّی اللہُ عَلَیْہِ وَسَلَّمَ کا یہ اِرشاد منقول ہے:

رمضان کے روزے آسمان اور زمین کے درمیان لٹکے رہتے ہیں، جنہیں صدقۂ فطر کے بغیر نہیں اٹھایا جاتا۔(الترغیب والترھیب:1653)

### صدقہ فطر کے فوائد :

صدقہ فطر کے فضائل ماقبل ذکر کیے جاچکے ہیں ، یہاں اِجمالی طور پراُس کے فوائد ملاحظہ فرمائیں:

❶ صدقہ فطر کی ادائیگی سے روزوں کے اندر ہونے والی تقصیرات اور کوتاہیوں کی تلافی ہوجاتی ہے ۔(ابوداؤد:1609)

❷ غرباء ومساکین کیلئے کھانے کا انتظام ہوجاتا ہے۔(ابوداؤد:1609)

❸ صدقہ فطر کی برکت سے روزے قبول ہوجاتے ہیں۔(الترغیب والترھیب:1653)

❹ مال میں پاکیزگی اور برکت حاصل ہوتی ہے۔(ابوداؤد:1619)

❺ دنیاو آخرت کی مشکلات میں آسانی ہوتی ہے۔(مجمع الانہر:1/226)

❻ کامیابیاں حاصل ہوتیں ہیں۔(مجمع الانہر:1/226)

❼ موت کی سختی اور عذابِ قبر سے نجات ملتی ہے۔(مجمع الانہر:1/226)

## ﴿بیسواں عمل: عید الفطر کے دن خوشی منانا﴾

رمضان المُبارک میں بندوں نے جو مشقتیں جھیلی ہوتی ہیں اللہ تعالیٰ عید الفطر کی شب اور اُس کے دن میں بندوں کو اُس کا صلہ عطاء فرماتے ہیں، اِسی لئے عید الفطر کی شب کو "لَیْلَۃُ الْجَائِزَۃِ"یعنی انعام ملنے والی رات اور اُس کے دن کو"یَوْمُ الْجَوَائِزِ"یعنی انعام ملنے والا دن کہا جاتا ہے۔اور اِسی انعام کے ملنے پر بندوں کیلئے یہ خوشی کا دن ٹھہراتا کہ بندے اللہ تعالیٰ کی جانب سے ملنے والے عظیم صلے پر خوشی منائیں، اور یہ خوشی کا دن

"مذہبی تہوار" کی حیثیت رکھتا ہے، چنانچہ آپ ﷺ نے اِس دن کے بارے میں اِرشاد فرمایا: "هَذَا عِيْدُنَا" یہ ہمارا عید کا دن ہے۔(بخاری:952)

## عید کی سنتیں اور مستحبات:

(1)عید کے دن جلدی جاگنا، تاکہ جلدی تیاری کر کے عید گاہ پہنچا جاسکے۔(2)غسل کرنا۔(3)مسواک کرنا۔(4)اپنے کپڑوں میں سے عُمدہ اور اچھے کپڑے پہننا، خواہ نئے ہوں یا دھلے ہوئے، البتہ سفید کپڑے بہتر ہیں۔(5)خوشبو لگانا۔(6)عید گاہ میں نمازِ عید اداء کرنا۔ (7)عید گاہ جلدی جانا۔(8)صدقہ فطر نماز سے پہلے اداء کردینا۔ (9)عید گاہ پیدل جانا۔(10)آنے جانے کا راستہ بدلنا۔(11)عید گاہ جانے سے پہلے طاق عدد میں کھجوریں کھانا، کھجور نہ ہو تو کوئی بھی میٹھی چیز کھائی جاسکتی ہے۔ (12)وقار و اطمینان کے ساتھ جانا جن چیزوں کو دیکھنا جائز نہیں ان سے آنکھیں ہٹانا اور نیچی نگاہ رکھنا۔(13)عید الفطر کیلئے جاتے ہوئے عید گاہ پہنچنے تک راستہ میں آہستہ اور عید الاضحیٰ کیلئے جاتے ہوئے بلند آواز سے تکبیر کہتے جانا، تکبیر کے الفاظ یہ ہیں: "اللہ اکبر اللہ اکبر لا الہ الا اللہ واللہ اکبر اللہ اکبر وللہ الحمد"۔(14)عیدین کی نماز سے واپس آنے کے بعد گھر پر چار رکعت یا دو رکعت نفل پڑھنا، چار رکعت افضل ہے۔(عالمگیری:1/149،150)(شامیہ:2/168)

—*…*…*—

☆........بابِ سوم........☆

## رمضان المُبارک سے متعلّق پیش آمدہ

# مَسائل

| | |
|---|---|
| ❶ روزہ کی فرضیت، اَقسام اور شرائط۔ | ❷ روزہ کن لوگوں پر رکھنا لازم نہیں۔ |
| ❸ روزے کی نیت کے مسائل۔ | ❹ سحری کے مسائل۔ |
| ❺ روزہ کے جائز، مکروہ اور مستحب کام | ❻ مُفسداتِ صوم اور کفارہ کی تفصیل |
| ❼ روزہ توڑ دینے کے شرعی اَعذار۔ | ❽ تراویح کی رکعات اور اُسکے مسائل |
| ❾ اِعتکاف کے مسائل۔ | ❿ صدقہ فطر کے مسائل۔ |
| ⓫ رمضان اور بچوں کی تربیت۔ | |

# رمضان المُبارک کے مسائل

☆ ☆ ☆

کسی بھی کام کی درستگی کیلئے اُس کو صحیح طریقے سے کرنا اور اُس میں واقع ہونے والی غلطیوں سے بچنا نہایت ضروری ہے، اور اس کیلئے ضرورت اِس بات کی ہوتی ہے کہ اُس کو پہلے سیکھا اور سمجھا جائے تاکہ کرنے کا طریقہ بھی معلوم ہو اور اُسے خراب کردینے والے اُمور سے بھی آگاہی ہو۔ بالکل اِسی طرح دین کا ہر حکم بھی اِس بات کا تقاضہ کرتا ہے کہ اُس کو سیکھ کر کیا جائے۔ رمضان المُبارک میں بھی مختلف قسم کے اَعمال سرانجام دیے جاتے ہیں، جن کے مسائل سے آگاہی حاصل کرنا نہایت ضروری ہے تاکہ ہر مسلمان کی زندگی میں آنے والا رمضان اُس کیلئے بہتر و مُفید اور اعلیٰ درجہ کا نفع مند ثابت ہوسکے اور اس میں کیے جانے والے اَعمال کے اندر کسی قسم کی کوتاہی واقع نہ ہو۔ اِسی لئے نبی کریم ﷺ نے ہر مسلمان پر بقدرِ ضرورت علم کا حاصل فرض قرار دیا ہے۔ ذیل میں اِسی مقصد کو پیشِ نظر رکھتے ہوئے رمضان المُبارک کے مسائل کو قدرے تفصیل کے ساتھ ذکر کیا جارہا ہے۔ بہت ہی اچھا ہوگا کہ رمضان کی آمد سے پہلے اِن مسائل کو اچھی طرح سمجھ کر پڑھ لیا جائے تاکہ رمضان المُبارک میں کسی قسم کی کوئی پریشانی کا سامنا نہ ہو۔

مسائلِ رمضان کو آسانی کیلئے گیارہ فصلوں میں تقسیم کرکے ذکر کیا گیا ہے:

## ﴿پہلی فصل: فرضیتِ صوم اور اُس کی اَقسام و شرائط﴾

اِس فصل میں مندرجہ ذیل اُمور کی تفصیل ذکر کی جائے گی:

(1) روزہ کا معنی اور اُس کا شرعی حکم۔ (2) روزہ کی اَقسام۔ (3) روزہ کی شرائط۔

### صوم کا لغوی اور اصطلاحی معنی:

لغت میں صوم ”اِمساک“ یعنی کسی بھی کام سے رُکنے کو کہا جاتا ہے۔

اصطلاحی اعتبار سے صوم کی تعریف یہ کی گئی ہے:

”هُوَ تَرْكُ الْأَكْلِ وَالشُّرْبِ وَالْجِمَاعِ مِنَ الصُّبْحِ إِلَى الْغُرُوبِ بِنِيَّةٍ مِّنْ أَهْلِه“۔

صبح صادق سے لیکر غروبِ آفتاب تک کھانے پینے اور جماع کو ترک کرنا جبکہ روزہ رکھنے کی نیت اور اہلیت بھی ہو، یہ روزہ کہلاتا ہے۔ (کنز الدقائق:219)

### روزہ کا شرعی حکم:

روزہ رکھنا فرض عین ہے، اللہ تعالیٰ کا اِرشاد ہے: ﴿يَاأَيُّهَا الَّذِينَ آمَنُوا كُتِبَ عَلَيْكُمُ الصِّيَامُ كَمَا كُتِبَ عَلَى الَّذِينَ مِنْ قَبْلِكُمْ لَعَلَّكُمْ تَتَّقُونَ﴾

ترجمہ: اے ایمان والو! تم پر روزے فرض کیے گئے ہیں جس طرح اُن لوگوں پر فرض کیے گئے تھے جو تم سے پہلے تھے تاکہ تم پرہیز گار ہو جاؤ۔ (ترجمہ لاہوری)

اس کی فرضیت کتاب اللہ، سنتِ رسول اللہ، اجماعِ امّت اور دلیلِ عقلی سب سے ثابت ہے، اِسی لئے بلا عذر اس کا ترک کرنے والا فاسق اور اِس کا سرے سے انکار کرنے یا مذاق اُڑانے والا کافر ہے، اِس لئے کہ قرآن مجید میں نصِّ قطعی سے اِس کا صراحۃً ثبوت ہے۔

## روزے کی اقسام:

فقہاء کرام نے روزے کی آٹھ قسمیں ذکر کی ہیں:

(1)...... فرض معیّن۔ جیسے: رمضان کے اداء روزے۔

(2)...... فرض غیر معیّن۔ جیسے: رمضان کے قضاء روزے۔

(3)...... واجب معیّن۔ جیسے: نذرِ معیّن کے روزے۔

(4)...... واجب غیر معیّن۔ جیسے: نذرِ غیر معیّن کے روزے۔

**فائدہ:** کفّارات (یعنی کفارہ ظِہار، کفارہ قتل، کفارہ صوم اور کفارہ یمین) کے روزے، نفل روزہ جبکہ شروع کر دیا جائے، کفارہ تمتع اور قِران کے دس روزے جبکہ قِران اور تمتع کرنے والے کے پاس قربانی کا کوئی انتظام نہ ہو، کفارہ حلق کے روزے جبکہ محرِم نے کسی عُذر کے ساتھ سر مُنڈایا ہو، یہ سب بھی واجبِ غیر معیّن میں ہی داخل ہیں۔

(5)...... مسنون روزے۔ جیسے: عَرفہ یعنی نو ذی الحجہ کا روزہ، عاشوراء یعنی دس محرم کا روزہ، ایّامِ بیض یعنی قمری مہینے کی تیرہ، چودہ اور پندرہ تاریخ کے روزے، یہ سب مسنون روزے کہلاتے ہیں، یعنی ان کا رکھنا سنت ہے۔

(6)...... مستحب روزے۔ فرض و واجب اور سنت روزوں کے علاوہ تمام روزے مستحب ہیں جبکہ کسی بھی وجہ سے اُن کی کراہت منقول نہ ہو۔ جیسے: پیر یا جمعرات یا جمعہ کا روزہ شوال کے چھ روزے، محرّم کے ابتدائی نو روزے، ذی الحجہ کے ابتدائی آٹھ روزے، شعبان کے مہینے کے روزے، صومِ داؤدی یعنی پانچ ممنوع ایّام کے علاوہ سال

بھر ایک ایک دن چھوڑ کر روزہ رکھنا، خواص کیلئے یوم الشک کا روزہ، گرمی کے دنوں کا طویل روزہ جبکہ دیگر عبادت کی ادائیگی میں کمزوری کی وجہ سے مُخِل نہ ہو۔

(7)......مکروہ تحریمی روزے۔ عید الفطر کے دن کا روزہ، عید الاضحیٰ کا روزہ، عید الاضحیٰ کے بعد کے تین دن کے روزے یعنی گیارہ، بارہ اور تیرہ ذی الحجہ کی تاریخوں میں روزہ رکھنا، تنہا ہفتہ کا روزہ رکھنا (یہود کے ساتھ مشابہت کی وجہ سے) اور تنہا اتوار کا روزہ (نصاریٰ کے ساتھ مُشابہت کی وجہ سے)، نیروز یا مہرجان کا روزہ (یہ دونوں اہلِ فارِس کے عید کے دن ہیں)، لیکن یہ اُس وقت مکروہ ہیں جبکہ مشابہت مقصود ہو، ورنہ اگر مشابہت کے اِرادے سے نہ ہو یا ساتھ میں اور بھی روزے ملا دیے جائیں یا یہ ایّام عادت کے دنوں میں یا فضیلت کے دنوں میں مثلاً عاشوراء یا عَرفہ کے دنوں میں آجائیں تو اِن میں روزہ رکھنا مکروہ بھی نہ ہوگا۔

(8)......مکروہِ تنزیہی۔ صرف ہفتہ یا اتوار کے دن روزہ رکھنا جبکہ کفار کی مشابہت مقصود نہ ہو اور عادت اور فضیلت کا دن بھی نہ ہو تو مکروہ تحریمی تو نہیں لیکن مکروہ تنزیہی ہوتا ہے۔ صرف عاشوراء کا روزہ رکھنا آگے پیچھے روزے کو ملائے بغیر، یہ بعض فقہاء نے مکروہ تنزیہی قرار دیا ہے، لیکن صحیح یہ ہے کہ یہ مکروہ تنزیہی نہیں۔ اِسی طرح صرف جمعہ کے دن روزہ رکھنا جبکہ اُس دن روزہ رکھنے کی عادت نہ ہو، نیز وہ کوئی فضیلت کا دن بھی نہ ہو، یہ بھی بعض فقہاء نے مکروہ تنزیہی قرار دیا ہے، لیکن اِس میں بھی صحیح یہ ہے کہ یہ مکروہ نہیں۔ (عُمدۃ الفقہ:3/181)(الدر المختار مع الرد:2/373)

## روزہ رکھنا کس پر فرض ہے:

رمضان المبارک کے روزے رکھنا ہر مسلمان مَرد و عورت پر فرض ہے، جبکہ وہ مجنون اور نابالغ نہ ہو۔ اور جب تک کوئی عُذر لاحق نہ ہو روزہ چھوڑنا درست نہیں ہوتا۔ اگر کوئی روزہ کی نذر کرلے تو نذر کرلینے سے بھی روزہ لازم ہو جاتا ہے۔

اِس کی مزید وَضاحت کیلئے روزہ کی شرائط کی مندرجہ ذیل تفصیل ملاحظہ فرمائیں:

## روزہ کی شرائط:

روزہ کی تین طرح کی شرائط ہیں:

(1) روزہ کے فرض ہونے کی شرائط۔ (2) روزہ کی ادائیگی لازم ہونے کی شرائط۔

(3) روزہ کی ادائیگی کے صحیح ہونے کی شرائط۔

## روزہ کی فرضیت کی شرائط:

روزہ کے فرض ہونے کی تین شرطیں ہیں:

① مسلمان ہونا، پس کافر پر روزہ رکھنا فرض نہیں۔

② عاقل ہونا، لہٰذا مجنون و پاگل پر روزہ فرض نہیں۔

③ بالغ ہونا، پس نابالغ پر روزہ فرض نہیں۔

## روزہ کی ادائیگی کے لازم ہونے کی شرائط:

اِس کی دو شرطیں ہیں: (1) صحت مند ہونا، پس بیمار پر روزہ فرض ہوتا ہے لیکن اُس کی ادائیگی فی الحال لازم نہیں ہوتی، بعد میں قضاء کرے اور اگر بیماری ایسی ہو کہ روزہ رکھنے

سے دائمی عاجز ہو چکا ہو تو فدیہ لازم ہوتا ہے۔(2) مقیم ہونا، پس مُسافر پر روزہ فرض تو ہوتا ہے لیکن اس کی ادائیگی فی الحال لازم نہیں ہوتی، بعد میں بھی قضاء کر سکتا ہے۔

### روزے کے صحیح ہونے کی شرائط:

روزہ کی ادائیگی کب صحیح ہوتی ہے، اِس کی دو شرطیں ہیں:

① نیت کا ہونا، پس بغیر نیت کے اگر کوئی دن بھر بھوک و پیاس کی حالت میں رہے تب بھی اُس کا روزہ نہیں ہوتا، اِس لئے کہ نیت ضروری ہے۔

② عورت کیلئے حیض و نفاس سے پاک ہونا، پس اگر کوئی عورت حیض و نفاس کی حالت میں روزہ رکھ لے یا روزے کے دوران حیض و نفاس کی حالت طاری ہو جائے تو روزہ نہیں ہوتا۔(عُمدۃ الفقہ)(ہندیہ:1/195)

## ﴿دوسری فصل: روزہ کن لوگوں پر رکھنا لازم نہیں﴾

اِس فصل میں اُن اَفراد کی تفصیل ذکر کی جائے گی جن پر روزہ رکھنا فی الحال یا بالکل لازم نہیں ہوتا، ایسے افراد دس ہیں جو مندرجہ ذیل ہیں:

❶ مُسافر۔ ❷ مَریض۔ ❸ کافر۔ ❹ نابالغ۔

❺ مجنون۔ ❻ دائمی عاجز۔ ❼ حائضہ۔ ❽ زچہ۔

❾ حاملہ۔ ❿ مُرضعہ یعنی دودھ پلانے والی عورت۔

پھر اِن دس افراد کے روزہ نہ رکھنے کی تفصیل میں کچھ فرق ہے جس کو آسانی کے ساتھ سمجھنے کیلئے ان اَفراد کو تین طبقات میں تقسیم کیا جا سکتا ہے:

① وہ لوگ جن پر فی الحال روزہ رکھنا تو لازم نہیں لیکن بعد میں قضاء کرنا لازم ہے۔

۲ وہ لوگ جن پر بعد میں بھی قضالازم نہیں،وہ فدیہ اداء کرتے ہیں۔

۳ وہ لوگ جن پر بعد میں قضاء بھی لازم نہیں اور وہ فدیہ بھی اداء نہیں کرتے۔

اب اِن مذکورہ تینوں طبقات کی تفصیل ذیل میں ملاحظہ فرمائیں:

**پہلا طبقہ:وہ لوگ جن پر بعد میں قضاءلازم ہے :**

اِس کی مثال جیسے مسافر، مریض، حاملہ، مُرضعہ (دودھ پلانے والی) اور حیض و نفاس والی عورت۔ یہ سب وہ اَفراد ہیں جن پر فی الحال روزہ رکھناتو لازم نہیں ہوتا، لیکن بعد میں قضاء کریں گے، اِن کیلئے اپنے روزوں کا فدیہ دینادرست نہیں۔ ایسے افراد کی مزید تفصیل مندرجہ ذیل ہے:

**مُسافر :**

(1)اِس سے مراد مسافرِ شرعی ہے یعنی جس کا سفر 48 میل(یعنی 77.24 کلو میٹر) یا اِس سے زیادہ کا ہو،اِس سے کم میں روزہ چھوڑنا جائز نہیں۔

(2) صبح صادق کے بعد اگر سفر کا ارادہ ہو تو روزہ رکھنا ضروری ہے، اِس لئے کہ روزہ شروع ہوتے ہوئے سفر کا عُذر نہیں ہے، پھر سفر شروع کرنے کے بعد مشقت کی وجہ سے اگر روزہ توڑدے تو قضاءلازم ہو گی، کفارہ نہ ہو گا۔(خیر الفتاویٰ:4/46)

(3)مُسافر کیلئے روزہ رکھنے نہ رکھنے کا اختیار ہے، لیکن اگر مشقّت کا سفر نہ ہو تو رکھنا افضل ہے، اِس لئے کہ اللہ تعالیٰ نے روزہ رکھنے کو بہتر قرار دیا ہے، ہاں اگر ذاتی طور پر

یا سفر کے ساتھیوں پر مشقّت کا خوف ہو تو نہ رکھنا افضل ہو گا، بلکہ اگر ہلاکتِ جان کا خطرہ ہو تو روزہ نہ رکھنا واجب ہے۔(الدر المختار مع الردّ:2/423)

(4)وطنِ اِقامت میں جہاں پندرہ دن سے کم قیام کا اِرادہ ہو تو جیسے نماز قصر کر کے پڑھی جاتی ہے اِسی طرح روزہ چھوڑنا بھی جائز ہو گا۔(عُمدۃ الفقہ:3/333)

## مَریض:

(1)مریض کیلئے شرعاً روزہ چھوڑنا جائز ہے، اور جب وہ صحت مند ہو جائے تو اُس کی قضاء کرلے، فدیہ لازم نہیں۔(القرآن)

(2)مَریض سے مراد یہ ہے کہ جان ضائع ہونے، یا عضو تلف ہو جانے، یا نئے مَرض کے پیدا ہونے، یا موجودہ مَرض کے بڑھ جانے، یا دیر میں صحیح ہونے کا خوف ہو، اِسی طرح اگر صحت مند شخص کو تجربہ سے یا کسی مسلمان ماہر طبیب کے بتلانے سے مرض کے پیدا ہو جانے کا غالب گمان ہو تب بھی روزہ چھوڑا جا سکتا ہے۔(رد المحتار:2/422)

(3)اگر کوئی مریض صحت مند ہو گیا ہو لیکن اُس کی جسمانی کمزوری ابھی باقی ہو جس کی وجہ سے دوبارہ بیمار ہو جانے کا اندیشہ ہو تو محض اِس وہم کی بنیاد پر روزہ نہیں چھوڑا جا سکتا۔(الجوھرۃ النیرۃ:1/142)

(4)مَرض کے فیصلہ کیلئے صرف وہم وخیال پر بھروسہ نہیں کیا جا سکتا بلکہ کسی علامت، یا تجربہ سے یا کسی دوسرے شخص کے تجربہ سے جس کو ایسا ہی مَرض لاحق ہو چکا ہو یا

کسی ایسے مسلمان ماہر طبیب کے فیصلے سے جو کہ کھلے طور پر فسق میں مبتلاء نہ ہو، روزہ چھوڑنا جائز ہو جاتا ہے۔(عُمدۃ الفقہ:3/329)

### حاملہ اور مُرضعہ:

(1)حاملہ عورت جس کے پیٹ میں بچہ ہو یا مُرضعہ یعنی دودھ پلانے والی عورت جس کو اپنی ذات یا بچے کے بارے میں نقصان یا ہلاکت کا اندیشہ ہو وہ بھی روزہ چھوڑ سکتی ہے، بعد میں قضاء لازم ہو گی۔(الدر المختار:2/422)

(2)دودھ پلانے والی عورت خواہ ماں ہو یعنی اپنے بچے کو دودھ پلا رہی ہو یا دائی ہو یعنی اُجرت لے کر دوسرے کے بچے کو دودھ پلا رہی ہو، بہر حال دونوں صورتوں میں اُس کیلئے روزہ چھوڑنا جائز ہے۔(رد المحتار:2/422)

### حائضہ وزچہ:

حیض و نفاس کی حالت میں عورت کیلئے روزہ رکھنا جائز نہیں اور اگر پہلے سے روزہ ہو تو وہ ٹوٹ جاتا ہے، لہٰذا بعد میں انہیں اپنے روزوں کی قضاء کرنی ہو گی۔ حیض و نفاس سے پاک ہونے کا مطلب یہ ہے کہ عورت ان دونوں حالتوں سے اُس وقت خالی ہو، ان دونوں ناپاکیوں سے غسل کرنا ضروری نہیں، پس اگر کوئی عورت صبح صادق سے پہلے پہلے حیض یا نفاس سے پاک ہو گئی تو اُس کا روزہ صحیح ہو جائے گا اگرچہ اُس نے ابھی تک حیض یا نفاس سے پاک ہونے کیلئے غسل نہ کیا ہو۔(عُمدۃ الفقہ:3/200)

**دوسرا طبقہ: وہ لوگ جن پر بعد میں بھی قضاء نہیں، بلکہ روزہ کا فِدیہ لازم ہے:**

اِس سے مراد وہ لوگ ہیں جو بڑھاپے وغیرہ کی وجہ سے روزہ رکھنے سے دائمی طور پر عاجز ہو گئے ہوں، یعنی مرنے تک بظاہر روزہ رکھنے پر قدرت کے حاصل ہونے کی امید نہ ہو، اور وہ مسلسل کمزوری کی طرف گرتے چلے جارہے ہوں۔ ایسے لوگوں کے بارے میں شریعت کا حکم یہ ہے کہ وہ فی الحال بھی روزہ نہ رکھیں اور آئندہ بھی اُن پر روزوں کی قضاء لازم نہیں، البتہ اُنہیں اپنے روزوں کا فدیہ اداء کرنا لازم ہو گا، جو فی روزہ ایک صدقہ فطر کی مقدار کے برابر بنتا ہے۔(مجمع الأنھر:1/250)(احسن الفتاویٰ:4/430)

**فِدیہ کے مسائل:**

فِدیہ کے بارے میں مندرجہ ذیل سات اہم باتیں قابلِ وضاحت ہیں:

(1) فِدیہ صرف اُس شخص پر ہے جو دائمی طور پر روزہ رکھنے سے عاجز ہو اور بظاہر موت تک قادر ہونے کی اب کوئی امید نہ رہی ہو، وقتی طور پر ہونے والے بیمار یا عارضی طور پر ہونے والے عاجز پر فِدیہ نہیں، روزہ کی قضاء لازم ہے۔(شامیہ:3/478)

(2) جو گرمی کے طویل ایام میں روزہ رکھنے پر قادر نہ ہو اور سردی کے مختصر ایام میں روزہ رکھ سکتا ہو اُسے روزہ رکھنا چاہیئے، فِدیہ دینا درست نہیں۔(خیر الفتاویٰ:4/57)

(3) فِدیہ دینے کے بعد اگر روزہ رکھنے پر قوت حاصل ہو گئی تو روزہ کی قضاء لازم ہو گی اور وہ فدیہ کالعدم ہو جائے گا۔(شامیہ:3/478)(عالمگیری:1/207)

(4)رمضان المبارک شروع ہونے سے قبل فِدیہ دینادرست نہیں، ہاں !شروع ہونے کے بعد آئندہ ایام کا فِدیہ ایک ساتھ دے سکتے ہیں ۔(احسن الفتاویٰ:4/435)

(5)فِدیہ کی مقدار صدقہ فطر کے برابر ہے،یعنی پونے دوسیر گندم یااُس کی قیمت میں سے کچھ بھی دیاجاسکتاہے۔(فتاویٰ عثمانی:2/180)

(6)فِدیہ کی رقم کا مَصرف وہی ہے جوزکوۃ کامصرف ہے۔(فتاویٰ عثمانی:2/191)

(7)جوتنگ دستی کی وجہ سے فِدیہ اداء کرنے پر بھی قادر نہ ہو تو اُسے چاہیئے کہ توبہ و استغفار کرتارہے اور اِس بات کا ارادہ رکھے کہ جب کبھی اللہ تعالیٰ وسعت دیں گے تو فدیہ اداء کردوں گا۔(شامیہ:2/427)

## تیسرا طبقہ:وہ لوگ جن پر فی الحال رکھنا،قضاء کرنایافدیہ دیناکچھ لازم نہیں :

اِس سے مراد نابالغ، کافراور مجنون ہیں اور یہ وہ افراد ہیں جن کو شریعت نے مکلّف ہی نہیں کیا جیسے نابالغ اور مجنون، یامکلّف توبنایاہے لیکن وہ اعمال سے پہلے ایمان لانے کے پابند ہیں، کیونکہ بغیر ایمان کے کوئی عمل مقبول نہیں ہوتا، جیسے کافر۔

## نابالغ اور کافر:

نابالغ اور کافرپر فوت شدہ روزوں کی قضاء لازم نہیں، پس نابالغی کی حالت میں فوت شدہ روزوں کو بالغ ہونے کے بعد یا کفر کی حالت میں چھوٹے ہوئے روزوں کو اِسلام لانے کے بعد قضاء کرنایافدیہ اداء کرنالازم نہیں ہوتا۔

## مجنون:

جنون کی دوصورتیں ہیں:

(1)پورے رمضان جنون رہاہو۔ (2)درمیان میں اِفاقہ ہو گیاہو۔

**پہلی صورت**: پورے رمضان جنون طاری رہاہو تو اُس کی قضاء لازم نہیں، خواہ جنون اصلی ہو یاعارِض، یعنی بلوغت سے پہلے کا جنون ہو یابالغ ہونے کے بعد طاری ہو اہو۔

**دوسری صورت**: لیکن اگر پورے رمضان جنون نہ رہاہو بلکہ درمیان میں اِفاقہ ہو گیاہو تو دیکھا جائے گا کہ جنون اصلی ہے یاعارِض، اگر عارِض ہو یعنی بلوغت کے بعد جنون طاری ہوا تھاتو فوت شدہ روزوں کی قضاء لازم ہو گی، اوراگر جنون اصلی ہو یعنی بلوغت سے پہلے کا جنون ہو اور اب پہلی مرتبہ رمضان کے اندر اِفاقہ ہوا ہے تو یہ بالغ ہونے کے حکم میں ہو گا یعنی فوت شدہ روزوں کی قضاء لازم نہ ہو گی۔(عُمدۃ الفقہ:3/350)

## ﴿تیسری فصل:روزے کی نیت کے مسائل﴾

اس فصل میں روزے کی نیت سے متعلّق چھ باتوں کی تفصیل ذکر کی جائے گی:

❶روزہ بغیر نیت کے نہیں ہوتا۔

❷روزہ کی نیت کیسے کی جائے۔

❸نیت کا یقینی ہوناضروری ہے۔

❹نیت کب کرنا بہتر ہے۔

❺نیت کب تک کی جاسکتی ہے۔

❻ صبح صادق سے پہلے کھانا پینا یا نیت کو تبدیل کر دینادرست ہے۔

اب اِن مذکورہ چھ باتوں کی تفصیل ملاحظہ فرمائیں:

### ① پہلی بات: روزہ بغیر نیت کے نہیں ہوتا:

کھانے، پینے اور جنسی خواہش کی تکمیل سے رُکنے کو روزہ کہتے ہیں، لیکن اِس کیلئے نیت شرط ہے، بغیر نیت کے بھوکا پیاسا دن گزار دینے سے روزہ نہ ہوگا، اِس لئے کہ روزہ کے صحیح ہونے کیلئے نیت کا ہونا ضروری ہے۔(ہندیہ:1/195)(ردّالمحتار:2/403)

### ② دوسری بات: نیت کیسے کی جائے:

نیت دل کے ارادے کا نام ہے، پس دل سے روزہ رکھنے کا ارادہ کرلینا بھی کافی ہے، اگرچہ زبان سے نیت کے الفاظ اداء کرلینا زیادہ بہتر ہے۔ سحری خود نیت کے قائم مقام ہے، بشرطیکہ روزہ نہ رکھنے کی نیت کے ساتھ سحری نہ کی گئی ہو۔ رمضان کے اداء روزے میں مطلقاً نیت کرنا ہی کافی ہوتا ہے، حتیٰ کہ رمضان المبارک میں نفلی روزہ یا قضاء روزہ کی نیت سے بھی رمضان کا اداء روزہ ہی ہوتا ہے۔ البتہ غیر رمضان میں نیت کو متعیّن کرنا چاہیئے۔(ہندیہ:1/195)(تسہیل بہشتی زیور:1/424،425)

### ③ تیسری بات: نیت کا یقینی یعنی شک اور تردّد سے محفوظ ہونا ضروری ہے:

یعنی روزہ کی نیت میں تردّد اور شک نہیں ہونا چاہیئے، پس اگر روزہ رکھنے میں شک ہو یا رکھنے اور نہ رکھنے میں تردّد کے ساتھ نیت کی جائے، مثلاً کوئی اِس طرح نیت کرے کہ

"اگر فلاں شخص کی دَعوت ہوگی تو میرا روزہ نہیں ہے اور اگر اُس نے دَعوت نہ کی تو میرا روزہ ہے"

اِس طرح روزہ رکھنا درست نہ ہوگا، کیونکہ اس سے نیت مکمل نہیں ہوتی، اور جب نیت ہی مکمل نہ ہو تو روزہ نہیں ہوتا۔(ہندیہ:1/195)

### ④چوتھی بات: روزہ کی نیت کب کرنا بہتر ہے:

بہتر یہ ہے کہ رات ہی کو روزہ رکھنے کی نیت کرلیں یا کم از کم صبح صادق سے پہلے پہلے نیت کرلی جائے۔(ہندیہ:1/196)

### ⑤پانچویں بات: روزہ کی نیت کب تک کی جاسکتی ہے:

رمضان المبارک کے اداء روزوں، نذرِ معیّن کے روزوں اور نفلی روزوں میں نصفِ نہار شرعی یعنی زوال سے تقریباً ڈیڑھ گھنٹہ پہلے تک نیت کی جاسکتی ہے، البتہ رمضان کے قضا روزوں اور نذرِ غیر معیّن کی نیت صبح صادق سے پہلے پہلے ہی ہوسکتی ہے، اس کے بعد روزے کی نیت کرنا درست نہیں ہے۔(ہندیہ:1/195)(الدر المختار:2/377)

### ⑥چھٹی بات: صبح صادق سے پہلے کھانا پینا یا نیت کو تبدیل کرلینا درست ہے:

صبح صادق سے پہلے نیت کرکے بھی کچھ کھایا پیا جاسکتا ہے، اس میں کوئی حرج نہیں، محض نیت کرلینے سے روزہ شروع نہیں ہوجاتا، اِسی طرح صبح صادق سے پہلے نیت کو تبدیل کردینا یا روزہ کی نیت ہی کو ختم کردینا بھی صحیح ہے، البتہ صبح صادق کے بعد روزہ کی نیت میں تبدیلی یا اُسے ختم کردینا درست نہ ہوگا۔(ہندیہ:1/195)

## ﴿چوتھی فصل: سحری کے مسائل﴾

سحری سے متعلّق مندرجہ ذیل پانچ باتوں کی تفصیل ذکر کی جائے گی:

❶ سحری کھانے کا حکم اور اُس کی تاکید۔ ❷ سحری کھانے کا وقت۔

❸ سحری میں کیا کھانا چاہیئے۔ ❹ حالتِ جنابت میں سحری کھانا۔

❺ سحری کے بارے میں پائی جانے والی چند عمومی کوتاہیاں۔

## ① پہلی بات: سحری کھانے کا حکم اور اُس کی تاکید:

سحری کھانا مسنون ہے، احادیثِ طیّبہ میں آپ ﷺ نے اِس کی صرف ترغیب ہی نہیں دی بلکہ تاکید بھی فرمائی ہے، چند روایات ملاحظہ ہوں:

نبی کریم ﷺ کا اِرشاد ہے: "تَسَحَّرُوا فَإِنَّ فِي السَّحُورِ بَرَكَةً"

سحری کھایا کرو، کیونکہ سحری کھانے میں برکت ہے۔(بخاری:1923)

ایک اور روایت میں ہے، آپ ﷺ نے اِرشاد فرمایا: "إِنَّ السَّحُورَ بَرَكَةٌ أَعْطَاكُمُوهَا اللهُ فَلَا تَدَعُوْهَا" بے شک سحری ایک بابرکت کھانا ہے جو اللہ تعالیٰ نے تمہیں عطاء کیا ہے (اہلِ کتاب کو یہ نعمت حاصل نہیں) پس تم اسے ترک مت کیا کرو۔(مسند احمد:23142)

ایک روایت میں ہے، آپ ﷺ نے اِرشاد فرمایا:

"عَلَيْكُمْ بِغَدَاءِ السُّحُورِ" سحری کھانے کا ضرور اہتمام کیا کرو۔(نسائی:2164)

ایک اور روایت میں ہے، نبی کریم ﷺ اِرشاد فرماتے ہیں:

"السَّحُورُ أَكْلُهُ بَرَكَةٌ، فَلَا تَدَعُوهُ، وَلَوْ أَنْ يَجْرَعَ أَحَدُكُمْ جُرْعَةً مِنْ مَاءٍ"

سحری کھانا برکت کا باعث ہے لہٰذا اسے مت چھوڑا کرو اگرچہ پانی کا ایک گھونٹ ہی پی لو (لیکن ضرور پیو)۔(مسند احمد:11086)

## ② دوسری بات: سحری کھانے کا وقت:

سحری کھانے کا وقت صبح صادق کے طلوع ہونے تک ہے، صبح صادق طلوع ہوتے ہی سحری کا وقت ختم ہو جاتا ہے۔ آدھی رات کے بعد جس وقت بھی کھائیں سحری کی

سنت اداء ہو جائے گی، لیکن بالکل رات کے آخری حصے میں سحری کرنا افضل ہے، البتہ سحری کھانے میں اِتنی زیادہ تاخیر بھی نہیں کرنی چاہیئے کہ وقت کے نکل جانے ہی میں شک واقع ہو جائے۔(ہندیہ:1/200)

خلاصہ یہ ہے کہ سحری کے وقت کی تین صورتیں ہیں:

(1) جائز وقت: صبح صادق تک، خواہ سونے کے بعد یا سونے سے پہلے۔

(2) وقتِ مستحب: رات کا آخری سدس یعنی بالکل آخر میں۔

(3) مکروہ وقت: اتنا زیادہ تاخیر کرکے سحری کھانا کہ جس سے وقت کے نکل جانے میں شک پیدا ہو جائے۔(عالمگیری:1/200)

## ③ تیسری بات: سحری میں کیا کھانا چاہیئے:

سحری میں حسبِ منشاء جو بھی آسانی کے ساتھ میسر آجائے کھایا جاسکتا ہے، البتہ اُس کے ساتھ اگر کچھ کھجوریں بھی کھالی جائیں تو زیادہ بہتر ہے، کیونکہ نبی کریم ﷺ نے اسے پسند فرمایا ہے اور اسے بہترین سحری قرار دیا ہے۔(ابوداؤد:2345)

نیز سحری کا مقصد چونکہ روزے پر قوّت حاصل کرنا ہے، جیسا کہ روایات میں اس کی صراحت کی گئی ہے، اِس لئے طاقتور غذاء کا اہتمام بہتر ہے تاکہ یہ مقصد اچھی طرح حاصل ہو، اور کھجور اِس مقصد کو پورا کرنے میں بہترین مُعاون ثابت ہوتی ہے۔

تاہم اِتنا زیادہ کھالینا کہ بدہضمی اور طبیعت میں سستی پیدا ہو جائے یہ بھی کوئی مُناسب نہیں، اعتدال کے ساتھ کھانا چاہیئے تاکہ طبیعت میں نشاط اور چستی رہے اور عبادت میں قوّت بھی حاصل ہو۔

**④چوتھی بات:حالتِ جنابت میں سحری کھانا:**

حالتِ جنابت میں سحری کھالینا اور روزہ رکھ لینا جائز ہے،اِس حالت میں روزہ شروع ہوجاتا ہے، روزہ میں کوئی فرق نہیں پڑتا،اس لئے کہ نبی کریم ﷺ سے بھی روزہ شروع ہوجانے بعد جنابت کا غسل کرنا ثابت ہے۔(بخاری:1925)

تاہم جتنی جلدی ممکن ہو انسان کو پاکی حاصل کرنے کا اہتمام کرناچاہیے۔

**⑤پانچویں بات:سحری کی چند کوتاہیاں اوران کی اِصلاح:**

(1)**سحری نہ کرنا:** بعض لوگ سحری کرتے ہی نہیں، یہ صحیح نہیں،کچھ نہ کچھ کھالینا چاہیئے،اگرچہ ایک کھجور یاپانی کاایک گھونٹ ہی کیوں نہ ہو۔

(2)**رات ہی کو سحری کرلینا:** بعض لوگ رات ہی کو سحری کی نیت سے کھانا کھاکر سوجاتے ہیں جو اگرچہ جائزہے لیکن پسندیدہ نہیں اس لیے کہ نبی کریم ﷺ نے سحری دیر سے کھانے کو خیر کاباعث قرار دیاہے۔

(3)**سحری کا بہت زیادہ تاخیر سے کرنا:** بعض لوگ سحری اتنی تاخیر سے کرتے ہیں کہ وقت ہی نکل جاتا ہے یا اُس میں شک پیدا ہوجاتا ہے ،یہ درست نہیں،کیونکہ سحری میں تاخیر افضل توہے لیکن اس قدر زیادہ تاخیر کردینا کہ وقت کے نکل جانے میں ہی شک واقع ہوجائے،یہ مکروہ ہے،لہٰذااس سے احتراز کرناچاہیئے۔

(4)**وقت نکل جانے کے بعد سحری کرنا:** بعض لوگ اذان یاسائرن بجنے کے انتظار میں کھاتے رہتے ہیں،یہ درست نہیں،کیونکہ اذان تووقت کے ختم ہونے کے بعد ہی ہوتی

ہے، اور وقت کے بعد تک کھاتے پیتے رہنے سے روزہ نہیں ہوتا، اِس لئے کسی مستند جنتری کو دیکھتے ہوئے ایک دو منٹ پہلے ہی کھانا پینا بند کر دینا چاہیئے۔

(6)**سحری کو لازم سمجھنا:** بعض لوگ سحری میں آنکھ نہ کھلنے کی صورت میں روزہ ہی ترک کر دیتے ہیں، اور وہ یہ سمجھتے ہیں کہ سحری نہ کھانے سے روزہ ہی نہیں ہوتا، یہ بات درست نہیں، کیونکہ سحری کھانا روزہ کیلئے شرط نہیں، اگر کوئی نہ بھی کھاسکے تب بھی روزہ رکھنا بہر حال ضروری ہے۔

## ﴿پانچویں فصل: روزے کے جائز، مکروہ اور مستحب کام﴾

اِس فصل میں روزے سے متعلّق درج ذیل تین باتوں کی تفصیل بیان کی جائے گی:

❶ روزے کے جائز اُمور۔ ❷ روزے کے مکروہات۔ ❸ روزے کے مستحبات۔

### ① پہلی بات: روزے کے جائز اُمور:

یعنی وہ اَفعال جو روزے میں کیے جاسکتے ہیں، ان سے روزہ نہیں ٹوٹتا اور وہ یہ ہیں:

(1) سرمہ یا کاجَل لگانا۔ (2) خوشبو لگانا۔ (3) خوشبو سونگھنا۔ (4) تیل لگانا، خواہ سر پر ہو یا جسم پر۔ (5) مسواک کرنا، خواہ تَر ہو یا خشک، نیز صبح ہو یا شام کو، سب جائز ہے، البتہ ٹوتھ پیسٹ درست نہیں۔ (6) ناخن تَراشنا۔ (7) بال کاٹنا، خواہ سر کے ہوں یا بغل اور زیرِ ناف وغیرہ کے۔ (8) منہ کا لعاب نگل لینا، البتہ قصداً منہ میں جمع کر کے نہیں نگلنا چاہیئے۔ (9) غسل کرنا، خواہ جنابت کا ہو یا ٹھنڈک حاصل کرنے کیلئے، جائز

ہے ، البتہ روزے کی حالت میں غسل کے دوران کلی کرتے ہوئے غرارہ اور ناک میں زیادہ اوپر تک پانی نہیں ڈالنا چاہیئے۔(10) ٹیکہ لگوانا، خواہ وَرِیدی یعنی نَس میں لگانے والا ہو یا گوشت میں، البتہ طاقت کا ٹیکہ نہیں لگوانا چاہیئے۔(11)ضرورت ہو تو روزہ کی حالت میں ڈرپ بھی لگوائی جاسکتی ہے۔(12) آنکھ میں دوائی ڈالنا، البتہ ناک یا کان میں دوائی نہیں ڈالنی چاہیئے۔(13)روزہ کی حالت میں بوسہ لینا جائز ہے بشرطیکہ جماع یا اِنزال کا اندیشہ نہ ہو ورنہ مکروہ ہوگا۔(14)جنابت کی حالت میں روزہ شروع کرنے یا روزے کی حالت میں احتلام ہوجانے میں کوئی حرج نہیں،روزہ پر اِس سے کوئی اثر نہیں پڑتا۔(15) بھول کر کھا پی لینا یا ہمبستری کرلینا اگرچہ ایک ہی روزہ میں کئی مرتبہ ہو تب بھی روزہ نہیں ٹوٹتا۔(16)روزہ کی حالت میں حلق کے اندر مکھی چلی گئی یا دھواں ازخود چلا جائے یا گردوغبار چلا جائے تو روزہ نہیں روزہ نہیں ٹوٹتا، البتہ قصداً ایسا کرنے سے روزہ ٹوٹ جاتا ہے۔(17)پان کھاکر اچھی طرح غرغرہ کے ساتھ کلی کرکے منہ صاف کرلیا ہو لیکن تھوک کی سرخی نہیں گئی ہو تو اُس میں کوئی حرج نہیں، اُس سے روزہ نہیں ٹوٹتا۔(18)روزہ میں خودبخود قے ہوجائے تو روزہ نہیں ٹوٹتا، خواہ تھوڑی ہو یا زیادہ، اِسی طرح اگر اپنے اختیار سے اتنی تھوڑی قے کی جائے کہ اُس سے منہ نہ بھرے تب بھی روزہ نہیں ٹوٹتا۔ہاں! اپنے اختیار سے ہو اور منہ بھر کر ہو تو روزہ ٹوٹ جائے گا۔(19)روزہ کی حالت میں احتلام ہوجانا، اِس سے بھی روزہ نہیں ٹوٹتا۔

(20) میاں بیوی کا ساتھ لیٹنا، ایک دوسرے کو ہاتھ لگانا، بشرطیکہ ہم بستری میں مبتلا ہونے کا اندیشہ نہ ہو تو جائز ہے، اِس سے روزہ نہیں ٹوٹتا۔(21) کسی عورت کو دیکھنے سے یا دل میں صرف کسی بات کا خیال لانے سے اِنزال ہو جائے تو روزہ نہیں ٹوٹتا، لیکن ایسا کرنا گناہ ہے۔(22) رات کو لازم ہونے والے غسل کو دن میں کرنا یا دن بھر بغیر غسل کے گزار دینا اِس سے روزہ نہیں ٹوٹتا، لیکن اِیسا کرنا گناہ ہے۔(تلخیص بہشتی زیور)

**② دوسری بات: روزے کے مکروہات:**

یعنی وہ اَفعال جو روزے کی حالت میں کرنے سے روزہ تو نہیں ٹوٹتا لیکن ان کا کرنا مکروہ ہے یعنی اجر و ثواب میں کمی آتی ہے، لہٰذا اِن سے بچنا چاہیئے، اور وہ یہ ہیں:

(1) بغیر عُذر کسی چیز کو چکھنا یا چبانا۔ ہاں! اگر عُذر ہو تو چبا سکتے ہیں، مثلاً: کسی عورت کا شوہر بد مزاج ہو اور وہ اُس کے ڈر سے کھانا پکاتے ہوئے نمک وغیرہ چکھے یا بچے کو کھلانے کیلئے کوئی چیز چبا کر نرم کی جائے جبکہ اس کا متبادل کوئی انتظام نہ ہو تو یہ مکروہ نہیں ہے۔(2) ٹوتھ پیسٹ یا منجن کا استعمال، کیونکہ اِن سے منہ میں ذائقہ آتا ہے۔ (3) دنداسہ استعمال کرنا۔(4) روزے کی حالت میں جھوٹ، غیبت اور دیگر گناہوں کا ارتکاب کرنا۔(5) اِنزال یا جماع کا اندیشہ ہوتے ہوئے بیوی سے بوس و کنار کرنا۔ (6) مباشرتِ فاحشہ یعنی مَرد و عورت کا بدَن کے خاص حصے کو برہنہ ملانا۔(7) قُبلہ فاحشہ یعنی مصِّ شفتین کے ساتھ بوس و کنار کرنا۔(8) میاں بیوی کا ساتھ لیٹنا، ہاتھ

لگانا، پیار کرنا، جبکہ ہم بستری میں مبتلاء ہونے کا اندیشہ ہو تو مکروہ ہے۔(9)ایسا کوئی محنت و مشقت والاکام کرنا جس سے بہت زیادہ ضعف اور کمزوری لاحق ہو جائے اور روزہ توڑ دیے جانے کا اندیشہ ہو۔(10)قصداً منہ میں لعاب جمع کر کے نگلنا۔(11) بار بار منہ میں پانی روک کر رکھنا۔(12)روزے کی حالت میں خون دینا، جبکہ اس کی وجہ سے اس قدر ضعف اور کمزوری لاحق ہو جانے کا اندیشہ ہو کہ روزہ توڑ دینے کی نوبت آجائے۔(13)صومِ وصال یعنی مسلسل اس طرح روزے رکھنا کہ درمیان میں افطار بھی نہ کی جائے۔ (14)صومِ صَمت یعنی خاموش رہنے کا روزہ رکھنا۔(15)شوہر کی اجازت کے بغیر نفلی روزہ رکھنا، ہاں! اگر شوہر بیمار، روزہ دار یا اِحرام کی حالت میں ہو تو مکروہ نہیں۔ (16)مسافر کیلئے روزہ رکھنا جبکہ اُس کو بہت زیادہ مشقت کا سامنا ہو۔(17)نیر وز اور مہر جان جو کہ فارسیوں کے عید کے دن ہیں،اُس میں قصداً روزہ رکھنا۔(تلخیص بہشتی زیور)

### ③ تیسری بات: روزے کے مستحبات:

یعنی وہ اَفعال جن کو روزے کی حالت میں کرنا مستحب اور پسند کیا گیا ہے،اوران کے کرنے میں اجر و ثواب رکھا گیا ہے،اور وہ اَفعال یہ ہیں:

(1) سحری کھانا اگرچہ پانی کا ایک گھونٹ ہی کیوں نہ ہو۔(2)سحری کا دیر سے کھانا، لیکن اِس قدر تاخیر نہ ہو کہ وقت ہی ختم ہو جائے یا روزہ میں شک پیدا ہو جائے۔

(3) صبح صادق سے پہلے پہلے روزہ کی نیت کرلینا۔(4) روزہ کی نیت زبان سے کرنا۔ (5) روزہ اِفطار کرنے میں جلدی کرنا، جبکہ سورج غروب ہو جانے کا یقین ہو جائے اور کوئی شبہ باقی نہ رہے۔(6) چھوارے یا کھجور سے اِفطار کرنا۔(7) چھواروں یا کھجوروں کا طاق عدد (یعنی ایک، تین یا پانچ عدد) میں ہونا۔(8) اگر چھوارے یا کھجور نہ ہو تو کسی بھی میٹھی چیز سے اِفطار کرنا۔(9) اگر کوئی میٹھی چیز بھی دستیاب نہ ہو تو پانی سے اِفطار کرنا۔(10) اِفطار کے وقت یہ دعاء پڑھنا: "**اَللّٰهُمَّ لَكَ صُمْتُ، وَعَلٰى رِزْقِكَ أَفْطَرْتُ**" یعنی اے اللہ! تیرے لئے ہی میں نے روزہ رکھا اور تیرے ہی دیے ہوئے رزق سے میں نے اِفطار کیا۔اِسی طرح یہ دُعاء بھی پڑھنا مستحب ہے: "**اَللّٰهُمَّ إِنِّي أَسْأَلُكَ بِرَحْمَتِكَ الَّتِي وَسِعَتْ كُلَّ شَيْءٍ اَن تَغْفِرَلِي**"، یعنی اے اللہ! میں تیری اُس رحمت کے صدقہ مانگتا ہوں جو ہر چیز پر وسعت رکھتی ہے، یہ کہ تو میری مغفرت کردے۔یا یہ دُعاء پڑھنا: "**يَاوَاسِعَ الْفَضْلِ اِغْفِرْلِيْ**" اے وسیع فضل کرنے والے اللہ! میری مغفرت فرمادے۔(11) اِفطار کے بعد یہ دُعاء پڑھنا: "**ذَهَبَ الظَّمَأُ وَابْتَلَّتِ الْعُرُوقُ، وَثَبَتَ الْأَجْرُ إِنْ شَاءَ اللّٰهُ**"۔پیاس ختم ہوگئی، رگیں تر ہوگئیں اور اِن شاء اللہ روزے کا اجر ثابت ہوگیا۔(12) کسی کو اِفطار کرانا، اور اس کیلئے پیٹ بھر کر کھلانا بھی ضروری نہیں، صرف ایک کھجور دیدینا، پانی یا شربت کا ایک گھونٹ پلادینا بھی کافی ہے، حدیث کے مطابق یہ گناہوں کی بخشش اور جہنم کی آگ

سے نجات کا ذریعہ بن جاتا ہے، نیز روزہ دار کے روزے کا ثواب بھی(روزہ دار کے ثواب میں کسی قسم کی کمی کے بغیر)اِفطار کرانے والے کو ملتا ہے اور اگر کوئی پیٹ بھر کر ہی کھلا دے تو اُسے قیامت کے دن حوضِ کوثر سے ایسا جام پلایا جائے گا جس کے بعد اُسے کوئی پیاس نہ لگے گی۔(13)اپنے اعضاء وجَوارح کو تمام مکروہات، مُنکرات اور لغویات سے بچانا۔ (14)مسواک کرنا۔(15)عبادت اور صدقہ وخیرات کی کثرت کرنا۔(تَلخیص از عُمدۃ الفقہ)

## ﴿چھٹی فصل: مُفسداتِ صوم اور کفارہ کی تفصیل﴾

اِس فصل میں روزہ کو فاسد کرنے والی چیزیں اور قضاء یا کفارہ کے لازم ہونے یا نہ ہونے سے متعلّق مندرجہ ذیل اُمور کی تفصیل ذکر کی جائے گی۔

① روزے کو فاسد کرنے والی چیزیں۔ ② صرف قضاء یا قضاء اور کفّارہ دونوں لازم کرنے والے اَفعال۔ ③ روزے کا کفّارہ اور اُس کے لازم ہونے کی شرائط۔

### روزے کو فاسد کرنے والی چیزیں:

روزے کو فاسد کرنے والی چیزیں دو طرح کی ہیں:

(1) جن سے صرف قضاء کرنا لازم ہوتا ہے۔

(2) جن کی وجہ سے قضاء و کفارہ دونوں لازم ہوتے ہیں۔

### صرف قضاء لازم کرنے والے امور:

(1) منہ میں کھانے کی کوئی چیز رکھ کر سو گیا اور صبح ہو جانے کے بعد آنکھ کھلی تو روزہ نہیں ہوا لیکن صرف قضاء لازم ہے۔(2) لوبان وغیرہ کی کوئی دھونی پاس رکھ کر سونگھنے سے روزہ ٹوٹ جاتا ہے، اور صرف قضاء لازم ہوتی ہے۔(3) کلی کرتے ہوئے حلق میں پانی چلا گیا جبکہ روزہ یاد تھا تو روزہ ٹوٹ گیا اور صرف قضاء لازم ہے۔(4) روزہ کی حالت میں کنکری یا لوہے کا ٹکڑا یا کوئی ایسی چیز کھالی جو خوراک یا دوائی کے طور پر نہیں کھائی جاتی تو روزہ ٹوٹ جاتا ہے اور صرف قضاء لازم ہوتی ہے۔(5) منہ سے خون نکلا اور اُس کو تھوک کے ساتھ نگل لیا تو روزہ ٹوٹ گیا اور صرف قضاء لازم ہے، البتہ اگر خون تھوک سے کم ہو اور خون کا مزہ حلق میں محسوس نہ ہو تو روزہ نہیں ٹوٹتا۔ (6) بھولے سے کچھ کھایا یا قے آگئی اور اُس نے یہ سوچ کر کہ اب تو روزہ تو ٹوٹ ہی گیا ہے (حالانکہ اِس سے روزہ نہیں ٹوٹتا) قصداً کھالیا تو اب اس کا روزہ ٹوٹ گیا اور صرف قضاء لازم ہے۔(7) لپٹنے، چھونے، بوسہ لینے یا مُشت زنی سے اِنزال ہو جائے تو روزہ ٹوٹ جاتا ہے اور صرف قضاء لازم ہوتی ہے۔(8) عورت کا پیشاب کی جگہ پر کوئی دوائی رکھنا یا تیل وغیرہ ڈالنا درست نہیں، اِس سے روزہ ٹوٹ جاتا ہے اور صرف قضاء لازم ہوتی ہے۔(9) کسی ضرورت سے خود عورت نے یا دائی یا ڈاکٹر وغیرہ نے شرمگاہ میں انگلی ڈالی پھر ساری یا تھوڑی سی انگلی نکالنے کے بعد دوبارہ ڈال دی تو روزہ ٹوٹ جائے گا

اور صرف قضاء لازم ہو گی اور اگر دوبارہ نہیں ڈالی تو روزہ نہیں ٹوٹے گا، البتہ پہلی مرتبہ میں ہی پانی یا دوائی وغیرہ میں تر کی ہوئی انگلی ڈالی ہو تو صرف داخل کرنے سے روزہ ٹوٹ جائے گا۔

## قضاء و کفارہ دونوں کب لازم ہوتے ہیں:

(1) اگر ایسی کوئی چیز کھائی یا پی جائے جو دواء یا غذا کے طور پر استعمال ہوتی ہو یعنی اس کے استعمال سے کسی قسم کا جسمانی نفع یا لذّت حاصل ہوتی ہو، نیز اُس کے استعمال سے سلیم الطبع انسان کی طبیعت نفرت نہ کرتی ہو اگرچہ وہ بہت قلیل ہو، حتی کہ ایک تل کے برابر بھی ہو تو اس سے روزہ ٹوٹ جاتا ہے اور قضاو کفارہ دونوں واجب ہوتے ہیں۔
(2) جماع کرنے سے روزہ ٹوٹ جاتا ہے، اور قضاو کفارہ دونوں لازم ہوتے ہیں۔ جماع میں عُضوِ مخصوص (خاص حصے) کے سر کا داخل ہو جانا کفارہ لازم ہونے کیلئے کافی ہے، انزال ہو جانا شرط نہیں۔ (3) سگریٹ، پان، حقہ اور نسوار وغیرہ کے نشہ سے بھی روزہ ٹوٹ جاتا ہے، اور قضاو کفارہ دونوں لازم ہوتے ہیں۔ (4) سرمہ یا تیل لگانے یا خون نکلوانے کے بعد یہ سمجھ کر کہ روزہ ٹوٹ گیا اور پھر قصداً کھا پی لیا تو اس سے بھی قضاو کفارہ دونوں لازم ہو جاتے ہیں۔ ہاں اگر بھولے سے کھا پی لیا ہو اور پھر اِس خیال سے کہ روزہ ٹوٹ گیا ہے، جان بوجھ کر کھا پی لیا تو اس سے روزہ ٹوٹ جائے گا اور صرف قضا لازم ہو گی، کفارہ لازم نہ ہو گا۔ لیکن مسئلہ جانتے ہوئے یہ کام کیا گیا ہو تو جماع کی صورت میں کفارہ لازم ہو گا اور کھانے یا پینے کی صورت میں اس وقت بھی صرف قضا ہی لازم ہو گی۔

## روزہ کا کفارہ اور اس کی چند وضاحتیں:

(1) روزے کا کفارہ یہ ہے کہ دو ماہ کے لگاتار روزے رکھے، اگر اِس کی طاقت نہ ہو تو ساٹھ مسکینوں کو دو وقت کا کھانا کھلائے یا ہر مسکین کو صدقہ فطر کی مقدار کے برابر غلہ یا اس کی قیمت دے۔ (2) کفارہ صرف رمضان کا روزہ توڑنے پر لازم آتا ہے، نفل یا قضا روزہ توڑنے کا کوئی کفارہ نہیں ہوتا، البتہ قضاء لازم ہوتی ہے۔ (3) اگر میاں بیوی نے روزہ کی حالت میں صحبت کی تو دونوں پر الگ الگ کفارہ لازم ہو گا، ایک کفارہ دونوں کیلئے کافی نہ ہو گا۔ (4) ایک رمضان کے اگر کئی روزے توڑنے کا کفارہ لازم ہوا تو ایک کفارہ ادا کرنے سے اُن سب روزوں کی طرف سے کفارہ ادا ہو جائے گا، ہاں! اگر دو رمضان کے روزوں کا کفارہ لازم ہوا ہے تو وہ الگ الگ دینے سے ہی ادا ہو گا۔ (5) دو مہینے مسلسل روزہ رکھنا ضروری ہے، درمیان میں ایک دن کا بھی ناغہ ہو جائے تو کفارہ صحیح نہ ہو گا، از سرِ نَو روزے رکھنا ضروری ہو گا۔ ہاں! اگر درمیان میں حیض کے ایام آجائیں تو اُس سے روزوں کے تسلسل میں فرق نہیں پڑتا، پاک ہونے کے فوراً بعد روزے شروع کر دے اور ساٹھ روزے مکمل کرے۔ لیکن درمیان میں نفاس کے ایام آجائیں، یا بیماری، سفر، عیدین اور ایامِ تشریق کی وجہ سے اگر روزے چھوٹ جائیں یا ساٹھ روزوں کے درمیان میں ہی دوسرا رمضان آجائے تو تسلسل ٹوٹ جائے گا اور از سرِ نَو روزے رکھنا ضروری ہو گا۔ (تسہیل بہشتی زیور)

## روزہ کا کفارہ لازم ہونے کی شرائط:

روزہ کا کفارہ لازم ہونے کی مندرجہ ذیل شرائط ہیں:

(1) روزہ توڑنے والی چیزیں، یعنی کھانا، پینا اور جماع کرنا معتاد، یعنی عادت کے مطابق ہوں۔ کھانے پینے کے معتاد ہونے کا مطلب یہ ہے کہ کوئی چیز بطور غذا یا دواء کے منہ کے راستے پیٹ تک معتاد طریقے سے پہنچائی جائے اور اُس سے بدن کی درستگی یا لذّت کا حصول مقصود ہو اور طبیعت اُس سے نفرت نہ کرتی ہو۔ جماع کے معتاد ہونے کا مطلب یہ ہے کہ فرج یا دُبُر (آگے پیچھے کے راستے) میں جماع کیا جائے اور محلّ جماع عادۃً شہوت کے قابل ہو یعنی جس سے جماع کیا جائے وہ اتنی کم سن نہ ہو کہ عادۃً اُس سے جماع نہ کیا جاسکے، نیز جماع میں اِنزال شرط نہیں صرف عُضوِ مخصوص کے سر کے بقدر داخل ہونا شرط ہے، خواہ اِنزال ہوا ہو یا نہیں۔ (2) روزہ عمداً توڑا جائے۔ خواہ جماع سے توڑا جائے یا کھانے پینے سے۔ عمد کی قید سے خطاء اور نسیان دونوں نکل گئے۔ لہٰذا غلطی سے یا بھولے سے اگر کچھ کھالیا یا پی لیا گیا ہو یا ہمبستری ہوگئی ہو تو کفارہ لازم نہیں ہوگا۔ (3) از خود توڑا جائے، کسی کے جبر یا مجبور ہونے کا معاملہ نہ ہو پس وہ شخص جس سے زبردستی روزہ اِفطار کروادیا جائے اُس کا روزہ تو ٹوٹ جائے گا، لیکن کفارہ لازم نہ ہوگا۔ (4) اضطراری صورتِ حال نہ ہو۔ یعنی روزہ میں بیماری یا کسی اور وجہ سے ایسی حالت طاری نہ ہوجائے کہ جان بچانے کیلئے روزہ توڑنا پڑ جائے، کیونکہ اس صورت میں روزہ توڑنے سے کفارہ لازم نہیں ہوتا۔ (5) روزے کا ٹوٹنا اپنے فعل اور اختیار سے ہو۔ پس بغیر کسی قصد و اِرادہ کے اگر منہ میں کوئی چیز اچانک سے چلی جائے تو اس سے کفارہ لازم نہیں ہوتا۔ (6) اِفطار کے بعد عُذرِ شرعی پیش نہ آئے۔ یعنی روزہ توڑ دینے کے بعد ایسا کوئی طبعی و قدرتی عُذر لاحق نہ ہوجائے کہ جس سے روزہ توڑ دینا جائز ہوجاتا

ہے ، یا روزہ باقی ہی نہیں رہتا، مثلاً: روزہ توڑنے کے بعد بیمار ہو جائے ، حیض و نفاس آجائے ، تو کفارہ لازم نہ رہے گا، کیونکہ روزہ توڑنے کے بعد قدرتی طور عذرِ شرعی پیش آگیا ہے۔(7) رمضان کے اداء روزے ہوں۔ رمضان کے اداء روزوں کے علاوہ کسی بھی قسم کے روزوں کو توڑنے سے کفارہ لازم نہیں ہوتا۔ پس واجب روزے ، نفلی روزے، رمضان کے قضاء روزے اور کفارے کے روزے ،اِن سب کے توڑدینے سے صرف قضاء لازم ہوگی، کفارہ لازم نہ ہوگا۔(8) سفر ، مرض یا اور کوئی عُذرِ شدید نہ ہو۔ پس مرض یا سفر کی وجہ سے روزہ توڑدینے سے کفارہ لازم نہیں ہوتا۔(9) روزہ کی نیت صبح صادق سے پہلے کی گئی ہو۔ پس اگر صبح صادق کے بعد نصفِ نہار شرعی سے پہلے نیت کی ہو اور پھر اُس روزے کو توڑدیا جائے تو کفارہ لازم نہ ہوگا۔(10) روزہ دار مکلّف ہو۔ یعنی اُس میں روزے کے وجوب اور اُس کے صحیح ہونے کی تمام شرائط پائی جاتی ہوں۔ مثلاً: کافر، نابالغ بچہ ، مریض، مسافر اور حائضہ وغیرہ نہ ہوں، کیونکہ ان کے روزہ توڑنے سے کفارہ لازم نہ ہوگا۔(ماخوذ از "زُبدۃ الفقہ": 496تا500، بتغیر یسیر و اضافات)

## ﴿ساتویں فصل: روزہ توڑدینے کے شرعی اَعذار﴾

یعنی وہ پیش آمدہ عَوارض اور اَعذار جن کی وجہ سے کسی کیلئے روزہ توڑدینا جائز ہو جاتا ہے، ایسے اَعذار کی تفصیل مندرجہ ذیل ہے:

(1) **مَرض**۔ یعنی ایسی بیماری جس میں جان کے ضائع ہو جانے یا کسی عضو کے بیکار ہو جانے یا کسی اور مَرض کے پیدا ہو جانے یا بیماری کے بڑھ جانے یا تاخیرِ صحت یعنی دیر

میں صحت حاصل ہونے کا خوف ہو تو روزہ توڑ دینا جائز ہے۔ واضح رہے کہ صرف وہم و خیال کی وجہ سے روزہ توڑ دینا درست نہیں بلکہ کسی علامت و تجربہ سے یا کسی مسلمان، نیک اور ماہر مُعالج کے بتلانے سے معلوم ہوا ہو یا کم از کم گمانِ غالب ہو جائے تو روزہ توڑا جاسکتا ہے۔

(2)**سفر**۔ روزہ کے دوران کوئی شخص مُسافر ہو جائے اور اُس کا سفر سفر شرعی ہو تو وہ بھی روزہ اِفطار کر سکتا ہے، البتہ اگر سفر پُر مشقت نہ ہو تو روزہ نہ توڑنا بہتر ہے۔

(3)**جبر و اِکراہ**۔ یعنی اگر کوئی زبردستی روزہ توڑنے پر مجبور کر دے، اور اُس کا حکم نہ ماننے کی صورت میں جان کی ہلاکت یا اور کسی بڑے نقصان کا خوف ہو تو روزہ توڑا جاسکتا ہے، بشرطیکہ اُس کا دفاع نہ کیا جاسکتا ہو۔

(4)**حمل**۔ حاملہ عورت کیلئے جس طرح روزہ رکھنے نہ رکھنے کا اختیار ہوتا ہے اِسی طرح وہ روزہ رکھ کر اپنی یا بچہ کی ہلاکت و نقصان کے خوف سے بھی روزہ توڑ سکتی ہے۔

(5)**رضاعت**۔ دودھ پلانے والی عورت جس کو دودھ خشک ہو جانے یا اُس میں کمی ہو جانے کی وجہ سے یا کمزوری لاحق ہو جانے کی وجہ سے اپنے یا بچہ کے نقصان کا خوف ہو وہ بھی روزہ توڑ سکتی ہے۔

(6)**بھوک و پیاس کی شدّت**۔ یعنی روزہ کی حالت میں ایسی سخت بھوک و پیاس طاری ہو جائے کہ اُس کی وجہ سے ہلاکت کا خوف یقین یا ظنِ غالب کے درجہ میں ہو، اس سے بھی روزہ توڑ دینا جائز ہو جاتا ہے، اِسی طرح سخت بھوک و پیاس کی وجہ

سے حواس بگڑ جانے یا کسی عضو کے بیکار ہو جانے کا یقین یا ظنِ غالب ہو جائے تب بھی روزہ توڑ دینا جائز ہو جاتا ہے۔

(7)**جہاد**۔روزہ کے دوران دشمنانِ اِسلام سے قتال کی نوبت آجائے اور روزہ کو جاری رکھنے میں کمزوری یا لڑنے میں کوئی کمی واقع ہونے کا خوف واَندیشہ ہو تو روزہ توڑا جاسکتا ہے۔(عُمدۃ الفقہ)

## ﴿آٹھویں فصل: تَراویح کی رَکعات اور اس کے مَسائل﴾

اِس فصل میں تراویح سے متعلّق مندرجہ ذیل اُمور کی تفصیل ذکر کی جائے گی:

❶ تَراویح بیس رکعت ہی سنّت ہے۔ ❷ بیس رکعات تَراویح کی حکمت۔

❸ تَراویح کے پیش آمدہ مسائل۔ ❹ تَراویح کی چند عمومی کوتاہیاں۔

### ① پہلی بات: تَراویح بیس رکعت ہی سنّت ہے:

بیس رکعت تراویح اُمّت کا ایک اجماعی مسئلہ ہے،اِس میں آٹھ رکعات کا قول اختیار کرنا کسی اِمام کا مسلک نہیں اور نہ ہی صحابہ وتابعین اور فقہاء ومجتہدین میں اس کا کوئی قائل رہا ہے،لہٰذا اس مسئلہ کو محض فقہی اختلاف کی حیثیت نہیں دی جاسکتی،یہ اِجماعِ اُمّت کی صریح خلاف ورزی اور سَوادِ اَعظم کی واضح مُخالفت ہے،اِس کی وجہ سے روزانہ تَراویح کی 12 رکعات ترک کرنے کا گناہ ہوتا ہے،جس سے اجتناب ضروری ہے۔

ذیل میں اِس کے مختصراً کچھ دلائل ذکر کیے جارہے ہیں:

(1)ـــعَنِ ابْنِ عَبَّاسٍ، قَالَ: كَانَ النَّبِيُّ صَلَّى اللهُ عَلَيْهِ وَسَلَّمَ يُصَلِّي فِي رَمَضَانَ عِشْرِينَ رَكْعَةً وَالْوِتْرَ۔(طبرانی کبیر:12102)

ترجمہ: حضرت سیدنا عبد اللہ بن عباس رضی اللہ عنہما سے مَروی ہے، وہ فرماتے ہیں کہ نبی کریم صلی اللہ علیہ وسلم رمضان میں بیس رکعتیں اور وتر پڑھا کرتے تھے۔

**فائدہ:** یہ حدیث اگرچہ ضعیف ہے لیکن چونکہ حضرت عمر رضی اللہ عنہ کے دور میں اِس روایت پر صحابہ کرام کا اِجماع ہو گیا ہے، نیز اُمّت نے بیس رکعت تراویح کی روایت کو ہی معمول بہٖ قرار دیا ہے، اِس لئے یہ روایت ضعیف ہونے کے باوجود بھی تعاملِ اُمّت کی وجہ سے قوی اور یقیناً قابلِ اِستدلال ہے۔

علّامہ شامی رحمۃ اللہ علیہ فرماتے ہیں:

"وَأَمَّا تَضْعِيفُ الْحَدِيثِ بِمَنْ ذَكَرَ فَقَدْ يُقَالُ إِنَّهُ اعْتَضَدَ بِمَا مَرَّ مِنْ نَقْلِ الْإِجْمَاعِ عَلَى سُنِّيَّتِهَا مِنْ غَيْرِ تَفْصِيلٍ" حضرت عبد اللہ بن عباس رضی اللہ عنہما کی حدیث کو جو ضعیف کہا گیا ہے، اس کے جواب میں یہ کہا جائے گا وہ حدیث بیس رکعت تراویح کے مسنون ہونے پر اِجماع ہو جانے کی وجہ سے بغیر کسی قیل و قال کی تفصیل کے قوی ہو گئی ہے۔(منحۃ الخالق علی البحر الرائق:2/72)

(2)ـــ عَنْ يَزِيدَ بْنِ رُومَانَ قَالَ: كَانَ النَّاسُ يَقُومُونَ فِي زَمَانِ عُمَرَ بْنِ الْخَطَّابِ فِي رَمَضَانَ بِثَلَاثٍ وَعِشْرِينَ رَكْعَةً۔(سنن بیہقی:2/699)

ترجمہ: حضرت یزید بن رومان رحمۃ اللہ علیہ فرماتے ہیں کہ لوگ حضرت عمر رضی اللہ عنہ کے عہد میں (وتر سمیت) 23 رکعت تراویح پڑھا کرتے تھے۔

(3)ـــ عَنِ السَّائِبِ بْنِ يَزِيدَ قَالَ:كَانُوا يَقُومُونَ عَلَى عَهْدِ عُمَرَ بْنِ الْخَطَّابِ رَضِيَ اللّٰهُ عَنْهُ فِي شَهْرِ رَمَضَانَ بِعِشْرِينَ رَكْعَةً،قَالَ: وَكَانُوا يَقْرَءُونَ بِالْمَئِينِ، وَكَانُوا يَتَوَكَّئُونَ عَلَى عِصِيِّهِمْ فِي عَهْدِ عُثْمَانَ بْنِ عَفَّانَ رَضِيَ اللّٰهُ عَنْهُ مِنْ شِدَّةِ الْقِيَامِ۔(سنن بیہقی:2/698)

ترجمہ: حضرت سائب بن یزید رضی اللہ عنہ سے مروی ہے کہ لوگ حضرت عمر رضی اللہ عنہ کے دور میں رمضان المبارک کے اندر بیس رکعتیں پڑھا کرتے تھے اور "مئین" یعنی سو یا اس کے قریب آیات کی تعداد والی سورتیں پڑھا کرتے تھے اور حضرت عثمان رضی اللہ عنہ کے دور میں شدّتِ قیام کی وجہ سے اپنی لاٹھیوں پر ٹیک لگاتے تھے۔

(4)ـــ عَنْ أَبِي عَبْدِ الرَّحْمَنِ السُّلَمِيِّ، عَنْ عَلِيٍّ قَالَ:دَعَا الْقُرَّاءَ فِي رَمَضَانَ فَأَمَرَ مِنْهُمْ رَجُلًا يُصَلِّي بِالنَّاسِ عِشْرِينَ رَكْعَةً۔(سنن بیہقی:2/699)

ترجمہ: حضرت علی رضی اللہ عنہ نے رمضان المبارک میں قرّاء (اچھا پڑھنے والوں) کو بلایا اور اُن میں سے ایک قاری کو حکم دیا کہ لوگوں کو بیس رکعت تراویح پڑھاؤ۔

(5)ـــ عَنْ أَبِي الْحَسْنَاءِ أَنَّ عَلِيَّ بْنَ أَبِي طَالِبٍ أَمَرَ رَجُلًا أَنْ يُصَلِّيَ، بِالنَّاسِ خَمْسَ تَرْوِيحَاتٍ عِشْرِينَ رَكْعَةً۔(سنن بیہقی:2/699)

ترجمہ: حضرت ابو الحسناء رحمۃ اللہ علیہ نقل کرتے ہیں کہ حضرت علی رضی اللہ عنہ نے ایک شخص کو حکم دیا کہ لوگوں کو رمضان میں پانچ ترویحات یعنی بیس رکعات پڑھایا کرے۔

(6)ـــ عَنِ الْحَارِثِ:أَنَّهُ كَانَ يَؤُمُّ النَّاسَ فِي رَمَضَانَ بِاللَّيْلِ بِعِشْرِينَ رَكْعَةً،وَيُوتِرُ بِثَلَاثٍ، وَيَقْنُتُ قَبْلَ الرُّكُوعِ۔(ابن ابی شیبہ:7685)

ترجمہ: حضرت حارث رحمۃ اللہ علیہ سے مروی ہے کہ وہ رمضان میں لوگوں کو بیس تراویح اور تین وتر پڑھاتے تھے اور رُکوع سے قبل قنوت پڑھتے تھے۔

(7)— عَنْ عَبْدِ الْمَلِكِ، عَنْ عَطَاءٍ، قَالَ: أَدْرَكْتُ النَّاسَ وَهُمْ يُصَلُّونَ ثَلَاثًا وَعِشْرِينَ رَكْعَةً بِالْوِتْرِ۔ (مصنف ابن ابی شیبہ: 7688)

ترجمہ: حضرت عطاء رحمۃ اللہ علیہ فرماتے ہیں کہ میں نے لوگوں کو اِس حالت میں پایا ہے کہ وہ تئیس رکعتیں وتر سمیت تراویح پڑھتے تھے۔

(7)— عَنْ سَعِيدِ بْنِ عُبَيْدٍ، أَنَّ عَلِيَّ بْنَ رَبِيعَةَ كَانَ يُصَلِّي بِهِمْ فِي رَمَضَانَ خَمْسَ تَرْوِيحَاتٍ وَيُوتِرُ بِثَلَاثٍ۔ (مصنف ابن ابی شیبہ: 7690)

ترجمہ: حضرت سعید بن عُبید فرماتے ہیں کہ حضرت علی بن ربیعہ لوگوں کو رمضان المبارک میں پانچ تروِیحے (یعنی بیس رکعت) اور تین رکعت وتر پڑھایا کرتے تھے۔

(8)— عَنْ عَبْدِ اللَّهِ بْنِ قَيْسٍ، عَنْ شُتَيْرِ بْنِ شَكَلٍ: أَنَّهُ كَانَ يُصَلِّي فِي رَمَضَانَ عِشْرِينَ رَكْعَةً وَالْوِتْرَ۔ (مصنف ابن ابی شیبہ: 7680)

ترجمہ: حضرت شُتیر بن شَکَل، جو حضرت علی رضی اللہ عنہ کے اصحاب میں سے تھے، رمضان المبارک میں لوگوں کو بیس رکعت تراویح اور وتر پڑھایا کرتے تھے۔

(9)— أَبُو الْخَصِيبِ قَالَ: كَانَ يَؤُمُّنَا سُوَيْدُ بْنُ غَفَلَةَ فِي رَمَضَانَ فَيُصَلِّي خَمْسَ تَرْوِيحَاتٍ عِشْرِينَ رَكْعَةً۔ (سنن بیہقی: 2/698)

ترجمہ: حضرت ابو الخصیب فرماتے ہیں کہ حضرت سعید بن غفلہ ہمیں رمضان میں نماز پڑھاتے تھے، پس پانچ ترویحات یعنی بیس رکعتیں پڑھتے تھے۔

☆ــــاِمام ترمذی رحمۃ اللہ علیہ فرماتے ہیں:

تراویح کے بیس رکعت ہونے پر اکثر اہلِ علم کا عمل ہے، جیسا کہ حضرت علی رضی اللہ عنہ، حضرت عمر رضی اللہ عنہ اور دیگر حضرات صحابہ کرام رضی اللہ عنہم سے مَروی ہے۔(ترمذی:806)

☆ــــعلّامہ انور شاہ کشمیری رحمۃ اللہ علیہ فرماتے ہیں:

جمہور صحابہ کرام رضی اللہ عنہم کے نزدیک تراویح بیس رکعت ہے، اور اِسی وجہ سے ائمہ اربعہ میں سے کوئی بھی بیس رکعات سے کم کا قائل نہیں ہے۔(العَرف الشذی:2/208)

☆ــــ علّامہ نووی رحمۃ اللہ علیہ قاضی عیاض رحمۃ اللہ علیہ کے حوالے سے فرماتے ہیں:

بیس رکعت تراویح جمہور علماء کرام رحمۃ اللہ علیہم کا مسلک ہے۔(المجموع شرح المہذّب:4/32)

☆ــــعلّامہ ابنِ تیمیہ رحمۃ اللہ علیہ فرماتے ہیں:

بیس رکعت تراویح پر اکثر مسلمان عمل کرتے ہیں۔(مجموع الفتاویٰ لابن تیمیہ:22/272)

☆ــــعلّامہ کاسانی رحمۃ اللہ علیہ فرماتے ہیں:

حضرت عمر رضی اللہ عنہ نے صحابہ کرام رضی اللہ عنہم کو رمضان کے مہینے میں حضرت اُبیّ بن کعب رضی اللہ عنہ کی اقتداء پر جمع کردیا تھا چنانچہ وہ لوگوں کو ہر رات میں بیس رکعت پڑھاتے، اور اِس پر کسی صحابی نے بھی اُن پر نکیر نہیں کی، لہٰذا یہ صحابہ کرام کی جانب سے بیس رکعت پر اِجماع ہوگیا۔(بدائع الصنائع:1/288)

### ②دوسری بات: بیس رکعات تراویح کی حکمت :

تراویح کی بیس رکعات کی حکمت کیا ہے ، اِس کی حقیقت تو اللہ تعالیٰ ہی جانتے ہیں ، ظاہری طور پر حضرات علماء کرام نے اس کی حکمت یہ بیان کی ہے : دن بھر کی فرض نمازیں وتر کی تین رکعات کے ساتھ ”بیس رکعات“ بنتی ہیں، پس اُن کی تکمیل کیلئے رمضان المبارک میں اُنہی کے مُساوی بیس رکعات تراویح مقرر کی گئی ہیں تاکہ فرض نمازیں اعلیٰ درجہ کی قبولیت پر فائز ہوسکیں۔(البحر الرائق:2/72)(شامیہ:2/45)

### ③تیسری بات: تراویح میں پیش آمدہ مسائل :

(1)تراویح سنت مؤکّدہ علی العین ہے،یعنی ہر مسلمان مرد وعورت کی ذمّہ داری ہے۔

(2)جماعت کے ساتھ تراویح کی نماز پڑھنا سنت علی الکفایہ ہے،پس اگر محلہ کی مسجد میں جماعت ہوتی ہو اور کوئی شخص علیحدہ اپنے گھر میں انفرادی طور پر تراویح پڑھ لے تو سنت اداء ہوجائے گی،اگرچہ مسجد اور جماعت کے ثواب سے محروم رہے گا اور اگر پورے محلہ ہی میں جماعت نہ ہوئی تو سب کے سب ترکِ سنت کے گنہگار ہوں گے۔(3)تراویح میں پورا قرآن مجید ختم کرنا بھی سنت ہے۔لہٰذا تراویح پڑھانے والے کو بھی اور سننے والوں کو بھی پورا قرآن کریم پڑھنے اور سننے کا اہتمام کرنا چاہیئے۔

(4)کسی جگہ حافظِ قرآن سنانے والا نہ ملے یا ملے مگر سنانے پر اجرت ومعاوضہ طلب کرے تو چھوٹی سورتوں سے نماز تراویح اداء کرلینی چاہیئے،اُجرت دے کر قرآن نہیں سننا چاہیئے، کیونکہ قرآن سنانے پر اجرت لینا اور دینا درست نہیں۔(5)اگر ایک حافظ ایک مسجد میں بیس رکعت پڑھ چکا ہے،اس کو دوسری مسجد میں اسی رات تراویح پڑھانا

درست نہیں۔(6)تراویح کا وقت عشاء کی نماز کے بعد سے صبح صادق تک ہے، پس عشاء کی نماز پڑھے بغیر تراویح پڑھنا درست نہیں، لہٰذا دیر سے آنے والے کو جبکہ تراویح شروع ہو چکی ہو، پہلے عشاء کی نماز پڑھنی چاہیئے اُس کے بعد تراویح میں شامل ہونا چاہیئے ہاں! تراویح کا وتر سے پہلے ہونا ضروری نہیں، وتر کے بعد بھی پڑھ سکتے ہیں، لہٰذا دیر سے آنے والے کو جبکہ اُس کی تراویح کی رکعتیں رہ گئی ہوں تو وہ اِمام کے ساتھ وتر میں شامل ہو جائے اور وتر کے بعد اپنی چھوٹی ہوئی رکعتیں اداء کرلے۔(7)تراویح میں ہر چار رکعات کے بعد وقفہ بہتر ہے اور اس میں کوئی بھی دعاء، ذکر یا تلاوت وغیرہ کی جاسکتی ہے، حتی کہ وقت ملے تو نوافل بھی اداء کیے جاسکتے ہیں، اس وقفہ میں کوئی مخصوص دعاء حدیث سے پڑھنا ثابت نہیں۔ اور جو مشہور دعاء مساجد میں آویزاں کی جاتی ہے وہ حدیث سے تو ثابت نہیں لیکن لازم سمجھے بغیر پڑھنے میں کوئی حرج بھی نہیں۔(8)کسی نابالغ یا ڈاڑھی مُنڈے کو تراویح میں اِمام بنانا درست نہیں، کوئی بالغ یا صحیح باشرع امام دستیاب نہ ہو تو "اَلَمْ تَرَ کَیْفَ" سے آخر تک پڑھنے پر ہی اکتفا کرلینا چاہیئے۔(9)تراویح پورے مہینے پڑھنا چاہیئے، صرف کچھ دن جوش و جذبات میں پڑھ کر چھوڑ دینا یا پانچ دس روزہ ختم کرکے تراویح کو ترک کردینا صحیح نہیں، یہ بڑی محرومی کی بات ہے۔(10)قرآن کو اس قدر جلد پڑھنا کہ حروف کٹ جائیں بڑا گناہ ہے، اس صورت میں نہ امام کو ثواب ہوگا، نہ مقتدی کو۔ اِس لئے تراویح کیلئے ایسی جگہ کا انتخاب کرنا چاہیئے جہاں قرآن کریم کو بہتر سے بہتر انداز میں ترتیل کے ساتھ پڑھا جاتا ہو۔(11)جماعت کے ساتھ کسی وجہ سے اگر تراویح رہ بھی جائے تو اُس کو بالکلیہ ترک

نہیں کر دینا چاہیئے، بلکہ صبح صادق سے پہلے پہلے انفرادی طور پر ہی پڑھ لینا چاہیئے۔

(12) اگر تراویح فوت ہو جائے اور رات بھر میں صبح صادق تک نہ پڑھ سکے تو بعد میں اس کی قضاء نہیں، اس پر توبہ واِستغفار کرنا چاہیئے۔(جَواہر الفقہ :3/522)

## ④ چوتھی بات: تراویح کے چند قابلِ اِصلاح اُمور :

تراویح کے بارے میں مندرجہ ذیل چند باتیں قابلِ اِصلاح ہیں، انہیں پڑھ کر اپنی بھی اِصلاح کریں اور مُناسب اَنداز میں دوسروں کو بھی بتائیں:

❶ تراویح نہ پڑھنا، جیسا کہ بکثرت لوگ غفلت اور سستی کی وجہ سے تراویح کا اہتمام نہیں کرتے۔ ❷ تراویح کا پورے مہینے نہ پڑھنا، جیسا کہ کچھ لوگ ابتدائی کچھ دن جوش وخروش میں پڑھ کر چھوڑدیتے ہیں۔ ❸ تراویح مکمل بیس رکعات نہ پڑھنا، جیسا کہ بعض لوگ تراویح کی آٹھ رکعت سمجھتے ہیں، اُنہیں یاد رکھنا چاہیئے کہ یہ ایک اِجماعی اور اتفاقی مسئلہ ہے، جمہور صحابہ کرام رضی اللہ عنہم، تابعین و تبع تابعین، ائمہ مجتہدین اور ائمہ اربعہ رحمۃ اللہ علیہم سب اِس بات پر متفق ہیں کہ تراویح آٹھ نہیں، بیس رکعات ہیں، اور اِسی پر ہر دور اور ہر زمانے میں حرمین شریفین میں بھی عمل ہوتا رہا ہے، لہٰذا اِس سے انحراف اور مخالفت کرنا سوائے نقصان و خسران کے کچھ نہیں۔ ❹ تراویح کا جماعت کے ساتھ نہ پڑھنا، جیسا کہ بعض لوگ انفرادی پڑھنے پر اکتفا کرلیتے ہیں۔ ❺ گھر میں تراویح کی جماعت ہونے کی صورت میں عشاء کی نماز گھر میں ہی کرالینا اور مسجد کی جماعت میں شامل نہ ہونا، یہ بھی کوتاہی ہے کیونکہ اس میں مسجد میں عشاء کی نماز جماعت سے پڑھنے کا ثواب نہیں ملتا۔ ❻ نابالغ یا ڈاڑھی مونڈنے والوں کو تراویح کا امام

بنانا۔ ❼ تراویح کی ادائیگی میں عجلت اور جلد بازی سے کام لینا اور ایسی جگہ ڈھونڈنا جہاں جلدی تراویح ختم ہو جاتی ہو۔ ❽ عورتوں کا جماعت کے ساتھ تراویح کا اہتمام کرنا۔ ❾ تراویح میں قرآن مجید مکمل پڑھنے یا سننے کا اہتمام نہ کرنا۔ ❿ امام کے رکوع میں جانے تک بیٹھے رہنا یا باتوں میں مشغول رہنا۔

## ﴿نویں فصل: اِعتکاف کے مسائل﴾

اعتکاف سے متعلّق یہاں مندرجہ ذیل اُمور کی تفصیل ذکر کی جائے گی:

❶ اِعتکاف کی تعریف ااور اس کی اقسام۔ ❷ اعتکاف کے صحیح ہونے کی شرائط۔

❸ اِعتکاف کے مُفسِدات۔ ❹ اِعتکاف کے جائز کام۔

❺ اِعتکاف کے ناجائز کام۔ ❻ عورتوں کے اِعتکاف کے اہم مسائل۔

### ① پہلی بات: اِعتکاف کی تعریف اور اس کی اَقسام:

اِعتکاف لغت میں مطلقاً "ٹھہرنے" کو کہتے ہیں جبکہ شریعت کی اِصطلاح میں "مسجد میں اعتکاف کی نیت سے ٹھہرنا" اِعتکاف کہلاتا ہے۔(ہندیہ: 1/211)

### اِعتکاف کی اَقسام:

اِعتکاف کی تین قسمیں ہیں: ① واجب۔ ② مسنون۔ ③ مستحب۔

**واجب:** وہ اِعتکاف ہے جس کی نذر مانی گئی ہو، خواہ کسی کام کے ہونے یا نہ ہونے پر موقوف کر کے مانی جائے یا بغیر کسی شرط کے، بہر حال ددونوں صورتوں میں اِعتکاف

واجب ہو جاتا ہے، بشرطیکہ زبان سے نذر کے الفاظ اداء کیے جائیں، صرف دل سے نیت کر لینے سے اِعتکاف واجب نہیں ہوتا۔(ہندیہ:1/213،211)

<u>مسنون</u>: وہ اِعتکاف ہے جو رمضان المُبارک کے آخری عشرہ میں کیا جاتا ہے، یہ اِعتکاف سنتِ مؤکّدہ علی الکفایۃ ہے۔(الدر المختار:2/442)

<u>مستحب</u>: وہ اِعتکاف ہے جو مذکورہ بالا دونوں قسموں کے علاوہ کیا جائے۔(ہندیہ:1/211)

## ② دوسری بات: اِعتکاف کے صحیح ہونے کی شرائط:

اِعتکاف کے صحیح ہونے کیلئے مندرجہ ذیل شرائط ہیں:

① **اعتکاف کی نیت کرنا:** اعتکاف خواہ وہ کسی بھی قسم کا ہو اُس کیلئے نیت شرط ہے، پس بغیر نیت کے اعتکاف معتبر نہ ہوگا۔ ایک مرتبہ نیت کر لینا کافی ہے، کسی کام سے باہر نکل کر دوبارہ مسجد میں داخل ہوتے ہوئے نیت کرنا ضروری نہ ہوگا۔

② **مسجد جماعت میں اعتکاف کرنا:** یعنی ایسی جگہ اعتکاف کرنا جہاں پانچ وقت کی نماز جماعت کے ساتھ ہوتی ہو۔ اگر جماعت کے ساتھ پنجوقتہ نماز نہ ہوتی ہو تو اس میں اِختلاف ہے، راجح یہ ہے کہ اس میں اِعتکاف درست ہے۔(احسن الفتاویٰ:4/517)

تاہم پھر بھی بہتر یہی ہے کہ ایسی مسجد میں اِعتکاف کیا جائے جہاں پانچوں نمازیں جماعت کے ساتھ اداء کی جاتی ہوں۔(احکامِ اِعتکاف:30)(مَسائلِ اِعتکاف:44)

البتہ عورتوں کیلئے مسجد البیت یعنی اپنے گھر میں نماز کیلئے مخصوص کردہ جگہ میں اعتکاف کرنے کا حکم ہے، مسجد میں اعتکاف کرنا اُن کیلئے مکروہِ تنزیہی ہے۔(ردّ المحتار:2/441)

③ **روزہ رکھنا:** سنّت اور واجب اِعتکاف میں یہ شرط ہے، نفلی اعتکاف میں نہیں۔

④ **مسلمان ہونا:** اِس لئے کہ کافر و مشرک عبادت کا اہلیت نہیں رکھتا۔

⑤ **عاقل ہونا۔** اِس لئے کہ اعتکاف کیلئے نیت شرط ہے اور مجنون نیت کی اہل نہیں۔ واضح رہے کہ معتکف کا بالغ ہونا شرط نہیں اِس لئے نابالغ لیکن سمجھدار بچہ بھی اعتکاف میں بیٹھ سکتا ہے۔ (بدائع الصنائع:2/108)(فتاویٰ رحیمیہ:7/280)(محمودیہ:10/223)

⑥ **جنابت سے پاک ہونا:** کیونکہ جنابت کی حالت میں مسجد میں قیام درست نہیں۔

⑦ **حیض و نفاس سے پاک ہونا:** اِس لئے کہ اِس حالت میں روزہ نہیں ہوتا اور بغیر روزہ کے اعتکاف درست نہیں۔ (عُمدۃ الفقہ)(ہندیہ:1/211)

## ③ تیسری بات: اِعتکاف کو فاسد کرنے والی چیزیں:

اِعتکاف مندرجہ ذیل چیزوں سے فاسد ہو جاتا ہے:

① **مسجد سے نکلنا:** مسجد سے بغیر کسی ضرورتِ طبعیہ یا ضرورتِ شرعیہ کے نکل جانا اگرچہ ایک لمحہ بھر کیلئے ہو اِعتکاف کو توڑ دیتا ہے، خواہ جان کر ہو یا بھولے سے، اِرادۃً ہو یا غیر اِرادی طور پر، اِسی طرح اپنی خوشی سے ہو یا مجبوری سے۔ (الھندیۃ:1/213)

ضرورتِ طبعیہ جیسے قضاءِ حاجت، وضو اور غسلِ جنابت وغیرہ کیلئے جانا، اور ضرورتِ شرعیہ جیسے اگر اُس مسجد میں جمعہ نہ ہوتا ہو تو جمعہ پڑھنے کیلئے کسی اور مسجد جانا۔

واضح رہے کہ مسجد سے باہر نکلنے کا مطلب یہ ہے کہ دونوں پاؤں مسجد سے باہر نکل جائیں اور دیکھنے میں یہی محسوس ہو کہ یہ مسجد سے نکل چکا ہے، پس اگر کوئی خود مسجد میں رہتے ہوئے صرف سر یا ہاتھ باہر نکالے، جیسا کہ جھانکتے ہوئے یا کوئی چیز اُٹھاتے ہوئے کیا جاتا ہے تو اعتکاف نہیں ٹوٹے گا۔ (البحر الرائق:2/326)(ہندیہ:1/213)

۲ **مسجد سے نکل کر بغیر ضرورت کے ٹھہرنا:** اگر مسجد سے قضاءِ حاجت کیلئے نکل کر بغیر کسی ضرورت کے ٹھہر جانے سے بھی اعتکاف فاسد ہو جاتا ہے۔(ہندیہ:1/212)

۳ **جماع کرنا:** اِعتکاف کی حالت میں ہمبستری کرنا اور دواعیِ جماع (جیسے بوس و کنار وغیرہ) سب حرام ہے، اور اِس مسئلہ میں دن اور رات کا کوئی فرق نہیں، قرآن کریم کی نصِ قطعی میں اس کی مُمانعت ہے۔ پس اگر کسی سے یہ عمل ہو جائے تو اعتکاف فاسد ہو جاتا ہے، اگرچہ اِنزال نہ بھی ہوا ہو، تاہم اگر بغیر اِنزال کے صرف بوس و کنار ہوا ہو تو اعتکاف فاسد نہیں ہوتا لیکن ایسا کرنا گناہ ہے جس سے احتراز ضروری ہے۔

واضح رہے کہ اعتکاف کی حالت میں کچھ سوچنے یا دیکھنے کی وجہ سے اِنزال ہو جائے تو اِعتکاف فاسد نہیں ہوتا، لیکن اِس سے احتراز کرنا ضروری ہے۔ اِسی طرح اِعتکاف کی حالت میں دن یا رات میں سوتے ہوئے احتلام ہو جائے تو اِس سے بھی اعتکاف نہیں ٹوٹتا، ایسی صورت میں معتکف کو چاہیئے کہ بیدار ہوتے ہی پہلے تیمّم کرلے اور پھر فوراً مسجد سے نکل جائے۔(الہندیۃ:1/213)(الدر المختار:2/450)

۴ **جنون یا بیہوشی کا طاری ہونا:** اگر کوئی اتنی مدّت تک بے ہوش یا مجنون رہا کہ اس حالت میں ایک روزہ قضاء ہو گیا تو اِعتکاف ٹوٹ جائے گا، اِس لئے کہ اِعتکاف میں روزہ ضروری ہے، لہٰذا روزہ نہ ہونے سے اِعتکاف بھی نہ رہے گا۔(الدر المختار:2/450)

۵ **روزہ توڑ دینا:** اِعتکاف کی حالت میں کسی عُذر کی وجہ سے یا بغیر کسی عُذر کے روزہ ٹوٹ جائے، توڑ دیا جائے یا چھوڑ دیا جائے تو اِعتکاف ٹوٹ جاتا ہے، اِس لئے کہ اِعتکافِ مسنون کے صحیح ہونے کیلئے روزہ رکھنا ضروری ہے۔(البحر الرائق:2/323)

واضح رہے کہ بھول کر کھاپی لینے سے روزہ نہیں ٹوٹتا لہٰذا اِس سے اعتکاف بھی نہیں ٹوٹے گا۔(الہندیۃ:1/213)

⑥ **مرتد ہوجانا:** اِعتکاف کی حالت میں العیاذ باللہ کوئی شخص مُرتد ہوجائے تو اِعتکاف باطل ہوجائے گا، اِس لئے کہ معتکف کا مسلمان ہونا ضروری ہے۔(ردالمحتار:2/447)

## ④ چوتھی بات: اِعتکاف کے دوران کیے جانے والے جائز کام :

(1) معتکف کیلئے مسجد میں کھانا، پینا، لیٹنا، سونا جائز ہے۔(ردالمحتار:2/448)

(2) اِسی طرح کپڑے تبدیل کرنا، خوشبو لگانا، تیل لگانا بھی جائز ہے۔(الہندیۃ:1/213)
البتہ کھانے پینے اور تیل وغیرہ لگانے میں اِس بات کا لحاظ رکھنا ضروری ہے کہ مسجد کو آلودہ اور گندا نہ کیا جائے، کیونکہ مسجد کا تقدّس اور اُس کا ادب واِحترام ضروی ہے۔

(3) اِعتکاف کے دوران اپنے اہل وعیال کی ضرورت کو پورا کرنے کیلئے مسجد میں رہتے ہوئے کسی چیز کی خرید و فروخت کرنا جائز ہے، بشرطیکہ سامان مسجد میں نہ لایا جائے اور یہ خرید و فروخت ضرورت کیلئے ہو، تجارتی مقاصد کیلئے نہ ہو۔(الہندیۃ:1/213)

(4) معتکف کیلئے ضرورتِ طبعیہ یا شرعیہ کے تحت مسجد سے نکلنا جائز ہے، لہٰذا:

- قضاءِ حاجت اور غسلِ جنابت کیلئے مسجد سے نکلنا جائز ہے۔(الدر المختار:2/445)
- اگر بیت الخلاء خالی نہ ہو تو وہاں باہر کھڑے ہو کر اندر موجود شخص کے نکلنے کا انتظار کرنا بھی جائز ہے، اِس سے اِعتکاف پر کوئی اثر نہیں پڑے گا، یہ ضروری نہیں کہ واپس آکر بیت الخلاء کے خالی ہونے کا اِنتظار کیا جائے۔(احسن الفتاویٰ:4/511)
- وضو کرنے کیلئے مسجد سے نکلنا جائز ہے۔(مجمع الانہر:1/256)

➢ ریح خارج کرنے کیلئے نکلنا جائز ہے، اور اگر مسجد ہی میں خارج کی جائے تب بھی کوئی حرج نہیں۔(محمودیہ:10/245)(احسن الفتاویٰ:4/516)(احکامِ اعتکاف:50)

➢ موئے زیرِ ناف اولاً تو اِعتکاف سے پہلے ہی کاٹ لینے چاہیئے تاکہ دورانِ اعتکاف اِس کی حاجت ہی پیش نہ آئے، اور اگر نہ کاٹے ہوں اور چالیس دن گزر چکے ہوں تو اُن کو کاٹنا ضروری ہو جاتا ہے، لہٰذا اُنہیں کاٹنے کیلئے مسجد سے نکلنا درست ہے، تاہم بہتر یہ ہے کہ مستقل طور پر اِس کام کیلئے نہ نکلے، بلکہ حاجتِ طبعیہ کیلئے نکلے تو اِس کام کو بھی کرلے۔(خیر الفتاویٰ:4/131)(آپ کے مسائل اور اُن کا حل:4/635)

➢ کوئی کھانا لانے کیلئے نہ ہو تو سحری اور اِفطاری لینے کیلئے گھر جانا جائز ہے، البتہ اِفطاری کیلئے غروبِ آفتاب کے بعد نکلنا چاہیئے۔(البحر الرائق:2/326)(رد المحتار:2//449)

➢ جمعہ نہ ہوتا ہو تو اس کیلئے دوسری مسجد جانا درست ہے۔(الدر المختار:2/445)

(5) مسجد میں خیر کی اور ضرورت کی بات کرنا جائز ہے اور جائز و مباح بات کرنا بھی درست ہے بشرطیکہ:

(الف) جائز و مباح بات بھی بقدرِ ضرورت ہو۔

(ب) اس کیلئے باقاعدہ مجلس لگا کر بیٹھا نہ جائے یعنی چلتے پھرتے ہو جائے۔

(ج) کسی نماز پڑھنے والے نماز، عبادت کرنے والے کی عبادت یا معتکف کے آرام میں خلل نہ آئے۔(رد المحتار:2/449،450)(ایضاً:1/660)

(6) سر یا ڈاڑھی وغیرہ کو دھونا جائز ہے، بشرطیکہ مسجد میں مستعمل پانی نہ گرے، اِس کیلئے کوئی بڑا برتن وغیرہ رکھا جا سکتا ہے۔(البحر الرائق:2/327)(رد المحتار:2/449،450)

(7)نسوار، بیڑی اور سگریٹ جیسی بدبو دار چیزوں کو اوّلاً تو اِعتکاف کی حالت میں دس دنوں کیلئے ترک کر دینا چاہیئے اور یہ کوئی مشکل نہیں صرف ہمت اور مصمّم اِرادے کی ضرورت ہے، اوراگر چھوڑنا ممکن نہ ہو تو مندرجہ ذیل شرائط کے ساتھ جائز ہے:

(الف) محض اِس کام کیلئے مسجد سے باہر نہ نکلا جائے۔(ب)ضرورتِ طبعیہ یعنی پیشاب وغیرہ کیلئے جاتے ہوئے ضمناً مسجد سے باہر اِستعمال کرلے۔(ج)فوراً مسواک وغیرہ کے ذریعہ یا کسی بھی طریقہ سے منہ کی بدبو کو دور کر دیا جائے تاکہ مسجد کی بے ادبی و بے اِحترامی نہ ہو۔(فتاویٰ محمودیہ:10/246)(فتاویٰ حقانیہ:4/204)

(8)اعتکاف میں مسجد کے کناروں پر جو پردے لٹکا کر خیمے سے بنا لیے جاتے ہیں یہ جائز ہے، اور نبی کریم ﷺ سے ثابت ہے۔(مسلم:1167)

مقصود اِس سے یہ ہوتا ہے کہ معتکف کو اُس اِعتکاف گاہ میں مکمل یکسوئی حاصل ہو اور وہ خلوت میں خوب توجہ اور دل جمعی کے ساتھ اللہ تعالیٰ کی عبادت کرسکے۔ البتہ یہ خیمہ لگانا کوئی ضروری نہیں ہے اور نہ ہی اِن خیموں میں رہنا اور وہیں سونا ضروری ہے، مسجد میں کسی بھی جگہ بیٹھا، لیٹا اور سویا جاسکتا ہے اور کسی بھی جگہ عبادت کی جاسکتی ہے۔(فتاویٰ دار العلوم دیوبند:6/311)(آپ کے مسائل:4/630،631)

اگر مسجد تنگ ہو، جس سے نمازیوں کو کھڑے ہونے میں تکلیف کا سامنا ہو تو نمازوں کے اوقات میں اِن پردوں کو اُٹھالینا چاہیئے۔(رحیمیہ:7/287)

(9)دورانِ اعتکاف معتکف اپنے خیمے میں چارپائی لگاکر سوسکتا ہے، اس میں کوئی حرج نہیں، نبی کریم ﷺ سے ثابت ہے۔(ابن ماجہ:1774)(فتاویٰ رحیمیہ:7/281)

البتہ آج کل عرف میں مسجد کے اندر چارپائی بچھانے کو خلافِ ادب سمجھا جاتا ہے، اِس لئے احتیاط کرنا بہتر ہے، تاہم عورت کیلئے اعتکاف گاہ میں چارپائی بچھانے میں کوئی حرج نہیں، وہ بچھا سکتی ہے۔(محمودیہ:10/250)

(10)معتکف کیلئے دورانِ اِعتکاف ضرورت کے تحت مسجد کی حُدود میں رہتے ہوئے ٹہلنے اور چہل قدمی کرنے کی گنجائش ہے، بشر طیکہ ٹہلنے کا اَنداز مسجد کے ادب و اِحترام کے خلاف نہ ہو۔(فتاویٰ رحیمیہ:7/281)(کتاب الفتاویٰ:3/455)(احسن الفتاویٰ:4/511)

(11)مسجد کے اندر رہتے ہوئے سر منڈوانا یا حجامت بنوانا جائز ہے، اِس کیلئے باہر جانا درست نہیں، البتہ یہ اِحتیاط کرنی چاہیئے کہ بال وغیرہ مسجد کے اندر گرنے نہ پائیں، اِس کیلئے کوئی چادر وغیرہ بچھائی جاسکتی ہے۔(فتاویٰ رحیمیہ:7/277)(محمودیہ:10/249)

حضرت مُفتی رشید احمد رحمۃ اللہ علیہ فرماتے ہیں: حجام اگر اُجرت پر کام کرے تو اُسے خود مسجد سے باہر بیٹھ کر مسجد میں بیٹھے ہوئے معتکف کی حجامت بنانی چاہیئے، اِس لئے کہ مسجد میں اُجرت لیکر کام کرنا درست نہیں۔(احسن الفتاویٰ:4/506)

**⑤ پانچویں بات: اِعتکاف کے دوران کیے جانے والے ناجائز کام:**

اِعتکاف کے دوران کیے جانے والے ناجائز کاموں میں کچھ ایسے ہیں جن سے اِعتکاف ٹوٹ جاتا ہے اور کچھ سے مکروہ ہو جاتا ہے، بہر حال دونوں طرح کے کاموں سے بچنا اور اِجتناب کرنا ضروری ہے۔ ذیل میں ایسے کاموں کی کچھ تفصیل ملاحظہ فرمائیں:

(1)اِعتکاف کے دوران مسجد سے بغیر کسی طبعی یا شرعی ضرورت کے نکل جانا جائز نہیں، اِس سے اِعتکاف فاسد ہو جاتا ہے۔(ہندیہ:1/212)

(2) اِعتکاف کے دوران جماع یا اس کے دَواعی (بوس وکنار) کا اِرتکاب کرنا جائز نہیں، البتہ جماع کرنے سے بہر صورت اِعتکاف ٹوٹ جاتا ہے اگرچہ اِنزال نہ بھی ہوا ہو، جبکہ دَواعیِ جماع سے اِعتکاف اُس وقت ٹوٹتا ہے جبکہ اِنزال ہوجائے، بغیر اِنزال کے نہیں، لیکن پھر بھی ایسا کرنا جائز نہیں، گناہ ہے۔(ہندیہ:1/213)

واضح رہے کہ اِعتکاف کے دوران بیوی سے پیار و محبت کی بات چیت کرنے بھی گریز کرنا چاہیئے، اِس لئے کہ یہ بھی مکروہ ہے۔(فتاویٰ رحیمیہ:7/285)

(3) مسجد میں شور و شغب اور دنیا کی باتیں کرنے میں مشغول ہونا۔(ردالمحتار:2/450)

(4) خاموشی کو عبادت سمجھتے ہوئے بالکل خاموش رہنا درست نہیں، ہاں! اگر عبادت سمجھے بغیر گناہوں سے بچنے کیلئے خاموش رہے تو جائز ہے۔(الدرالمختار:2/449)

(5) مسجد میں سامان لاکر خرید و فروخت کرنا مکروہ ہے۔(الدرالمختار:2/449)

(6) اُجرت لیکر بچوں کو پڑھانا یا اور کوئی کام کرنا مکروہ ہے۔(البحرالرائق:2/327)

البتہ جو شخص اس کے بغیر ایّامِ اِعتکاف کی روزی بھی نہ کما سکتا ہو، اس کیلئے بیع پر قیاس کرتے ہوئے گنجائش معلوم ہوتی ہے۔(احکامِ اعتکاف:51)

(7) دورانِ اِعتکاف اَخبار بینی کرنا درست نہیں، اِس لئے کہ اِس میں سراسر وقت کا ضیاع اور فضولیات میں پڑنا ہے نیز اخبار میں تصویریں بھی ہوتی ہیں جن کا مسجد میں لانا درست نہیں۔(فتاویٰ حقانیہ:4/208)(خیر الفتاویٰ:4/134)(احسن الفتاویٰ 8/233)

(8) غسلِ تبرید یعنی ٹھنڈک کا غسل کرنے کیلئے مسجد سے نکلنا درست نہیں، اِس سے اِعتکاف فاسد ہوجاتا ہے۔ البتہ اگر غسل خانہ بیت الخلاء کے ساتھ ہی ہو اور نہانے میں

وضو سے زیادہ دیر نہ لگے تو قضاءِ حاجت کیلئے نکلنے کے بعد قضاءِ حاجت سے فارغ ہو کر غسل کرنے کی اِجازت ہے، اِس کی صورت یہ ہو سکتی ہے کہ مسجد ہی میں کپڑے اُتار کر صرف لُنگی میں میں چلا جائے اور نل کھول کر بدن پر پانی بہا کر نکل آئے، نہ صابون لگائے اور نہ زیادہ مَلے، اِس طرح صفائی ستھرائی تو نہ ہو گی لیکن ٹھنڈک حاصل ہو جائے گی اور اگر مسجد کی جانب چلتے چلتے تولیہ سے بدن رگڑ لے تو کسی حد تک صفائی کا فائدہ بھی حاصل ہو جائے گا۔(احسن الفتاویٰ:4/515)(فتاویٰ زکریا:3/330)(محمودیہ:10/243)

(9) جمعہ کے غسل کیلئے نکلنا درست ہے یا نہیں، اِس بارے میں اکابر سے جائز اور ناجائز دونوں طرح کے اَقوال منقول ہیں، البتہ بہتر یہ معلوم ہوتا ہے کہ غسلِ تبرید کی طرح مستقل طور پر نہ نکلا جائے بلکہ قضاءِ حاجت کیلئے نکل کر ضمناً غسلِ مسنون بھی کرلے تو جائز ہے۔(فتاویٰ دار العلوم زکریا:3/334)(محمودیہ:10/243)

**فائدہ:** غسلِ جنابت کے علاوہ جو ٹھنڈک اور جمعہ کیلئے ضمنی طور پر غسل کیا جاتا ہے اُس کے بارے میں بھی اِحتیاط یہی ہے کہ اس سے اِجتناب کیا جائے، چنانچہ حضرت شیخ الاِسلام مفتی محمد تقی عُثمانی دامت برکاتہم العالیہ نے رِسالہ "اَحکامِ اِعتکاف" کے آخر میں ضمیمے کے اندر اِس کی مفصّل تحقیق ذکر فرمائی ہے۔(احکامِ اِعتکاف:61تا65)

## ⑥ چھٹی بات: عورت کے اِعتکاف کے اہم مسائل:

(1) عورت کیلئے اِعتکاف کرنا درست ہے اور اس کا طریقہ یہ ہے کہ گھر میں نماز کیلئے مخصوص کردہ جگہ میں دس دن کے اعتکافِ مسنون کی نیت کر کے بیٹھ جائے اور وہاں سے بغیر کسی شرعی حاجت کے نہ نکلے۔(ہندیہ:1/211)

(2)گھر میں اگر نماز کیلئے کوئی جگہ مخصوص نہ ہو تو سب سے پہلے عورت کو نماز کیلئے جگہ خاص کر کے پھر وہاں اعتکاف کی نیت سے بیٹھنا چاہیئے، اگر کوئی عورت نماز کی مقررہ جگہ کے علاوہ کسی اور جگہ اِعتکاف کی نیت سے بیٹھے گی تو اِعتکاف کرنا درست نہیں ہو گا۔(البحر الرائق:2/324)(بدائع الصنائع:2/113)(ردّ المحتار:2/441)

(3)عورت کیلئے اِعتکاف میں بیٹھنے کے بعد اس جگہ کو چھوڑ کر کسی دوسری جگہ منتقل ہو جانا جائز نہیں، اگر ایسا کیا تو اِعتکاف قائم نہ رہے گا، اگرچہ وہ دوسری جگہ اُسی مکان کے اندر ہی کسی دوسرے کمرے میں ہو تب بھی درست نہیں، اگر ایسا کیا تو اِعتکاف قائم نہ رہے گا۔(مسائلِ اِعتکاف، سکھروی:58)

(4)عورت کیلئے مسجد میں اعتکاف کرنا مکروہِ تنزیہی ہے، اِس لئے عورتوں کو اپنے گھر میں ہی نماز کیلئے مقررہ جگہ پر اعتکاف کرنا چاہیئے۔(ردّ المحتار:2/441)

(5)عورت جبکہ وہ شادی شدہ ہو تو اس کے اِعتکاف کیلئے یہ ضروری ہے کہ وہ شوہر سے اِجازت لے اِس لئے کہ شوہر کو بیوی سے اِستمتاع کا حق حاصل ہوتا ہے لہٰذا وہ اِس حق کے فوت ہونے کی وجہ سے بیوی کو اِعتکاف میں بیٹھنے سے منع کر سکتا ہے، البتہ اُسے بلاوجہ منع کر کے عورت کو اِعتکاف سے محروم نہیں کرنا چاہیئے اور اِجازت دیدینی چاہیئے۔(بدائع الصنائع:2/108،109)(ردّ المحتار:2/441)(احکامِ اعتکاف، عثمانی:59)

(6)شوہر کی اِجازت سے عورت اگر اِعتکاف میں بیٹھ جائے تو اس کے بعد شوہر کیلئے بیوی کو منع کرنا درست نہیں، اگر منع کرے گا تو بیوی کے ذمّہ اس کی تعمیل واجب نہیں۔(بدائع الصنائع:2/109)(ردّ المحتار:2/441)(احکامِ اعتکاف:59)

(7) مُعتکف کیلئے اعتکاف کے دوران ہمبستری کرنا یا دواعیِ قُربت (جیسے بوس و کنار وغیرہ) کرنا درست نہیں، اگر ہمبستری ہو جائے اگرچہ زبردستی ہی کیوں نہ ہو تب بھی اِعتکاف فاسد ہو جائے گا۔ (الدر المختار: 2/450)

(8) حیض و نفاس کی حالت میں عورت اِعتکاف میں نہیں بیٹھ سکتی، اِسی طرح اگر عورت کو اِعتکاف کے دوران حیض و نفاس کی حالت پیش آجائے تب بھی اعتکاف باقی نہیں رہتا، ٹوٹ جاتا ہے، اِس لئے کہ حیض و نفاس سے پاک ہونا اِعتکاف کے صحیح ہونے کیلئے ضروری ہے۔ (ہندیہ: 1/211، 213)

(9) دورانِ اعتکاف اگر عورت کو حیض آجائے تو جس دن حیض شروع ہوا ہے صرف اُسی دن کے اِعتکاف کی قضاء کرنا واجب ہے، مکمل دس دنوں کے اِعتکاف کی قضاء کرنا لازم نہیں۔ (احسن الفتاویٰ: 4/512)

(10) عورت نے گھر میں جس جگہ اِعتکاف کیا ہو وہ اس کیلئے اِعتکاف کے دوران مسجد کے حکم میں ہے، وہاں سے شرعی ضرورت کے بغیر ہٹنا اور گھر کے کسی اور حصے میں جانا درست نہیں، اگر جائے گی تو اِعتکاف ٹوٹ جائے گا۔ لہٰذا عورتیں اِعتکاف کے دوران اپنی جگہ بیٹھے بیٹھے سینے پرونے کا کام کر سکتی ہیں مگر خود اُٹھ کر نہ جائیں، نیز بہتر یہ ہے کہ اِعتکاف کے دوران تمام تَر توجہ تلاوت، ذکر تسبیحات اور عبادت کی طرف رہے، دوسرے کاموں میں زیادہ وقت صَرف نہ کریں۔ (احکامِ اعتکاف: 60)

(11) اگر گھر میں کوئی کھانا پکانے والا نہ ہو تو عورت مسجدِ بیت یعنی اپنے اعتکاف گاہ میں رہتے ہوئے کھانا پکا سکتی ہے۔ (محمودیہ: 10/251)

## ⑦ساتویں بات: اِعتکاف میں پائی جانے والی چند عُمومی کوتاہیاں:

### ❶ مسجد میں دنیا کی باتیں کرنا:

دورانِ اِعتکاف سب سے بڑی اور کثرت سے پائی جانے والی کوتاہی یہ دیکھنے میں آتی ہے کہ بعض لوگ مسجد میں شور و شغب اور دنیا کی باتوں میں لگ جاتے ہیں، گپ شپ کیلئے مجلسیں لگاتے ہیں، حالآنکہ شرعاً یہ حرام ہے اور "نیکی برباد گناہ لازم" کے مترادف ہے، اِس لئے اِس سے بہر حال بچنا لازم ہے۔ اگر کوئی نہیں بچ سکتا تو اُسے نہیں بیٹھنا چاہیئے اِس لئے کہ اِعتکاف میں بیٹھنا ضروری نہیں، مسجد کا اَدب و اِحترام ضروری ہے۔

### ❷ صفائی کا لحاظ نہ رکھنا:

دورانِ اِعتکاف اِفطاری اور سحری کے کھانے، برتن اور دیگر ساز و سامان کی وجہ سے عموماً مسجدوں میں صفائی ستھرائی کا معاملہ کافی حد تک متاثر ہوکر رہ جاتا ہے، جو مسجد کے تقدّس اور اس کی حُرمت کے کسی طرح مُناسب نہیں۔ اِس سے بچنا چاہیئے اور اللہ کے گھر کو صاف ستھرا رکھنے کی ہر مُمکن کوشش کرنی چاہیئے۔

حضرات فقہاء کرام رحمۃ اللہ علیہم نے لکھا ہے کہ معتکف اگر مسجد میں اپنا سر وغیرہ دھونا چاہے یا غسل کرنا چاہے تو اُسے کسی بڑے برتن یا ٹب وغیرہ کو اِستعمال کرنا چاہیئے تاکہ مسجد آلودہ نہ ہو اِس لئے کہ مسجد کو صاف ستھرا رکھنا واجب ہے۔ (شامیہ: 2/445)

### ❸ مَسائلِ اِعتکاف کا لحاظ نہ رکھنا:

ایک کوتاہی یہ دیکھنے میں آتی ہے کہ بعض لوگ اِعتکاف کے مسائل سے واقف نہ ہونے یا غفلت کی وجہ سے اِعتکاف کے اندر مسائل کا لحاظ نہیں رکھتے جس کی وجہ سے

بعض اوقات اِعتکاف میں بڑی بڑی غلطیاں سرزد ہو جاتی ہیں اور اِعتکاف ہی فاسد ہو کر رہ جاتا ہے۔ اِس لئے ضرورت اِس بات کی ہے کہ اِعتکاف میں بیٹھنے سے پہلے یا بیٹھتے ہی اِعتکاف کے مَسائل پر مشتمل کسی مستند کتاب کو ضرور پڑھ لیں یا کسی عالمِ دین سے سمجھ لیں تاکہ آپ کا اِعتکاف خراب بھی نہ ہو اور مکمل ثواب بھی حاصل ہو سکے۔

حضرت شیخ الاِسلام مفتی محمد تقی عُثمانی مدّ ظلہ کا رِسالہ "اَحکامِ اِعتکاف" اور حضرت مفتی عبد الرّؤف سکھروی مدّ ظلہ کا رِسالہ "مَسائلِ اِعتکاف" اِس بارے میں بہت مُفید اور آسان ہے، اُسے خرید کر پڑھ لینا چاہیئے۔

### ④ حُدودِ مسجد سے لاپرواہی:

بعض لوگ مسجد کی حُدود سے لاعلم اور بے خبر ہوتے ہیں، اُنہیں یہ معلوم ہی نہیں ہوتا کہ مسجد کی حد کہاں تک ہے، جس کی وجہ سے وہ نادانی میں مسجد کی حدود سے نکل جاتے ہیں، اِس سے اِعتکاف ٹوٹ جاتا ہے، اِس لئے کہ مسجد سے نکل جانا اگرچہ لاعلمی اور بھولے ہی سے کیوں نہ ہو اِعتکاف کو فاسد کر دیتا ہے، اِس لئے اعتکاف میں بیٹھنے سے پہلے اِس کو اچھی طرح معلوم کر لینا چاہیئے۔ یاد رکھیں! وضو خانہ، اِستنجا خانے، اِمام کا حجرہ، مسجد سے ملحق مدرسہ، جنازہ گاہ، یہ سب مسجد سے خارج ہیں اِن جگہوں میں ضرورت کے بغیر ایک لمحہ کیلئے بھی چلے جانے سے اِعتکاف ٹوٹ جاتا ہے۔

### ⑤ شرعی ضرورت کے بغیر مسجد سے نکل جانا:

اِس میں کوئی شک نہیں کہ ضرورت کے تحت مسجد سے نکلنا جائز ہے لیکن یہ بھی سمجھ لینا چاہیئے کہ ہر پیش آنے والے کام کو ضرورتِ شرعیہ نہیں کہا جاسکتا، بلکہ صرف اُسی

کو ضرورت کہہ سکتے ہیں جس کو شریعت نے ضرورت قرار دیا ہے، جیسے قضاءِ حاجت وغیرہ۔ذیل میں ایسے چند کام ملاحظہ فرمائیں جن کو کرنے کیلئے لوگ مسجد سے نکلتے ہیں لیکن وہ ضرورتِ شرعیہ میں داخل نہیں:

بعض لوگ کھانا کھانے سے پہلے یا بعد میں ہاتھ دھونے یا کلی کرنے کیلئے یا تھوکنے اور ناک وغیرہ صاف کرنے کیلئے وضو خانہ جاتے ہیں، یہ درست نہیں اِس سے اِعتکاف ٹوٹ جاتا ہے۔اِسی طرح جگ، گلاس، چمچہ، پلیٹ، یا کوئی بھی برتن دھونے کیلئے مسجد سے نکل جانادرست نہیں۔ بعض لوگ ٹھنڈک حاصل کرنے یاصفائی ستھرائی حاصل کرنے کیلئے یاجمعہ کامسنون غسل کرنے کیلئے مسجد سے نکلتے ہیں، یہ درست نہیں۔

بہت سے لوگ ٹوتھ پیسٹ کرنے کیلئے مسجد سے نکل جاتے ہیں، یہ بھی درست نہیں۔اِسی طرح جنازہ پڑھنے کیلئے مسجد سے باہر جنازہ گاہ میں جانادرست نہیں۔

## ⑥ غیر ضروری چیز کولازم سمجھنا:

بعض لوگ اِعتکاف میں خاموش رہنے کو ضروری کہتے ہیں، حالآنکہ یہ صحیح نہیں۔

اِسی طرح بعض لوگ عید الفطر کی رات کو جبکہ اِعتکاف کاوقت ختم ہو جاتا ہے اُس رات کو بھی اِعتکاف گاہ میں بیٹھنا اِعتکاف کا حصہ اور ضروری سمجھتے ہیں، یہ بھی درست نہیں، اِس لئے کہ اِعتکاف چاند نظر آجانے کے بعد ختم ہو جاتا ہے۔

بعض لوگ اِعتکاف کے دوران اپنے حجرہ میں رہنے اور وہیں پر سونے کو لازم سمجھتے ہیں چنانچہ اگر کوئی گرمی وغیرہ کی وجہ سے اپنے حجرہ سے باہر سوئے تو اُس کو منع کیا جاتا ہے، اِسی طرح مسجد کے صحن میں بیٹھ کر ذکر و تلاوت کرنے والے کو بھی بعض لوگ

مسجد کے ہال میں رہنے کی تلقین کرتے ہیں، یہ سب درست نہیں، اِس لئے کہ معتکف پوری مسجد میں کہیں بھی آجا سکتا ہے کہیں بھی بیٹھ سکتا اور سو سکتا ہے، حجرہ تو صرف یکسوئی اور خلوت کیلئے بنایا جاتا ہے۔

## ﴿دَسویں فصل: صدقہ فِطر کے مسائل﴾

صدقہ فطر جو کہ عید الفطر کے دن کا ایک اہم کام ہے اور رمضان کے اختتام پر اِس کی ادائیگی کی جاتی ہے، اِس سے متعلّق مندرجہ ذیل اُمور کو بیان کیا جائے گا:

❶ صدقہ فطر کا حکم اور اس کی شرائط۔
❷ صدقہ فطر کا نصاب اور اُسکی مقدار۔
❸ صدقہ فطر کس کس کی جانب سے۔
❹ فِطرہ کے وجوب اور ادائیگی کا وقت۔
❺ صدقہ فطر کا مستحق۔
❻ زکوۃ اور صدقہ فطر میں فرق۔
❼ صدقہ فطر کی چند عُمومی کوتاہیاں۔

### ① پہلی بات: صدقہ فطر کا حکم اور اس کی شرائط:

صدقہ فِطر واجب ہے، جس کا مطلب یہ ہے کہ اِس کی ادائیگی کرنا ضروری ہے، اس کو ادا نہ کرنے والا گناہ گار ہے۔(البنایۃ:3/481)

**شرائط:** صدقہ فطر کے وجوب کیلئے مندرجہ ذیل شرائط کا پایا جانا ضروری ہے:

(1) آزاد ہونا: غلام پر صدقہ فطر لازم نہیں، ہاں! اُس کی طرف سے مالکِ غنی اداء کرنے کا پابند ہے۔(2) مسلمان ہونا: کافر پر صدقہ فطر لازم نہیں، اس لئے کہ وہ

عبادت کی اہلیت ہی نہیں رکھتا۔(3) مالکِ نصاب ہونا: یعنی ساڑھے باوَن تولہ چاندی یا اُس کی مالیت کے ضرورت سے زائد مال کا مالک ہونا۔(الدر المختار:2/360)

**فائدہ** : کسی شخص کے دو گھر ہیں ایک میں وہ خود رہتا ہے اور دوسرا خالی پڑا ہے یا کسی کو کرایہ پر دے رکھا ہے، تو دوسرا مکان اس کی ضرورت سے زائد کہلائے گا، اب اگر اس کی اتنی قیمت ہو جس پر زکوٰۃ واجب ہو جاتی ہے تو اس پر صدقہ فطر واجب ہے، البتہ اگر مالک کا اسی مکان کی آمدنی پر گزارا ہوتا ہے، اس کے علاوہ کوئی اور ذریعہ معاش نہیں ہے تو یہ مکان بھی ضروری اسباب میں داخل ہے اور اس پر صدقہ فطر واجب نہیں ہوگا۔(تاتارخانیہ:2/418)

## ۲ دوسری بات: صدقہ فطر کا نصاب اور اُس کی مقدار:

نصاب سے وہ مالیت مراد ہے جس پر صدقہ فطر لازم ہوتا ہے، اور مِقدار سے مراد وہ واجب الاَداء مِقدار ہے جس کا صدقہ فطر کے طور پر اداء کرنا لازم ہوتا ہے۔

### صدقہ فطر کا نصاب:

اس کا نصاب وہی ہے جو وجوبِ زکوٰۃ کا نصاب ہے، یعنی ساڑھے باوَن تولہ چاندی یا اُس کی مالیت کے بقدر ضرورت سے زائد مال کا مالک ہونا، البتہ اس میں مالِ تجارت ہونا، سال کا گذرنا، بالغ یا عاقل ہونا شرط نہیں، پس اسی لئے بعض اوقات صدقہ فطر اُس شخص پر بھی لازم ہوتا ہے جس پر زکوٰۃ لازم نہیں ہوتی ۔(نوادر الفقہ، رفیع عثمانی:272)

واضح رہے کہ صدقہ فطر کے نصاب میں زکوٰۃ کی طرح مال کا "نامی" یعنی بڑھنے والا ہونا یا "سال کا گزرنا" شرط نہیں، یعنی زکوٰۃ کے نصاب میں تو سونا، چاندی، نقدی یا مال

تجارت کا ہونا ہی ضروری ہے، جب کہ صدقہ فطر میں ان چار مالوں کے علاوہ بھی ہر قسم کا مال نصاب میں شامل ہوتا ہے، البتہ ایک چیز ان دونوں نصابوں میں مشترک ہے کہ روز مرہ کی ضرورتوں سے زائد ہو اور قرضے سے بچا ہوا ہو۔(مجمع الانہر:1/226، 227)(طحطاوی علی المراقی، باب صدقۃ الفطر)(ہدایہ، باب صدقۃ الفطر)(الدر المختار:2/360)

## غیر صاحب نصاب کیلئے بھی صدقہ فطر اداء کرنا بہتر ہے:

صدقہ فطر ادا کرنے کا حکم صرف مال داروں کے ساتھ خاص نہیں ، بلکہ فقراء کو بھی صدقہ فطر ادا کرنے کی ترغیب دی گئی ہے، اگرچہ شرعاً اُن پر لازم نہیں لیکن اگر وہ اداء کر دیں تو اُن کیلئے بھی بہتر اور برکت کا باعث قرار دیا گیا ہے، چنانچہ ایک حدیث میں ہے، حضرت ابوہریرہ رضی اللہ عنہ اِرشاد فرماتے ہیں:"زَكَاةُ الْفِطْرِ عَلَى الْغَنِيِّ وَالْفَقِيرِ" صدقہ ٔفطر غنی اور فقیر دونوں اداء کریں۔(دار قطنی:2110)

ایک اور روایت میں ہے:صدقہ فطر (واجب ہے)گیہوں میں سے ایک صاع دو آدمیوں کی طرف سے (یعنی ہر ایک کی جانب سے آدھا آدھا صاع ہوگا)خواہ چھوٹے ہوں یا بڑے،، آزاد ہوں یا غلام، مرد ہوں یا عورت، اور ایک روایت کے مطابق "غنی ہو یا فقیر"۔ غنی کا معاملہ یہ ہے کہ اللہ تعالیٰ اس مال دار کو تو صدقہ فطر ادا کرنے کی وجہ سے پاکیزہ بنا دیتا ہے اور فقیر (جو مالک نصاب نہ ہو) اس کو اس سے زیادہ عنایت فرماتا ہے، جتنا اس نے صدقہ فطر کے طور پر دیا ہے۔(ابوداؤد:1619)

حدیث میں یہ جو بشارت دی گئی ہے:"فَيَرُدُّ اللَّهُ تَعَالَى عَلَيْهِ أَكْثَرَ مِمَّا أَعْطَى" یعنی اللہ تعالیٰ اس کو اس سے زیادہ عنایت فرماتا ہے، جتنا اس نے صدقہ فطر کے طور پر

دیا ہے۔ یہ اگرچہ مال دار کے لیے بھی ہے، مگر اس کو فقیر کے ساتھ اس لیے خاص فرمایا کہ اس کی ہمت افزائی ہو۔ (مظاہر حق جدید:2/207)

## صدقہ فطر کی مِقدار:

احادیث طیبہ میں صدقہ فطر کی ادائیگی کیلئے چار چیزیں (گندم، جَو، کشمش اور کھجور) مذکور ہیں، نسائی شریف میں اُن روایات کو تفصیل سے ملاحظہ کیا جاسکتا ہے۔ ان میں سے گندم کے اندر نصفِ صاع یعنی پونے دو سیر اداء کرنے کا حکم ہے اور جَو، کشمش اور کھجور کے اعتبار سے صدقہ فطر اداء کیا جائے تو ایک صاع مکمل یعنی ساڑھے تین سیر اداء کرنے کی تعلیم دی گئی ہے۔ (عُمدۃ الفقہ:3/168)

## فائدہ :

☆ — ایک صاع کی مقدار = ساڑھے تین سیر تین ماشہ۔

☆ — نصفِ صاع = پونے دو سیر تین ماشہ۔ (جواہر الفقہ، جلد 3، اوزانِ شرعیہ)

☆ — کلو گرام میں = 1625 گرام یعنی ایک کلو 625 گرام۔ (فتاویٰ زکریا:3/232)

## فائدہ:

آج کل لوگوں نے یہ رواج اپنالیا ہے کہ صرف گیہوں کی قیمت کے مطابق صدقۂ فطر ادا کرتے ہیں اِس لئے کہ اس کی قیمت کم ہوتی ہے، اگرچہ اس میں مسئلہ کے اِعتبار سے کوئی حرج تو نہیں، البتہ بہتر یہ ہے کہ صاحبِ حیثیت اور مال دار لوگ کھجور اور کشمش وغیرہ کی قیمت سے صدقہ فطر ادا کیا کریں، اِس صورت میں صدقہ فطر اگرچہ زیادہ تو بنے گا لیکن اس میں فقراء کے لیے زیادہ فائدہ ہے اِس لئے ثواب بھی زیادہ ہوگا۔

## ③ تیسری بات: صدقہ فطر کس کس کی طرف سے لازم ہے:

صدقہ فطر مَرد پر اپنی اور اپنی نابالغ اولاد کی طرف سے اداء کرنا واجب ہے، بالغ اولاد اور بیوی کی طرف سے اداء کرنا واجب تو نہیں، البتہ اگر اُن کی طرف سے بھی اداء کر دیا جائے، جیسا کہ عموماً ایسا ہی کیا جاتا ہے تو یہ بھی درست ہے۔(الجوھرۃ:1/133)

اِس بارے میں ضابطہ یہ ہے کہ صدقہ فطر کا تعلّق ولایت، مؤنۃ اور نفقہ سے ہے، پس جس شخص کے ذمّہ کسی دوسرے کی ولایت، مؤنۃ اور نفقہ کی ذمّہ داری ہو اُس پر دوسرے شخص کی طرف سے صدقہ فطر اداء کرنا بھی لازم ہو گا اور جس پر نہ ہو اُس پر صدقہ فطر بھی لازم نہ ہو گا۔(عالمگیری:1/193)

## صدقہ فطر کِن اَفراد کی جانب سے لازم نہیں:

① جو بچہ ماں کے پیٹ میں ہو اس کی طرف سے لازم نہیں۔(شامیہ:2/361)

② بیوی کا صدقہ فطر خاوند پر واجب نہیں۔(شامیہ:2/363)

③ بالغ اولاد اگرچہ وہ اس کے عیال میں سے ہوں اور اپاہج ہوں، اُن کا صدقہ فطر لازم نہیں، البتہ اگر بالغ اولاد معتوہ (یعنی کم عقل) اور مجنون (یعنی پاگل) ہے تو اس کا حکم نابالغ کی طرح ہے، یعنی باپ کے اوپر لازم ہو گا، اور اُن کے پاس مال ہو تو ان کے اپنے مال میں سے اداء کیا جائے گا۔(شامیہ:2/361)

④ اپنے مالدار ماں باپ کی طرف سے صدقہ فطر ادا کرنا اولاد پر واجب نہیں، اگرچہ اہل و عیال میں سے ہوں۔(عالمگیری:1/193)

⑤ اگر باپ نے اپنی نابالغ لڑکی کی شادی کر کے خاوند کے سپرد کر دیا ہو تو باپ کے ذمّہ اُس کا صدقہ فطر لازم نہیں رہتا، بشرطیکہ وہ شوہر کی خدمت کی صلاحیت رکھتی ہو، کیونکہ اِس کے بغیر شوہر پر بیوی کا نفقہ نہیں ہوتا تو صدقہ فطر بھی لازم نہ ہوگا اور ایسی صورت میں باپ صدقہ فطر کا مکلّف ہو جائے گا، پس خلاصہ یہ ہے کہ رخصتی یعنی شوہر کے سپرد کر دینے اور خدمت کی صلاحیت ہونے کی صورت میں باپ پر صدقہ فطر لازم نہ رہے گا۔(شامیہ:2/362)

⑥ بالغ فقیر لڑکی شادی شدہ ہو یا غیر شادی شدہ اس کا صدقہ فطر باپ یا شوہر کسی پر بھی واجب نہیں۔(شامیہ:2/362)

⑦ چھوٹے بہن بھائیوں اور دیگر رشتہ داروں کی طرف سے صدقہ فطر ادا کرنا واجب نہیں اگرچہ وہ اُس کے عیال میں بھی ہوں۔(عالمگیری:1/193)

⑧ دادا پر بالاتفاق پوتوں کا صدقہ فطر واجب نہیں، جب کہ اس کا مفلس بیٹا زندہ ہو، البتہ اگر بیٹا زندہ نہ ہو تو دادا کو اداء کر دینا چاہیئے۔(شامیہ:2/362)

## ④ چوتھی بات: صدقہ فطر کے وجوب اور ادائیگی کا وقت:

یعنی فطرانہ لازم کب ہوتا ہے، اُسے کب اداء کر سکتے ہیں اور کب اداء کرنا مستحب ہے۔

### صدقہ فطر کے واجب ہونے کا وَقت:

صدقۂ فطر عید الفطر کے دن صبح صادق طلوع ہونے کے بعد واجب ہوتا ہے، پس:

① جو شخص صبح صادق سے پہلے مر جائے اس پر واجب نہ ہو گا۔ ② جو شخص اس دن صبح صادق کے بعد مرے تو اس پر یہ صدقہ واجب ہے۔ ③ جو شخص صبح صادق سے پہلے پیدا ہوا ہو یا کافر تھا اور مسلمان ہو گیا اس پر بھی صدقہ فطر واجب ہے۔ ④ جو شخص صبح صادق کے بعد پیدا ہوا ہو یا مسلمان ہوا ہو تو اس پر یا اُس کی طرف سے صدقہ فطر واجب نہیں، اس لیے کہ وجوب کے وقت وہ اس کا اہل نہیں تھا۔ (ہندیہ: 1/ 192)

## صدقہ فطر کب اداء کر سکتے ہیں:

عید کے دن سے پہلے بھی صدقہ فطر ادا کرنا جائز ہے، چنانچہ حضرت سیدنا عبد اللہ بن عمر رضی اللہ عنہما کے بارے میں آتا ہے ”یُؤَدِّیھَا قَبْلَ ذَلِكَ بِالْیَوْمِ وَالْیَوْمَیْنِ“ وہ عید سے ایک دو دن پہلے صدقہ فطر نکال دیا کرتے تھے۔ (ابو داؤد: 1610)

البتہ عید سے کتنا پہلے اداء کر سکتے ہیں، اس کی تفصیل یہ ہے کہ رمضان المبارک کے داخل ہونے کے بعد کسی بھی وقت صدقہ فطر اداء کر سکتے ہیں، نمازِ عید سے پہلے بھی اور بعد میں بھی اداء کیا جا سکتا ہے، البتہ پہلے اداء کر دینا بہتر ہے، تاہم پہلے اداء نہ کرنے سے ساقط نہ ہو گا۔ (ہدایہ: باب صدقۃ الفطر) (الدر المختار: 2/ 367) (ابو داؤد: 1609)

## صدقہ فطر کی ادائیگی کا مستحب وقت:

مستحب یہ ہے کہ عید الفطر کے روز طلوع فجر کے بعد عید گاہ جانے سے پہلے صدقہ فطر ادا کر دے، تاکہ نبی کریم صلی اللہ علیہ وسلم کے ارشاد کی تعمیل ہو جائے، چنانچہ حضرت عبد اللہ

بن عمر رضی اللہ عنہما سے روایت ہے کہ نبی کریم صلی اللہ علیہ وسلم نے نماز کیلئے جانے سے پہلے صدقہ فطر اداء کرنے کا حکم دیا۔(بخاری:1509)

حضرت عبد اللہ بن عمر رضی اللہ عنہما فرماتے ہیں کہ ہمیں حکم دیا جاتا تھا کہ ہم عید کی نماز سے قبل صدقہ فطر ادا کریں، چنانچہ عید گاہ جانے سے قبل آپ صلی اللہ علیہ وسلم اُسے غرباء میں تقسیم فرمادیا کرتے تھے اور یہ فرماتے: لوگوں کو اس روز در بدر پھرنے سے بے نیاز و غنی کر دو۔(سنن کبریٰ بیہقی:7739)

## نمازِ عید کے بعد صدقہ فطر کی ادائیگی کا حکم:

عید الفطر کی نماز سے پہلے پہلے بہر صورت صدقہ فطر اداء کر کے فارغ ہو جانا چاہیئے، اگر کوئی نماز سے پہلے اداء نہ کر سکا تو بعد میں اداء کرے، ساقط نہیں ہو گا، لیکن نماز کے بعد اداء کرنا مکروہ ہے۔(طحطاوی علی المراقی، باب صدقۃ الفطر)ابن حزم ظاہری کے نزدیک تو عید کے بعد صدقہ فطر نکالنا حرام ہے۔(عون المعبود:5/4)لیکن بہر حال ہر صورت میں صدقہ فطر نکالا جائے گا، نماز سے مؤخر کرنے کی وجہ سے ساقط نہ ہو گا۔

## ۵ پانچویں بات: صدقہ فطر کا مستحق:

صدقہ فطر کے مستحق وہی لوگ ہیں جو زکوۃ کے مستحق ہیں، یعنی زکوۃ کے مَصارف اور صدقہ فطر کے مَصارف ایک ہی ہیں۔(الدر المختار:2/368)

یعنی ہر وہ شخص جو مسلمان ہو، صاحبِ نصاب نہ ہو، سیّد نہ ہو، دینے والے کے اُصول و فروع یعنی اوپر نیچے کا رشتہ دار نہ ہو، دینے والے کے ساتھ اُس کا زوجیت یعنی میاں بیوی کا رشتہ نہ ہو تو اُس کو تملیکاً یعنی مالک بنا کر صدقہ فطر اداء کر سکتے ہیں۔

زکوۃ کی طرح صدقہ فطر کے بھی سب سے بہتر مستحق مدارسِ اِسلامیہ کے طلباء کرام ہیں، اِس لئے کہ اس میں دین کی خدمت بھی ہے، اِشاعتِ اِسلام میں تعاون بھی ہے اور صدقہ جاریہ بھی ہے۔

## ⑥ چھٹی بات: زکوۃ اور صدقہ فطر میں فرق:

(1) زکوۃ کا اداء کرنا فرض ہے، جبکہ صدقہ فطر کی ادائیگی واجب ہے۔

(2) زکوۃ کا اِنکار کرنے والا کافر ہے جبکہ صدقہ فطر کا مُنکر کافر نہیں۔ (در مختار: 2/358)

(3) زکوۃ کے لازم ہونے کیلئے سال کا گزرنا شرط ہے، جبکہ صدقہ فطر کے لازم ہونے کیلئے سال کا گزرنا شرط نہیں۔ (طحطاوی علی المراقی، صدقۃ الفطر)

(4) زکوۃ میں مال کا "نامی" یعنی بڑھنے والا ہونا شرط ہے، جبکہ فِطرہ میں مال کا "نامی" ہونا شرط نہیں، مالِ غیر نامی میں بھی صدقہ فطر لازم ہو جاتا ہے۔ (شامیہ: 2/360)

(5) زکوۃ کے لازم ہونے کیلئے عاقل و بالغ ہونا شرط ہے جبکہ صدقہ فطر کے واجب ہونے کیلئے عاقل و بالغ ہونا شرط نہیں، مجنون اور نابالغ کے پاس بھی اگر مالِ نصاب موجود ہو تو صدقہ فطر لازم ہو جاتا ہے۔ (شامیہ: 2/359)

(6) زکوۃ صرف اپنی طرف سے جبکہ صدقہ فطر اپنے نابالغ بچوں طرف سے بھی ہے۔

(7) صدقہ فطر مال کے ہلاک ہو جانے سے ساقط نہیں ہوتا جبکہ زکوۃ مال کی ہلاکت سے ساقط ہو جاتی ہے۔ (شامیہ: 2/361)

## ⑦ساتویں بات: فطرہ کے بارے میں چند عمومی کوتاہیاں:

(1)— عموماً یہ سمجھا جاتا ہے کہ جس پر زکوۃ لازم نہیں اُس پر صدقہ فطر بھی نہیں ہے، حالآنکہ ایسا نہیں، اِس لئے کہ بسا اوقات صدقہ فطر اُس پر بھی لازم ہوتا ہے جس پر زکوۃ لازم نہیں۔(نوادر الفقہ، رفیع عثمانی:272)

(2)— یہ سمجھا جاتا ہے کہ اگر کسی بھی وجہ سے روزے نہیں رکھے تو صدقہ فطر بھی لازم نہیں، حالآنکہ ایسا نہیں، صدقہ فطر اُس پر بھی لازم ہوتا ہے جس نے روزے نہ رکھے ہوں۔(عالمگیری:1/192)

(3)— بعض لوگ اپنے نابالغ بچوں کی طرف سے صدقہ فطر اداء نہیں کرتے، حالانکہ اُن کی جانب سے نکالنا بھی ضروری ہے۔(عالمگیری:1/192)

(4)— بعض حضرات غیر مستحق لوگوں مثلاً: پروفیشنل بھکاریوں کو صدقہ فطر اداء کردیتے ہیں اگرچہ وہ مستحق نہ ہوں، یہ درست نہیں۔ صدقہ فطر کا مصرف زکوۃ کا مصرف ہے، لہٰذا مستحقینِ زکوۃ ہی کو صدقہ فطر اداء کرنا چاہیئے۔(الدر المختار:2/368)

(5)— بعض لوگ عید کی تیاریوں اور شاپنگ وغیر میں اِس قدر مصروف اور مشغول ہوتے ہیں کہ عید کی نماز سے پہلے صدقہ فطر اداء کرنا ہی رہ جاتا ہے۔

یادرکھیں! یہ طریقہ درست نہیں، کیونکہ صدقہ فطر عید الفطر کی نماز سے پہلے پہلے اداء کرنا چاہیئے، نمازِ عید کے بعد صدقہ فطر اداء کرنا مکروہ ہے، لیکن بہر حال پھر بھی اداء کرنا ضروری ہے۔(طحطاوی علی المراقی، باب صدقۃ الفطر)

### ⑧ آٹھویں بات: صدقہ فطر کس شکل میں اداء کیا جائے:

صدقہ فطر میں اجناس یعنی گندم، جَو وغیرہ دینا بھی درست ہے، جیسا کہ دیہات وغیرہ میں یہ چیزیں بآسانی دستیاب ہوتی ہیں، اور اگر چاہیں تو قیمت بھی دی جاسکتی ہے، اور قیمت دینے کی صورت میں اُس کا پونے دو کلو گندم یا ساڑھے تین کلو جَو وغیرہ کی قیمت کے برابر ہونا ضروری ہوگا۔ اور قیمت کا دینا صرف جائز ہی نہیں بلکہ افضل ہے، کیونکہ اِس میں فقیر کی حاجت زیادہ اچھے طریقے سے پوری ہوسکتی ہے، کہ وہ اپنی مرضی اور منشاء کے مطابق ضرورت کی اشیاء خرید سکتا ہے۔ (رحیمیہ:7/201)(شامیہ:2/366)

## 📖 ﴿گیارہویں فصل: رمضان اور بچوں کی تربیت﴾ 📖

رمضان المبارک میں بچوں کی اِصلاح و تربیت کے کئی پہلو قابلِ لحاظ ہیں، جن کا لحاظ کرکے بچوں میں رمضان کی قدر و منزلت اور اُس کا ادب و احترام پیدا کیا جاسکتا ہے۔ ذیل میں کچھ اہم اُمور ذکر کیے جارہے ہیں، انہیں بغور پڑھ کر عمل کیجئے، ان شاء اللہ آپ اپنے بچوں میں بہت بہترین اثر دیکھیں گے۔ اللہ تعالیٰ عمل کی توفیق عطاء فرمائے۔

### ① پہلی بات: صلاحیت ہو تو روزہ رکھوانا چاہیئے:

بچے اگر روزہ رکھنے کی صلاحیت رکھتے ہیں تو اُنہیں روزہ رکھوانا چاہیئے، محبّت اور ہمدردی میں اُنہیں روزہ رکھنے سے منع نہیں کرنا چاہیئے، کیونکہ بلوغت سے قبل ہی روزہ رکھنے کا بچے کی تربیت پر بہت گہرا اثر ہوتا ہے جو ساری زندگی برقرار رہتا ہے، نیز اِس سے بچے کو شرعاً مکلّف ہونے سے قبل ہی روزہ رکھنے کی عادت پڑ جاتی ہے جس سے بلوغت کے

بعد کسی قسم کی مشقت کا سامنا نہیں ہوتا۔ حدیث میں سات سال کی عُمر میں بچے کو نماز کا حکم دینے کی تلقین کی گئی ہے، چنانچہ اِرشادِ نبوی ہے:

"مُرُوا أَوْلَادَكُمْ بِالصَّلَاةِ وَهُمْ أَبْنَاءُ سَبْعِ سِنِينَ وَاضْرِبُوهُمْ عَلَيْهَا، وَهُمْ أَبْنَاءُ عَشْرٍ"

ترجمہ: اپنی اولاد کو سات سال کی عُمر میں نماز کا حکم دو اور دس سال کی عمر میں نماز نہ پڑھنے پر اُنہیں مارو۔(ابوداؤد:495)

فقہاء کرام کی تصریحات کے مطابق نماز کے بارے میں حدیث کے اندر جو حکم دیا گیا ہے، یہی حکم روزہ اور دیگر شرعی احکامات کا بھی ہے۔(الدر المختار:1/352)

فقہِ حنفی کی مشہور کتاب "الاختیار لتعلیل المختار" میں لکھا ہے کہ بچے کو روزے اور نماز کا حکم دیا جائے گا اور اُسے شراب وغیرہ پینے سے منع کیا جائے گا تاکہ اُسے خیر کے کاموں کے کرنے اور گناہوں سے بچنے کی عادت واُنسیت پیدا ہو۔(الاختیار:4/159)

**②دوسری بات: صلاحیت نہ ہو تو زبردستی نہیں کرنی چاہیئے:**

بعض لوگ بہت چھوٹی عُمر میں بچوں کو زبردستی روزہ رکھوانے کی کوشش میں لگے ہوتے ہیں جبکہ ابھی تک بچے میں روزہ رکھنے کی طاقت وصلاحیت نہیں ہوتی، یہ طریقہ بھی غلط ہے اور بچے کے ساتھ زیادتی کے مترادف ہے، اِس سے گریز کرنا چاہیئے۔

**③تیسری بات: سمجھدار بچوں کو تربیت کی غرض سے کچھ دیر کا روزہ رکھوائیں:**

تربیت کیلئے بچوں کو اُن کی صلاحیت و طاقت کے مطابق آدھے دن کا یا اِس سے کم یا زیادہ وقت مقرر کر کے روزہ رکھوانا چاہیئے، جو مکمل شرعی روزہ تو نہیں ہوتا لیکن اِس سے بچوں میں روزہ رکھنے اور اُس کا وقت بڑھانے اور سب کے ساتھ روزہ کھولنے کا

شوق پیدا ہو جاتا ہے اور یہی چیز پھر رفتہ رفتہ اِن شاء اللہ اُن کیلئے مکمل روزے کا ذریعہ بن جاتی ہے۔

## ④ چوتھی بات: بچوں کے سامنے کھانے پینے سے بچیں:

اگر آپ کسی بھی وجہ سے رمضان المُبارک کے روزے نہیں رکھ پائیں خواہ غفلت کی وجہ سے یا شرعی رخصت و اِجازت کی وجہ سے تو بہر حال اِس بات کا لازمی اہتمام کریں کہ بچوں کے سامنے کھانے پینے سے بچیں کیونکہ رمضان المُبارک میں بچوں کا اپنے ماں باپ کو کھاتے پیتے دیکھنا اُن کی نگاہ میں روزے کی اہمیت کو بالکل ختم کرکے رکھ دیتا ہے جو اُن کی تربیت کے اندر بڑے بگاڑ کا سبب بن سکتا ہے۔

## ⑤ پانچویں بات: بچوں کو کھلم کھلا کھانے پینے سے روکیں:

بچوں کو رمضان کی حُرمت اور اُس کا ادب و احترام سکھانے کیلئے اُنہیں کھلم کھلا سب کے سامنے کھانے پینے سے منع کریں اور اُن کو یہ باور کرائیں کہ یہ مہینہ اِس طرح سب کے سامنے کھانے پینے کا نہیں ہے، اگر تم مکلّف نہ ہونے کی وجہ سے روزے نہیں رکھ رہے ہو تو بھی دوسروں کے سامنے کھانے پینے سے حتی کہ بسکٹ اور ٹافی وغیرہ بھی کھانے سے گریز کرو، کیونکہ رمضان کا ادب و احترام ضروری ہے۔

اِس تعلیم کا سب سے بڑا فائدہ یہ ہوگا کہ بچے کی نگاہ میں رمضان المُبارک کی وہ حُرمت و عَظمت بیٹھے گی جو مَرتے دَم تک اِن شاء اللہ اُس کے دماغ سے نہیں نکلے گی، اِس لئے کہ بچپن کے ذہنی نقوش پچپن سال میں بھی نہیں نکلتے۔ بلکہ اس سے بھی آگے بڑھ کر اِن شاء اللہ اُس کی نسلوں میں یہ صفت منتقل ہوگی، جو آپ کیلئے صدقہ جاریہ ہوگا۔

## ⑥ چھٹی بات: اِفطار میں بچوں کو بھی دعاء کی تلقین کرنی چاہیئے:

اِفطار کا وقت دعاؤں کی قبولیت اور اللہ تعالیٰ کی رحمتوں کے خصوصی طور پر متوجہ ہونے کا وقت ہوتا ہے، اِس وقت کی برکتوں اور رحمتوں کو ذکر و تلاوت اور دعاؤں کے ذریعہ خود بھی سمیٹنے کی کوشش کریں اور اپنے بچوں کو بھی اپنے ساتھ بٹھا کر اُنہیں دعاء مانگنے کی تلقین کریں تاکہ اُن کی نگاہ میں بھی اِس وقت کی عظمت و اہمیت بیٹھے اور اللہ تعالیٰ کے سامنے اپنی حاجات پیش کرنے کا طریقہ آئے۔

## ⑦ ساتویں بات: تراویح پڑھنے کی تلقین کریں:

بچے اگر سمجھ دار ہوں اور مسجد میں جاکر شور شرابے اور کھیل کود سے گریز کر سکیں تو اُنہیں بھی اپنے ساتھ تراویح کیلئے لیکر جائیں تاکہ قرآن کریم کی تلاوت اور نماز کی برکات سے اُن کے بھی ذہن اور قلوب منوّر ہوں۔ ہاں اگر مسجد میں کھیل کود اور شور شرابہ کرنے کا اندیشہ ہو تو مسجد نہ لے جائیں، ایسی صورت میں گھروں میں مائیں اپنے ساتھ اُنہیں کھڑا کرنے کی حتی الامکان کوشش کریں۔

## ⑧ آٹھویں بات: رمضان کے فضائل سنائیں:

رمضان المُبارک کے فضائل اور اُس میں کیے جانے والے اعمال کا اضافی اجر و ثواب جو ہمیں نبی کریم ﷺ نے بتلایا ہے وہ خود بھی پڑھیے اور بچوں کو بھی سناتے رہیئے، اِس سے خود آپ کے اندر بھی رمضان المُبارک میں اعمال کا خوب ذوق و شوق پیدا ہوگا، رمضان کے عظیم فضائل کے حصول کی جانب رغبت ہوگی، اور بچوں کی بھی ذہن سازی ہوگی اور یہ چیز یقیناً اُن کی تربیت میں بہت اچھا اثر چھوڑے گی جس کی برکت

سے ان شاء اللہ ساری زندگی رمضان المُبارک کی اہمیت اور اُس کی عظمت کا وہ خیال رکھیں گے اور صرف اُنہی تک نہیں بلکہ یہ سلسلہ اُن کے آگے اُن کی اولاد میں بھی منتقل ہو گا اور یوں آپ کی نسلوں میں یہ برکتیں جائیں گی۔

اللہ تعالیٰ ہمیں بھی اور ہمارے بچوں بلکہ نَسلوں کو بھی رمضان کی عَظمت و اہمیت کو سمجھنے اور اس کی قدر کرنے کی توفیق عطاء فرمائے۔ آمین۔

*.........*.........*

# کتابیات

| شمار | کتاب / مطبع | شمار | کتاب / مطبع |
|---|---|---|---|
| 1 | قرآن کریم | 22 | طبرانی اوسط / دار الحرمین |
| 2 | تفسیر قرطبی / دار الکتب المصریہ القاهره | 23 | طبرانی کبیر / مکتبہ ابن تیمیہ |
| 3 | تفسیر روح البیان / دار الفکر بیروت | 24 | الترغیب والترهیب / دار الکتب العلمیہ |
| 4 | الدر المنثور / دار الفکر بیروت | 25 | صحیح ابن خزیمہ / المکتب الاِسلامی |
| 5 | تفسیر الخازن / دار الکتب العربیۃ بیروت | 26 | صحیح ابن حبان / مؤسسۃ الرسالۃ |
| 6 | بیان القرآن / مکتبہ رحمانیہ لاہور | 27 | سنن کبریٰ بیہقی / دار الکتب العلمیہ |
| 7 | تفسیر معارف القرآن / مکتبہ معارف القرآن | 28 | سنن کبریٰ نسائی / مؤسسۃ الرسالۃ |
| 8 | آسان ترجمہ قرآن / مکتبہ معارف القرآن | 29 | مسند ابو یعلیٰ موصلی / دار المأمون للتراث |
| 9 | ترجمہ لاہوری / انجمن خدام الدّین لاہور | 30 | مصنّف ابن ابی شیبہ / مکتبۃ الرشد ریاض |
| 10 | صحیح بخاری / دار طوق النجاۃ | 31 | مصنّف عبد الرزاق / مجلسِ علمی ہند |
| 11 | صحیح مسلم / دار اِحیاء التراث العربی | 32 | مسند ابو داؤد طیالسی / دار هجر مصر |
| 12 | سنن ابو داؤد / المکتبۃ العصریۃ بیروت | 33 | کشف الاَستار / مؤسسۃ الرسالۃ |
| 13 | سنن ترمذی / مصطفیٰ البابی الحلبی | 34 | سنن سعید بن منصور / الدار السلفیہ |
| 14 | سنن نسائی / مکتب المطبوعات الاِسلامیہ حلب | 35 | المراسیل لأبی داؤد / مؤسسۃ الرسالۃ |
| 15 | سنن ابن ماجہ / دار اِحیاء الکتب العربیۃ | 36 | مسند الفردوس دیلمی / |
| 16 | مؤطا مالک / مؤسسۃ الرسالۃ | 37 | کنز العمال / مؤسسۃ الرسالۃ |
| 17 | سنن الدارمی / دار المُغنی | 38 | مطالبِ عالیہ / دار العاصمۃ دار الغیث سعودیہ |
| 18 | مستدرکِ حاکم / دار الکتب العلمیہ | 39 | الآحاد والمثانی / دار الرّایۃ رِیاض |
| 19 | مسند احمد / مؤسسۃ الرسالۃ | 40 | سیر اعلام النّبلاء / دار الحدیث قاہرہ |
| 20 | مجمع الزوائد / دار الکتب العلمیہ | 41 | مشکوۃ المصابیح / المکتب الاِسلامی بیروت |
| 21 | شعب الایمان / مکتبۃ الرشد ریاض | 42 | حاشیۃ السندی علی ابن ماجہ / دار الجبل بیروت |

| | | | |
|---|---|---|---|
| 43 | فتح الباری لابن حجر / دار المعرفة بیروت | 66 | خیر الفتاویٰ / مکتبہ اِمدادیہ ملتان |
| 44 | مرقاة المفاتیح / دار لفکر بیروت | 67 | آپ کے مسائل اور اُن کا حل / جدید مع تخریج |
| 45 | الدّیباج علی مسلم للسیوطی / دار ابن عفان سعودیہ | 68 | فتاویٰ عُثمانی / مکتبہ معارف القرآن |
| 46 | شرح النّووی علی مسلم / دار اِحیاء التراث العربی | 69 | فتاویٰ محمودیہ / مکتبہ فاروقیہ |
| 47 | عون المعبود / دار الکتب العلمیہ | 70 | فتاویٰ رحیمیہ / دار الاِشاعت |
| 48 | المجموع شرح المهذب للنووی / دار الفکر | 71 | فتاویٰ دار العلوم زکریا / زم زم پبلشرز |
| 49 | العَرف الشذی / دار التراث العربی | 72 | فتاویٰ دار العلوم دیوبند / دار الاِشاعت |
| 50 | کشف الباری / مکتبہ فاروقیہ | 73 | فتاویٰ حقانیہ / دار العلوم حقانیہ اکوڑہ خٹک |
| 51 | مظاہرِ حق جدید / دار الاِشاعت | 74 | نَوادر الفقہ / مکتبہ دار العلوم کراچی |
| 52 | فتاویٰ شامیہ / دار الفکر بیروت | 75 | جواہر الفقہ / مکتبہ دار العلوم کراچی |
| 53 | فتاویٰ ہندیہ / دار الفکر بیروت | 76 | تسہیل بہشتی زیور / کتاب گھر |
| 54 | فتح القدیر / دار الفکر بیروت | 77 | اَحکامِ اعتکاف / مکتبہ دار العلوم کراچی |
| 55 | مَراقی الفلاح / المکتبة العصریة | 78 | مَسائلِ اعتکاف / گاباسنز |
| 56 | مجمع الانہر / دار اِحیاء التراث العربی | 79 | عُمدة الفقہ / زوّار اکیڈمی پبلی کیشنز |
| 57 | منحة الخالق مع البحر / دار الکتاب الاِسلامی | 80 | زبدة الفقہ / زوّار اکیڈمی پبلی کیشنز |
| 58 | البحر الرائق / دار الکتاب الاِسلامی | 81 | فضائلِ رمضان لابن ابی الدّنیا / دار السلف |
| 59 | کنز الدقائق / دار البشائر الاِسلامیہ | 82 | فضائل رمضان۔ شیخ الحدیث / زم زم پبلشرز |
| 60 | بدائع الصنائع / دار الکتب العلمیہ بیروت | 83 | تاریخ بغداد للخطیب / دار الکتب العلمیہ بیروت |
| 61 | طحطاوی علی المراقی / دار الکتب العلمیہ بیروت | 84 | النهایة لابن الأثیر / المکتبة العلمیة بیروت |
| 62 | الاختیار لتعلیل المختار / مطبعة الحلبی قاہرہ بیروت | 85 | کشف الغمّہ للشعرانی / المطبعة الکاستلیة |
| 63 | ہدایہ / مکتبة البشریٰ | 86 | الأموال لابن زنجویہ / مرکز الملک فیصل سعودیہ |
| 64 | الجوهرة النیرة / المطبعة الخیریة | 87 | الصمت لابن ابی الدّنیا / دار ابن حزم بیروت |
| 65 | احسن الفتاویٰ / ایچ، ایم، سعید | 88 | مجموع الفتاویٰ لابن تیمیہ / مجمع الملک فهد |

Published By:
Islamic Book Store
302 Saad Residency
M G Road Bardoli
Surat Gujarat
India
394601
Ph.: 0091 9979353876

        Mufti Muhammad Salman

# FAZAIL E AMAAL
## IN THE MONTH OF RAMADAN

Virtues, Amaal and Masail in the Month of Ramadan

Urdu Version

BY
ISLAMIC BOOK STORE